Arnold Hottinger
Akbar der Grosse

Arnold Hottinger

Akbar der Grosse

(1542–1605)

Herrscher über Indien durch Versöhnung der Religionen

Wilhelm Fink Verlag

For Pan, Jessica, Julian and Sylvia

Reproduktionen aus dem «Akbar Nameh»
mit freundlicher Genehmigung der V & A Picture Library, London

Lizenzausgabe für die Bundesrepublik Deutschland:
Wilhelm Fink Verlag, München, 1998

ISBN 3-7705-3335-6

Inhaltsverzeichnis

Einführung 1

> Das sind glückliche Leute,
> die überall Gott vernehmen,
> überall Gott finden,
> diese Leute sind eigentlich religiös.
> *Novalis*

Die Bedeutung Akbars

Akbar der Grosse war einer der bedeutendsten Herrscher der Weltgeschichte. Er hat das Moghul-Reich geschaffen, ein glanzvolles Imperium, das eines der drei islamischen Grossreiche der frühen Neuzeit gewesen ist, neben dem der türkischen Osmanen (Ottomanen) und dem der persischen Safaviden.

Die Moghuln haben ihre Dynastie nach den Mongolen genannt, die unter Dschingis Khan (1167–1227) und seinen Nachfolgern ein Weltreich errichtet hatten, das sich über ganz Asien von Peking bis Moskau erstreckte und auch die ganze islamische Welt des Nahen und Mittleren Ostens (mit der Ausnahme Ägyptens und Nordafrikas) in seinen Bann zog. Moghul ist das arabische und persische Wort für Mongole.

Der spätere Welteroberer Timur Lenk («Tamerlan» 1336–1405) hat seinen Anspruch auf Weltherrschaft von Dschingis Khan abgeleitet, der einer seiner entfernten Vorfahren war, und Babur, der Grossvater Akbars und Begründer der indischen Moghul-Dynastie, berief sich seinerseits auf seinen Ahnen Timur Lenk und dessen Eroberung Delhis, als er in Nordindien einfiel. Weder Timur Lenk noch Babur haben Mongolisch gesprochen. Ihre Muttersprache war die Turk-Sprache Tschagatay, Vorläuferin des heutigen Usbekischen. Doch die Hofsprache der indischen Moghul Kaiser war das Persische (Farsi), das damals das Ansehen einer grossen literarischen, religiösen und intellektuellen Weltsprache genoss, die im ganzen östlichen Teil des islamischen Raumes gepflegt wurde.

Akbar hat in den 50 Jahren seiner Regierungszeit (1556–1605) den Herrschaftsbereich der Moghul Dynastie von einem nordindischen Territorialfürstentum zur Führungsmacht des ganzen indischen Subkontinents erhoben. Die gewaltigen Stromgebiete des Indus und des Ganges wurden Teile seines Reiches, das am Ende seines Lebens von Afghanistan und Kaschmir im Norden bis in den Dekkan im Süden reichte und von Belutschistan im Westen bis Bengal und Orissa im Osten.

Errungen hat Akbar dies alles mit einer hochwirksamen Mischung aus entschlossener Kriegführung und kluger Diplomatie, und Dauer verliehen hat er ihm durch weitsichtige Reformen und den Aufbau einer zivilen und militärischen Organisationsstruktur, die in ihrer Effizienz in Indien bis dahin unerreicht war.

Voraussetzung dafür, dass er seine ehrgeizigen Ziele erreichen konnte, war die Zusammenarbeit aller indischen Völker und Religionsgemeinschaften unter seiner Leitung. Um aber die Mitarbeit aller Inder beim Aufbau seines Reiches zu gewinnen, musste der muslimische Herrscher den Wert und die Bedeutung der anderen Religionen seines indischen Reiches anerkennen. Dies waren neben den verschiedenen und einander nicht selten bekämpfenden Richtungen des Islam in erster Linie der Hinduismus und die kleineren Religionsgruppen der Jain, der Parsen (Parsi, Zarathustrianer) und einiger Christen. Die Völker Indiens verstanden sich als Religionsgemeinschaften, deren Identität in erster Linie auf ihren Religionen, nicht auf ihren Sprachen oder irgendwelchen rassischen oder ethnischen Merkmalen, gründete. Nur indem er ihre religiösen Identitäten anerkannte und würdigte, konnte der Kaiser auch die Eliten der nicht muslimischen Mehrheit der Inder an seinen Hof ziehen und sie mit den administrativen und militärischen Aufgaben betrauen, die zum Aufbau und zur Erhaltung seines Grossreiches unerlässlich waren.

In diesem Bereich war Akbar ein grosser Neuerer. Alle muslimischen Herrscher über indische Reiche vor ihm, wie es sie seit fünf Jahrhunderten gegeben hatte, sahen ihren Islam als die einzig wahre Religion an; jene der Inder galten ihnen als «heidnisch», wobei ihnen besonders verdammungswert schien, dass viele Inder Götterbilder verehrten. Dies gilt im Islam als eine der schwersten Sünden, weil Muhammed seinerzeit gegen die heidnischen Steingötzen von Mekka aufgetreten war und sie schliesslich gestürzt hatte. In den Augen aller vorausgegangenen muslimischen Herrscher mussten die «heidnischen» Religionen Indiens unterdrückt werden. Wenn es wegen der grossen Zahl ihrer Anhänger unmöglich war, sie ganz auszumerzen, sollten sie jedenfalls keinen Anteil an der Leitung des Staates erhalten, den die muslimischen Herrscher vor Akbar als die regierende Religion der erobernden Herrenschicht ansahen.

Akbar brach mit dieser Jahrhunderte alten Tradition der muslimischen Herren über Indien, wahrscheinlich nicht einfach aus pragmatischen Gründen, sondern weil er selbst ein zutiefst frommer Mensch war, der im Verlauf eines geistigen Wachstumsprozesses in die Lage geriet zu verstehen, dass die Gläubigen anderer Religionen sich ebenfalls an Gott wandten und – wie er selber – Ihn suchten. Akbar selbst liess die Frage nach Gott keine Ruhe, und er suchte Antworten auf sie, die sich von der muslimischen Orthodoxie, in deren Rahmen er aufgewachsen war, immer weiter entfernten. Seine Grunderkenntnis war schliesslich, dass alle Erscheinungen der verschiedenen Religionen seines grossen Reiches bedeutungsvoll seien. In einer jeden von ihnen erblickte er eine Manifestation Gottes. ER wurde unter verschiedenen Symbolen verehrt, und Akbar liess es sich angelegen sein, sie alle zu beachten und sogar persönlich zu ehren.

Man kann sich darüber streiten, ob Akbar seine, in seiner Zeit einmalige Religionspolitik aus Gründen der politischen Zweckmässigkeit entwickelte (sie war opportun, denn er hatte eine Welt vieler Religionen zu regieren) oder ob sein unzweifelhaft bestehendes Interesse an den Religionen, seine persönliche Gottessuche, die treibende Kraft dabei war. Da beides zusammentraf, politische Zweckmässigkeit und persönliches Anliegen des Kaisers, wird es stets Interpreten geben, die mehr Gewicht auf die eine oder auf die andere Seite der Waage legen ...

Seinen Erben hinterliess Akbar ein stabiles Staatswesen, das drei Generationen lang die Vormacht Indiens blieb und einen gewaltigen, geradezu sprichwörtlichen Reichtum ansammelte. Die beiden ersten Nachfolger Akbars, Jahangir (1605–1627) und Shahjahan (1627–58), haben einen Religionspluralismus politischer Natur fortgeführt, wie er ihn gegründet hatte, jedoch ohne das gleiche, persönliche Interesse an Religionsfragen aufzubringen, das Akbar sein Leben lang auszeichnete. Das Reich sollte erst unter Akbars Urenkel, Aurangzeb (regierte 1658–1707), seine grösste Ausdehnung erreichen. Es begann aber auch schon unter Aurangzeb deutliche Zeichen innerer Zerrissenheit aufzuweisen. Diese lassen sich darauf zurückführen, dass Aurangzeb die ausgleichende Religionspolitik seines Urgrossvaters aufgab und zur strengen islamischen Orthodoxie zurückkehrte, was im politischen Bereich bedeutete, dass nur noch «gute Muslime» mit den Staatsgeschäften betraut werden konnten. Die Mitglieder anderer Religionen wurden wieder auf die Stufe von nahezu rechtlosen Untertanen zurückgesetzt. Aurangzeb musste infolgedessen gegen die einstigen Verbündeten seines Ahnherrn, die Rajputen, bittere Kriege führen, und er hat in Shivaji (1630–1680), dem Guerrillaführer aus dem Hindu Marathenvolk, der sich

1659 gegen ihn erhob und 6 Jahre lang gegen ihn kämpfte, seinen grössten Gegner gefunden. Shivaji wird heute von vielen Indern, namentlich Hindus, als ein Nationalheld ihres Landes verehrt.

Die Spaltungen, welche die Rückkehr zur engen Orthodoxie mit sich brachte, sind mindestens einer der Hauptgründe für den Verfall der Moghul-Dynastie gewesen. Sie überlebte als Schatten ihrer Selbst in der Hauptstadt Delhi das ganze 18. und die erste Hälfte des 19. Jahrhunderts, bis zur Zeit, in der Grossbritannien sich endgültig zum Herrn über ganz Indien aufschwang und den Subkontinent zu seinem Imperium machte. Im Jahr 1858 musste der letzte der Moghul Kaiser und Nachkomme Timur Lenks nach Rangun ins Exil ziehen und starb dort zwanzig Jahre später. Seine Söhne und Enkel wurden von den Engländern hingerichtet, deren Gericht sie für den Aufstand der Inder vom Jahr 1857 («mutiny» genannt) verantwortlich erklärte.

Dass Akbar ein persönliches Interesse am Religiösen hatte und selbst von religiösen Erlebnissen berührt worden ist, geht aus vielen seiner überlieferten Aussagen und Handlungen hervor. Hier seien nur zwei seiner eigenen Äusserungen zitiert, die als bezeichnend gelten können. Sie werden beide von dem Hofmann und Historiker *Abu'l-Fadl* überliefert:

> «Obgleich ich der Herr eines Königtums bin und über alle Symbole der Weltherrschaft verfüge, dennoch, da wirkliche Grösse daraus besteht, den Willen des Herren zu tun, ist mein Geist nicht ruhig und mein Herz bedrückt durch die äussere Pracht meiner Lebensumstände; mit welcher Befriedigung kann ich die Eroberung weiterer Reiche unternehmen? – Ach, wie ich mir das Kommen eines frommen Mannes (sahib-e din) wünsche, der die Unruhe meines Herzens stillen könnte!» (A'in 3, p. 183; Uebers. III, p. 433).

> «Es ist meine Pflicht, alle Menschen zu verstehen, denn, wenn sie auf dem Wege des göttlichen Willens wandeln, wäre jeder Eingriff gegen sie tadelnswert. Wenn es anders ist, stehen sie unter dem Einfluss der Krankheit der Unwissenheit und verdienen Mitleid». (A'in III,189; Jarr.p. 44, und A'in III,p. 182, Jarr. 430–1).

Zu seiner Rede passte sein Verhalten, diesmal geschildert vom *Bada'uni,* dem bitteren Kritiker der späteren Religionspolitik des Kaisers:

> «Seine Majestät verbrachte ganze Nächte damit, Gott zu preisen; er war beständig damit beschäftigt, ‹*Ya Huwa, Ya Hadi*› («Du, der du Er bist, du

> der du recht führst!») zu sagen; darin war er erfahren. Sein Herz war voller Verehrung für IHN, der der Geber ist. Dankbar für seine errungenen Erfolge sass er oft in Gebet und Meditation auf einem breiten Stein in einem alten Gebäude, das an einer einsamen Stelle beim Palast lag, sein Haupt war auf seine Brust gebeugt, und er nahm den Segen der frühen Stunden vor Sonnenaufgang in sich ein». (Bada'uni, Lowe, 203).

Ähnliche Worte und eine vergleichbare Haltung werden von keinem der Nachfolger Akbars überliefert. Nur sein Urenkel, Prinz *Dara Shukoh* (1619–1659), der Aurangzeb im Kampf um die Herrschaft unterlag und von ihm hingerichtet wurde (nicht ohne als Ketzer verurteilt worden zu sein), hatte die religiösen Interessen seines Urgrossvaters geerbt. Er zählt unter die grossen Mystiker Indiens und hat mit Hilfe indischer Gelehrter die Upanishaden ins Persische übersetzt (Siehe A. Schimmel, Mystische Dimensionen des Islam, Insel Verlag, 1995 p. 509 ff).

Das Reich, das Akbar und seine Nachfahren eroberten, in beständigen Kämpfen ausweiteten und stützten, ist vergangen. Kunstwerke in Architektur und Malerei, die zu den herrlichsten auf der Welt gehören, sprechen weiter von ihm. Von den administrativen Strukturen, die unter den Moghuln in Indien eingerichtet wurden, sind einige in das britische Kolonialimperium übernommen worden und wirken auf diesem Wege bis in die heutige Zeit fort. Die Religionspolitik Akbars hat letztlich versagt; die Trennung des Subkontinentes in Indien und Pakistan mit Bangladesh als weiterem Absprengsel beweist dies. Die Religionsunterschiede sprengten Indien, als die imperialen Klammern des Moghulreiches und seines Nachfolgeimperiums, des britischen, zerbrachen.

Doch das religiöse Experiment des grössten der Moghulkaiser bleibt von Bedeutung, nicht nur in historischer Sicht, sondern auch vom praktisch-politischen Standpunkt aus. Solange der Islam existiert und mit dem Problem des Zusammenlebens mit anderen Religionen konfrontiert bleibt, ja, noch allgemeiner, solange das Verhältnis von weltlicher und religiöser Macht in Gesellschaften, in denen mehr als eine Religion oder mehr als ein Religionszweig zusammenleben, problematisch bleibt, so lange zumindest sollte Akbars grosser Versuch, die Religionsspaltungen zu überwinden, nicht in Vergessenheit geraten.

Was man von Akbar heute noch lernen kann, ist der Umstand, dass es verschiedene Arten der Toleranz gibt, die man auch als verschiedene Dimensionen derselben ansprechen kann.

1. Der Islam hat von Beginn an – im Gegensatz etwa zum Christentum, das während der meisten Jahrhunderte seines Bestehens keinerlei institutionalisierte Toleranz kannte – seine eigene *Toleranzordnung* besessen. Sie geht darauf zurück, dass der Prophet selbst einen Weg suchen musste, und dieser ihm nach Auffassung des Islams von Gott gezeigt worden war, um den Glauben der Juden von Medina in seine Religion (die «Religion des einzigen Gottes» für die Muslime) einzufügen. Er tat dies mit Hilfe einer *Stufenordnung,* die er selbst noch auf die Christen ausdehnte, und in die seine Nachfolger darüber hinaus auch die Parsi (Zarathustrianer) und andere Hochreligionen eingepasst haben.

Diese Stufenordnung besagte, dass der Islam die wahre Religion Gottes sei und deshalb auf der obersten Stufe stehe, erkannte jedoch an, dass auch Juden und Christen sowie andere Religionsgemeinschaften, mit denen die Muslime später in Kontakt traten, wie die Muslime Heilige Bücher besassen, die ebenfalls Gott ihren Propheten eingegeben hatte, Bücher, die dann allerdings mehr oder minder entstellt und missverstanden worden waren. Aus diesem Grunde besassen diese anderen «Religionen des Buches» ein Existenzrecht innerhalb der Gemeinschaft der Gläubigen (Muslime), sollten jedoch den wahren Gläubigen unterstellt werden. Diese alleine bildeten das Staatsvolk.

Diese Stufentoleranz ist über mehr als 1000 Jahre hinweg wirksam geblieben. Sie hat unter anderem mit sich gebracht, dass heute im muslimischen Orient christliche Kirchen überleben, die ausserhalb des Islams, in christlichen Machtbereichen, von andersgläubigen Christen mit Feuer und Schwert vertilgt worden sind.

2. Seit es in der islamischen Welt jedoch Nationalstaaten gibt (von Vorstufen abgesehen erst seit dem Ende des Ersten Weltkrieges und nach der Entkolonisierung seit dem Ende des Zweiten), ist diese im islamischen Raum heimische und dort ausgebildete Stufentoleranz in Widerspruch getreten zu einer anderen Form der Toleranz, die in Europa seit der Aufklärung und der Französischen Revolution entwickelt worden ist. Man kann sie als eine *Toleranz der Gleichsetzung* bezeichnen. Friedrich der

Grosse hat sie grob, aber kurz in den Satz gefasst. «Möge Jeder nach seiner Façon seelig werden!»

Das ist eine Toleranz der Urteilsenthaltung, manchmal sogar der Skepsis oder Gleichgültigkeit. Sie geht auf eine Einstellung zurück, die besagt, dass über den Wahrheitsanspruch verschiedener Religionen und Konfessionen nicht entschieden werden könne, weshalb es sinnlos sei, dass sie sich bekämpften. Der Begriff des «Bürgers» im Nationalstaat kommt ohne diese Art Toleranz nicht aus, solange gefordert bleibt, dass alle Bürger eines Nationalstaates, auch solche unterschiedlicher Religionen, vor dem Staat gleich sein sollten.

Weil im islamischen Raum das ältere Konzept der Stufentoleranz einheimisch ist und tiefe Wurzeln im Selbstverständnis der Muslime geschlagen hat, gibt es auch heute immer noch Schwierigkeiten bei der Durchsetzung des Toleranzideals der europäischen Aufklärung, obgleich die «modernen» Verfassungen fast aller muslimischen Nationalstaaten diese auf Gleichheit aller Bürger verpflichten. Der einzelne Polizist und Beamte und auch viele Gottesgelehrte haben nach wie vor Mühe mit der praktischen Durchsetzung des Prinzips der Gleichheit aller Bürger, wenn es um die Rechte von Mitgliedern religiöser (und oft auch ethnischer) Minderheiten gegenüber der Mehrheit geht, die aus der – früher herrschenden muslimischen Mehrheitsgemeinschaft besteht.

3. Die Toleranz, die Akbar hat einführen wollen und immerhin für sein Reich auf über ein Jahrhundert hinaus weitgehend verwirklicht hat, beruht auf anderen Grundlagen, für die allerdings ebenfalls Ansätze im Koran zu erkennen sind; die muslimischen Mystiker haben sie zu allen Zeiten hervorgehoben. Statt der skeptischen, wenn man will negativ erkenntnistheoretisch begründeten, Urteilsenthaltung und Distanzierung der Aufklärung wurzelt diese dritte Stufe der Toleranz in einer positiven Erkenntnis, nämlich der, dass Gott die verschiedenen Wege und Formen seiner Kenntnis und seines Kultes weit übersteigt, weshalb es eine Frage von Äusserlichkeiten sei, mit welchen Symbolen, unter wessen Anleitung und nach Massgabe welcher Heiligen Schriften Er verehrt werde. Man kann dies eine die *einzelnen* Religionen *übersteigende* Toleranz nennen. Sie unterschiedet sich von der durch die Aufklärung in die moderne Welt eingeführten durch eine Nuance von Gewicht. Die Religionen sind in ihren Augen nicht alle deswegen gleichwertig, weil sie ohnehin nicht zu beweisen sind, sondern vielmehr, weil eine jede von ihnen Bedeutung besitzt und hinweist auf etwas Wesentliches, das jede einzelne von ihnen weit übersteigt. Man kann diese Toleranz «aus Frömmigkeit»

der Toleranz «aus Gleichgültigkeit» oder «aus Skepsis» gegenüberstellen, welche weitgehend unserem Toleranzbegriff innewohnt. Ihr geht es um Gotteserkenntnis über die einzelnen Dogmen und Kulte hinaus. Sie nimmt daher an allen von ihnen Anteil, statt sie alle gleichermassen in Frage zu stellen.

Diese Dreierklassifikation wird allerdings möglicherweise dem durch die Aufklärung geschaffenen Toleranzbegriff nicht ganz gerecht. Er bezieht sich auf das öffentliche Auftreten der Religionen. Was die Religiosität der Einzelnen und der Gruppen ausserhalb der Öffentlichkeit angeht, so ist ohne Zweifel seit der Aufklärung die Möglichkeit geschaffen, Religion primär als *Privatsache* aufzufassen und ihre jeweiligen Institutionen, sogar Dogmen, für den Einzelnen und bestimmte Gruppen als verbindlich und wesentlich anzuerkennen, den Staat jedoch «frei davon» zu erklären. Das konnte dem Einzelnen und den nicht-staatlichen Gruppierungen («Kirchen» z. B.) ein intensives religiöses Leben erlauben, ergab für den Staat freilich die Notwendigkeit einer «Ethik», die eher locker an verschiedene religiöse Traditionen aus seinem Umkreis gebunden war. Toleranz, entwickelt aus den Voraussetzungen, die in der Aufklärung geschaffen worden waren, entsteht in diesem Falle durch die Beschränkung des religiösen Lebens auf Individuen oder auf nicht-staatliche Gruppen und deren Bereitschaft, in Gegenleistung für ihre Rechte, anderen Individuen und anderen Gruppen ihrerseits das Recht auf ihr eigenes, unterschiedliches religiöses Leben zuzuerkennen.

Die oben vorgeschlagene dreifache Klassifizierung von verschiedenen Arten der Toleranz ist ausserdem als eine idealtypische Klassifikation zu verstehen. Es handelt sich um Begriffe, die überlappen, deren spezifische Eigenart und Unterschiede jedoch leicht zu erkennen sind, solange man sich an die typischen und nicht an die Randerscheinungen hält.

Dass Indien unter Akbar zum Schauplatz des Versuches *«überwölbender Toleranz»* werden konnte, was heisst des Versuches, eine Religion aus allen Religionen zu destillieren, war natürlich kein Zufall. Während mindestens eines Jahrhunderts vor dem Ende des ersten muslimischen Jahrtausends, das in Akbars Zeit fiel (das Jahr 1000 der Hijra erstreckte sich vom 9. Oktober 1591 bis zum 27. September 1592 AD), waren sich indische und muslimische Mystiker auf indischem Boden begegnet, und Bewegungen waren im Hinduismus und im Islam entstanden, die sich aufeinander zu entwickelten, wobei jede Seite erkannte, dass die andere Seite «das Gleiche» anstrebte und «den Gleichen» suchte.

Der berühmte volkstümliche Dichter *Kabir* (1440–1518), die indische

ان جشن دل افروز هر روز بطرزی خاص مرتب میشد و مواد بهجت و خرمی بخاص و عام مهیا میگشت
تشریف قدوم ارزانی فرمودن حضرت بجشنی که ماهم انکه ترتیب داده بود بجهة کدخدایی باقی محمد خان
طرح لعل عمل سانوله
۳۹
2-1896(I.S.)

Alle hier wiedergegebenen Bilder stammen aus einem besonders gut, aber nicht vollständig erhaltenen Exemplar des Akbar Nameh, einer Lebensbeschreibung, welche Akbar selbst illustrieren liess. Sie wurde gegen Ende der Herrschaft des Kaisers, nach dem Beginn des 17. Jahrhunderts, geschrieben und gemalt. Heute liegt dieses Buch im Victoria and Albert Museum in London. Akbar hat auch andere Exemplare des Akbar Nameh schreiben und illustrieren lassen, um sie an die Grossen seines Reiches zu verschenken. Fragmente solcher Prachtbücher mit dem gleichen Text und ähnlichen, aber nicht genau gleichen Illustrationen finden sich in verschiedenen anderen Museen. Das Exemplar des Victoria and Albert Museums weist total 117 ganzseitige Miniaturen auf. Hier kann nur eine kleine Auswahl davon wiedergegeben werden. Doch schon sie sollte einen Begriff davon geben, wie Akbar und seine Hofmaler sich selbst, den eigenen Hof und die Ereignisse der langen Herrschaft des grossen Königs gesehen haben.

Abbildung 1

Akbar mit der Amme Maham Anaga bei der Hochzeit ihres Sohnes

Der junge Kaiser empfängt seine Höflinge anlässlich der Heirat seines Milchbruders A'zam Khan mit der Tochter von Bagi Muhammed Khan, die im vierten Jahr der Herrschaft Akbars stattfand. «Die Grosszügigkeit des Kaisers verwandelte dieses Fest in eine Gelegenheit für Tausende von Gunsterweisungen» sagt Abu'l-Fazl (AN II, S. 129 der Übersetzung). Doch der Maler erfasst die Lage präziser: Maham Anaga, freilich wohlverhüllt, erscheint sitzend unter den Männern, näher am Thron als die Minister des Herrschers. Dadurch wird die ungewöhnliche Macht der Amme hervorgehoben. Es war zweifellos sie, die im Namen des Kaisers die Braut ihres Sohnes ausgewählt hatte. Akbar ist noch jung (er war damals zwischen 16 und 17 Jahre alt), doch sein Knappe, der ihm Schwert und Schild nachträgt, steht hinter ihm. Die Schwerter stecken stets in einem Futteral, wenn sie nicht gebraucht werden. Ein anderer Leibdiener fächelt Akbar Kühle zu. Die Gefolgsleute bringen Geschenke, die ein Schreiber gebührend registriert. Gleichzeitig werden die männlichen Verwandten der Braut vorgestellt.

Bhakhti-Bewegung, die frühen *Gurus der Sikh-Bewegung* (wie Guru Nanak 1469–1538), der muslimische *Chishti*-Orden in seinem indischen Zweig gehören in diesen Zusammenhang.

Abu'l-Fadl formuliert Akbars Religionspolitik

Zu diesen historischen und kulturellen Voraussetzungen kam die Persönlichkeit und die persönliche Geschichte des Kaisers hinzu. Das wichtigste Einzelereignis dabei war ohne Zweifel seine Begegnung mit *Abu'l-Fadl* (auch Abu'l-Fazl geschrieben, 1551–1602), dem hochgebildeten und ehrgeizigen Intellektuellen aus einem «nicht-konformistischen» muslimischen Hause, der es sich zur Aufgabe machte, den Kaiser in seiner Religionspolitik zu bestärken und ihm die theologischen Argumente zu liefern, um sie intellektuell zu untermauern.

Abu'l-Fadl (in Indien auch mit seinem Titel als Allama Abu'l-Fadl bekannt) war eine komplexe Persönlichkeit von hoher Bildung und ungewöhnlich weit gefassten theologischen Interessen. Er wurde Vertrauensmann des Kaisers und hat auch als sein Geschichtsschreiber sein Bild für die Nachwelt entscheidend geprägt. Er ist für die späteren Zeiten eine fast ebenso faszinierende Figur wie Akbar selbst geworden. Bis heute scheiden sich die Geister stärker noch an seiner Figur als an jener des Kaisers; letztlich, weil man ihm als Intellektuellem und hochgebildetem muslimischen Theologen, mehr noch als Akbar selbst, die Verantwortung für die Religionspolitik des Herrschers zusprechen kann. Wer diese als verderblich und «sündig» ansieht, derartige Urteile bestehen bis heute, dürfte meistens geneigt sein, Abu'l-Fadl, der «wusste, was er tat», die Hauptverantwortung zuzuschreiben und ihn in der Rolle des «Verführers» eines angeblich eher ahnungslosen und «ungebildeten» Kaisers zu sehen. Wer umgekehrt die Erfindung der «Religion Gottes» als eine geistige Grosstat positiv wertet, muss in dem intellektuellen Mentoren und Mitarbeiter des Herrschers notwendigerweise den eigentlichen Beweger der synkretistischen Religionspolitik des Grosskönigs erblicken. Auch ohne ihn hätte Akbar gewiss liberalisierende Schritte zumindest im politischen und im Verwaltungsbereich unternommen. Der 20jährige Kaiser hatte schon vor seiner Bekanntschaft mit Abu'l-Fadl eine Rajput-Prinzessin geheiratet (1562), ein Jahr später die Steuer aufheben lassen, die auf indischen Pilgern lastete, und im folgenden Jahr die klassische Sondersteuer für Nicht-Muslime, die *Jizya,* abgeschafft. Abu'l-Fadl ist erst 10 Jahre später, 1574 an seinen Hof gekommen.

Doch der Theologe, Geschichtsschreiber, Verfasser von diplomatischen Schriftstücken und intime Berater in Fragen der Religion, zu dem Abu'l-Fadl emporsteigen sollte, hat System in die Religionspolitik des Kaisers gebracht, zu Beginn wohl mit Hilfe seines Vaters, der ebenfalls ein sehr bedeutender Theologe war. Er hat dabei seinen Kaiser mit systematischen Argumenten weiter von den orthodoxen muslimischen Gelehrten und ihren Dogmen entfernt, als Akbar es, auf sich alleine gestellt, aller Wahrscheinlichkeit nach vermocht hätte.

Akbar und seine zeitgenössischen Geschichtsschreiber

Ein weniger erfolgreicher Höfling Akbars und sein zweiter Geschichtsschreiber war *Abdel Qader al-Bada'uni* (1540–1615). Er hat sich in seinem umfangreichen Geschichtswerk zur Stimme der Orthodoxen gemacht und gibt immer wieder seiner Empörung über die ketzerischen Ideen und Handlungen Ausdruck, die dem Kaiser zugeschrieben werden und für die er Abu'l-Fadl und einige andere Hofbeamte und Vertraute des Kaisers verantwortlich macht. Seine Chronik konnte zur Zeit Akbars nicht zirkulieren; sie blieb geheim und ist erst zehn Jahre nach Akbars Tod bekannt geworden.

Dass wir zwei kontrastierende Stimmen zu der umstrittenen Religionspolitik des Kaisers besitzen, ist für uns ein grosser Gewinn. Abu'l-Fadl hat eine sehr offizielle Chronik geschrieben, in der manche der für seine Zeitgenossen fragwürdigeren Aspekte der Herrschaft Akbars im Wortschwall der diplomatischen Rhetorik der Epoche ertränkt werden. Al-Bada'uni zögert seinerseits nicht, die ihm missfallenden Vorgänge bei Hof mit allen Zeichen der Empörung zu registrieren. Er wird so zum Sprachrohr der konservativ-orthodoxen Kräfte im Moghulreich, die zur Zeit Akbars zur Minderheit oder vielleicht zur notgedrungen schweigenden Mehrheit zählten, aber offensichtlich nie ganz von der Bildfläche verschwunden sind. Um so höher ist die Glaubwürdigkeit jener Charakterzüge und Taten Akbars zu bewerten, die sogar den kritischen und in seinen späteren Jahren scharf verurteilenden Bada'uni tief beeindruckten.

Zu den bedeutenden Geschichtsquellen gehören auch die Schriften und Schilderungen jener Aussenseiter aus Europa, die zur Zeit Akbars an den Rand des indischen Subkontinents gelangten, um zu versuchen, ihre Religion dort auszubreiten. Dies waren die jesuitischen Missionare, die auf Ersuchen des Kaisers Abgesandte aus der portugiesischen Handelsniederlassung Goa an seinen Hof schickten, anfänglich gewiss in der Hoffnung, sie könnten ihn zum Christentum bekehren, später wohl in erster Linie, weil er sie darum bat, Vertreter auch ihrer Lehre an seinen Hof zu entsenden, wo er Religionen «sammelte», und weil der portugiesische Vizekönig in Goa aus diplomatisch-politischen Gründen dem Willen des mächtigen Moghulherrschers entsprechen wollte.

Diese Landesfremden verstanden nicht viel von der inneren Debatte und der muslimischen theologischen Polemik, die sich um die Religionspolitik des Herrschers drehten; dazu war ihnen der Islam nicht vertraut genug. Doch sie waren scharfe Beobachter und genaue Beschreiber, die oft Dinge als ausserordentlich auffassten und daher zu sehen vermochten, die den Landeskindern und Hofbeamten so geläufig waren, dass sie kaum ihre Beachtung fanden. Die Schilderungen der Jesuiten von einzelnen Aspekten und Ereignissen, die sie selbst wahrnahmen, bilden so eine lebhafte Ergänzung in der Art von Schlaglichtern zu der mehr systematischen «flächendeckenden» Gesamtbeschreibung des indischen Reiches und seiner Institutionen, die Abu'l-Fadl im zweiten Teil seines grossen Buches über Hunderte von Seiten hinweg entfaltet.

Dieser zweite Teil, in drei Bänden, war eigentlich als Bestandteil eines grossen Gesamtwerkes geplant. Doch wird er heute seines Umfangs halber als ein eigenständiges zweites Werk unter dem Titel *A'in-e Akbari* zitiert (was man etwa als «Akbars Regeln» oder «Institutionen» übersetzen kann), der erste, ebenfalls dreibändige, mehr historische Teil als *Akbar Nameh* («Buch von Akbar») bedeutet.

Akbar ist ein grosser Liebhaber von Buchmalerei gewesen. Er hat seine Malateliers selbst beaufsichtigt und ihre Arbeiten mit seinen Künstlern diskutiert. Eine gewaltige Produktion von illustrierten Büchern ist aus diesen Werkstätten hervorgegangen; Prachtexemplare, die Akbar schreiben und ausmalen liess, gingen nicht nur in seine eigene Bibliothek ein, sondern wurden auch an seine Grossen als Gaben verteilt. Einige Hundert der kaiserlichen Miniaturen sind erhalten und befinden sich, manchmal als ganze Bücher, oftmals nur noch als Einzelblätter oder Teile von Büchern, in den grossen Museen Indiens, Grossbritanniens, Österreichs, Russlands, der USA sowie in einigen privaten Sammlungen. Sie bilden einen künstlerischen und einen historischen Schatz, weil sie sichtbar machen, was uns sonst nur durch Wortbeschreibungen überliefert ist.

Der vorliegende Band ist mit Miniaturen zu einem bestimmten Buch, das direkt mit dem Kaiser zusammenhängt, illustriert. Es handelt sich um Bilder, die Akbar selbst für Prachtexemplare des *Akbar Nameh* hat malen lassen, das heisst als Illustrationen des offiziellen Geschichtsbuches seiner Herrschaft.

Einführung 2

Die Muslime in Indien vor den Moghuln.
Eine Übersicht

Indien ist schon zu Beginn des 8. Jahrhunderts mit dem damals noch jungen Islam in Kontakt gekommen, als die *Araber* ihre Eroberungen über Iran hinaus bis nach Sind ausdehnten. Doch die arabischen Invasionen haben sich lange Zeit auf die westlichen Randprovinzen des indischen Subkontinents beschränkt.

Es waren – später – die aus Zentralasien stammenden in Afghanistan heimisch gewordenen muslimischen Feldherrn und Herrscher *türkischer* Herkunft und Sprache, die im 10. und 11. Jahrhundert tief in die zentralen Gebiete Nordindiens eindringen sollten und die sich mit ihren Reiterheeren dort die ersten Reiche eroberten.

Die Ghaznaviden 998–1145

Mahmud von Ghazni (998–1030) war für seine indischen Feldzüge berühmt, die im Jahr 1001 begannen, zuerst als reine Beutezüge sehr zerstörerischer Natur. Sie bildeten in der Summe die grösste militärische Expansion des Islams seit der Zeit der Omajaden. Mahmud war der Enkel eines türkischen Waffensklaven, der es zum General der Söldnertruppen in der nordpersischen Dynastie der Samaniden gebracht hatte. Er hatte Zeit seines Lebens in Ghazni, im heutigen Afghanistan, Hof gehalten, doch tiefe Inkursionen nach Indien unternommen, um dort fremde Tempel zu zerstören, Bildwerke zu zerschlagen und – vor allem – Sklaven und Gold als Beute in seine Hauptstadt zu schleppen. Nicht nur die Hindus hat er als Ungläubige grausam verfolgt, sondern auch die heterodoxe Gruppe der muslimischen Ismailis, einen Zweig der Schiiten, die in Sind häufig waren und die er als Abtrünnige vom Islam einstufte.

Als Mahmud 1026 von seinem letzten Beutezug in Indien zurückkehrte, hatten seine Heere alle Gebiete zwischen dem Irak und dem Ganges und von Transoxanien bis Sind geplündert. Der harte Kern seiner Armee bestand aus türkischen Waffensklaven, welche direkt aus dem Staatsschatz bezahlt wurden. Mahmud gab sich als Vorkämpfer des orthodoxen Islams aus, doch in seinen Heeren gab es auch indische Truppen unter ihren eigenen Hindu-Befehlshabern.

Der Sultan (Mahmud war der erste muslimische Fürst, der von seinen Zeitgenossen so genannt wurde – der Name steht für «Authorität») war unermesslich reich geworden, und er erscheint in der klassischen persischen Literatur als die Verkörperung von Macht und Reichtum. Doch der grosse persische Dichter *Firdausi* (940/1–1020) hat seinem Heldengedicht über die altpersischen Könige eine bittere Satire auf Mahmud folgen lassen, weil der türkisch sprechende Sultan das grosse Werk, das der Dichter ihm gewidmet hatte, nicht zu würdigen vermochte und schlecht entlohnte.

Am Hofe Mahmuds befand sich der grosse Gelehrte (Mathematiker, Astronom, Ethnograph, Geograph, Chronologe, Linguist usw.) Abu Rayhan *al-Biruni* (973- nach 1050), der zuerst als Kriegsgefangener aus Khwarezm (dem heutigen Kalpakistan am Aral-See) nach Ghazni gelangt war. Al-Biruni wurde wahrscheinlich Hofastronom des Herrschers, jedenfalls begleitete er ihn auf einige seiner Feldzüge nach Indien und unterhielt dort Kontakte mit indischen Gelehrten. Er brachte ihnen die griechischen Wissenschaften bei, sie ihm die indischen. Diese Kontakte erlaubten al-Biruni, eine berühmte Beschreibung Indiens in arabischer Sprache zu verfassen, die er kurz nach 1030 vollendete. Dies ist die wichtigste Schilderung Indiens und seines geistigen Lebens, die wir aus dem Mittelalter besitzen (Kitab Tarikh al-Hind, Ausgabe von E. Sachau, London 1887, und engl. Übersetzung, 2 Bde, Ldn. 1888).

Die Ghuriden 1145–1206

Ein Jahrhundert später, 1145, wurde der letzte Abkömmling Mahmuds bei Kandahar von dem Afghanen aus Ghur, Ala ud-Din Hussain (starb 1161), geschlagen. Der Sieger plünderte und zerstörte später die damalige Weltstadt *Ghazni* sechs Tage lang und erhielt daher den Beinahmen Jahansuz, «Weltenverbrenner». Von ihm stammt die Dynastie der *Ghuriden* ab, die sich zuerst in Zentralasien ausdehnte, aber später, wie Mahmud, von Ghazni aus nach Indien übergriff. *Mu'izz ud-Din Ghuri* (1173–1206) wurde 1190 in Tara'in, 120 km von Delhi, durch eine grosse Koalition von indischen Rajas unter Prithviraja geschlagen; doch kehrte er im folgenden Jahr zurück, schlug die Rajput-Armee am gleichen Ort entscheidend und tötete ihren König. Dies war der Beginn des Übergreifens muslimischer Herrschaft auf die nordindischen Zentralgebiete.

Mu'izz ud-Din, oft auch Mohammed von Ghur genannt, kehrte nach Ghazni zurück, liess jedoch seinen Vertrauten und Waffensklaven *Qutb ud-Din Aybak* in Delhi zurück. Der Ghuride, Aybak und ein weiterer Söldnergeneral, Bakhtiyar, dehnten die muslimische Herrschaft über den Panjab und die Ganges-Ebene aus und sicherten sie mit Garnisonen ab, was den Grundstein zu einer permanenten muslimischen Herrschaft über die weiten Gebiete des indischen Nordens legte.

Die Überlegenheit der zentralasiatischen und afghanischen Armeen über die traditionellen Streitkräfte der Inder ging wahrscheinlich in erster Linie auf die grössere taktische und operative Beweglichkeit der asiatischen Reiterheere zurück. Die indischen Kshatriyas, Berufskrieger mit einer uralten Tradition des Waffenhandwerks, setzten ihnen massive, starre Kampffronten mit Elefanten als wandelnden Bollwerken in der vordersten Linie entgegen, die sich von Reitern leicht umgehen und umzingeln liessen. Die unbeweglichen indischen Armeen waren auch nicht geeignet, fliehende Feinde zu verfolgen und zu vernichten, sie pflegten sich mit einem Sieg auf dem eigentlichen Schlachtfeld zu begnügen. Die Kriegsführung der Rajputen hatte im Grunde rituelle Züge angenommen. Die zentralasiatischen Reiterheere hielten sich aber nicht an die in Indien entwickelten Kriegskonventionen.

Die Ilbari-Türken 1206–1290, Sultane in Delhi

Qutb ud-Din Aybak (starb 1210) herrschte in Delhi nach Mohammed von Ghur, der 1206 ohne männliche Erben starb; und ein Waffensklave Aybaks, der eine Tochter seines Herren geheiratet hatte, *Iltutmish* aus dem Stamm der Ilbari-Türken, folgte ihm nach. In Iltutmishs Zeit fiel der Einfall von Dschingis Khan nach Westindien. Der mongolische Welteroberer, der seit 1215 Pekin besass, verfolgte den Herrscher von Khwarezm, Jalal ud-Din (1220–1231), nach Indien. Jalal ud-Din hatte 1221 bei Kandahar ein Mongolenheer geschlagen, und Dschinghis Khan suchte Rache dafür. Jalal ud-Din floh vor ihm nach Sind und später nach Lahore. Dschingis Khan jedoch machte am Indus halt und gab die Verfolgung auf. Beide Herrscher verliessen Indien, und Dschingis Khan starb 1227. Iltutmish konnte sich in Delhi halten und nach dem Abzug der mongolischen Weltengeissel seine Herrschaft über ganz Nordindien ausdehnen, von Sind bis Bengalen und von Peschawar bis Ujjain. Er starb 1236. 1229 hatte ihm der abbasidische Khalife von Bagdad ein offizielles Diplom als Herrscher über Indien zukommen lassen.

Der türkische Herrscher in Delhi nahm viele Flüchtlinge vor den Mongolen aus den anderen muslimischen Ländern auf und wusste sie in seiner Verwaltung einzusetzen. Er errichtete die Grundordnung, die bis auf die englische Zeit, sechs Jahrhunderte später, andauern sollte. Die grossen Heeresführer erhielten Feudalgebiete, um sich und ihre Armeen daraus zu erhalten. Daneben bestanden die Staatsdomänen, die direkt von der Krone verwaltet wurden. Ein Hofzeremoniell nach ghaznavidischem und samanidischem Vorbild wurde in Delhi entwickelt.

Iltutmish, der als eigentlicher Gründer des unabhängigen Sultanats Delhi gelten kann, hatte eine sehr fähige Tochter, Razziya, und Söhne, die weniger tüchtig waren. Er hat seine Tochter als Stellvertreterin in Delhi eingesetzt, als er 1231 auf einen Kriegszug nach Süden, gegen Gwalior auszog. Nach seinem Tod vermochte Razziya sich gegen die anderen Thronkandidaten durchzusetzen und herrschte dreieinhalb Jahre lang in Delhi. Doch die grossen Lehensträger erhoben sich gegen sie, und sie kam 1240 um, als sie aus Delhi vertrieben wurde und versuchte, ihre Hauptstadt zurückzugewinnen.

Es folgte eine längere Periode der Unruhen und Nachfolgekämpfe, die auch durch einen neuen Mongoleneinfall erschwert wurde. Diesmal plünderten die Mongolen Lahore (1241), und sie übten einen permanenten politischen Einfluss auf Sind aus.

Ein neuer begabter Herrscher aus der gleichen Familie, Ghiyas ud-Din *Balban* (1266–1287), stieg vom Lehensmann zum Herrscher in Delhi auf. Um des vorausgegangenen Chaos Herr zu werden, bediente er sich blutiger Strenge und grimmiger Orthodoxie. Er konzentrierte sich darauf, im Umfeld der Hauptstadt Ordnung zu schaffen, indem er das Land mit Wachtposten überzog, die von afghanischen Soldaten gehalten wurden. Auf neue Feldzüge gegen Hindufürsten verzichtete er; statt dessen konzentrierte er sich erfolgreich darauf, seine Provinzgouverneure am Zügel zu halten (ein nicht nur für Balban und seine Herrschaft permanentes Problem). Aus Mangel an türkischen Soldaten und Beamten war er gezwungen, Afghanen und in Indien geborene Muslime in Armee und Verwaltung aufzunehmen, und legte damit den Grundstein einer Praxis, die in späteren Jahren noch grosse Bedeutung erlangen sollte.

Balbans vielversprechender Sohn, Sultan Muhammed, war im Kampf gegen einen weiteren Mongoleneinfall schon im Jahr 1285 gefallen, und der Thron versank nach Balbans Tod 1287 in neuen Nachfolgewirren.

Diese nahmen erst ein Ende, als eine neue Gruppe von Waffenträgern, die *Khalji,* die anderen Bewerber um die zentrale Macht auszustechen vermochte. Die Khalji waren eine Mischung von Afghanen und Türken. Sie führten ihre Ursprünge auf einen Stamm in Ostafghanistan zurück, in dem Türken und Ghilzai-Afghanen sich vermischt hatten. Die Khaljis hatten in den Armeen von Mahmud von Ghazni und später in jenen der Ghuriden gekämpft und sich in Bengal eine Hausmacht verschaffen können. Der erste Herrscher der Khaljis, *Jalal ud-Din Firuz Shah II* (1290–96), wurde 1296 von seinem Neffen, *Ala'ud-Din,* ermordet, als dieser beladen mit Beute von einem erfolgreichen südindischen Feldzug heimkehrte. Der neue Sultan, nun *Ala'ud-Din Muhammed Shah* genannt, der von 1296 bis 1316 herrschte, versuchte die beständigen Aufstände seiner Grossen dadurch zu bekämpfen, dass er vier radikale Massnahmen ergriff: Im Bestreben, den Reichtum der grossen Lehensträger zu reduzieren, konfiszierte er alle Lehen, welche die Grossen des Reiches und die Gottesgelehrten erhalten hatten. Er verbesserte seine Informationsdienste so sehr, dass der Inhalt eines jeden Gesprächs in den Häusern der Grossen ihm sofort hinterbracht wurde. Er verbot alles Trinken und enthielt sich selbst des Weines. Er verbot, dass Heiraten in den Häusern der Grossen gefeiert wurden, die nicht zuvor er bewilligt hatte.

Ausserdem zog er so viele Steuern von den Dörfern ein, dass die Klasse der Dorfvorsteher verarmte. Der Sultan sah sich des weiteren veranlasst, Preiskontrollen für alle wichtigen Lebensmittel und Gebrauchsgegenstände festzusetzen, um die Lebenshaltungskosten im Interesse seiner Soldaten, deren Sold von der Zentralregierung in Geld bezahlt wurde, niedrig zu halten. Die Armee, die er zum ersten stehenden Heer in der Geschichte des Sultanats machte, wurde für erfolgreiche Eroberungskriege gegen die Hindustaaten in Rajputana, Gujarat, dem Dekkan und Südindien bis in die Gegend von Madras verwendet. Sein Feldherr und späterer Vizekönig, *Malik Kafur,* führte mehrere Expeditionen in den Süden Indiens. Jene, die am weitesten vordrang, erreichte und plünderte 1311 das Reich der Pandyas an der Südspitze der Halbinsel. Ausserdem gelang es Ala'ud-Din zwischen 1297 und 1306 mehrere neue Mongoleneinfälle, die teilweise bis nach Delhi führten, gründlich zurückzuschlagen.

Als der Sultan 1315 krank wurde, ergriff *Malik Kafur* die tatsächliche Macht und begann, noch zu Lebzeiten des alten Herrschers, einen blutigen Nachfolgekampf, in dessen Verlauf die meisten anderen Anwärter aus der Khalji-Familie und schliesslich auch Malik selbst umgebracht wurden.

Einer der Söhne Ala'ud-Din Kahljis erlangte 1316 den Thron unter dem Namen *Mubarak Shah*. Doch er sollte nur vier Jahre lang regieren, weil eine männliche Liebesaffäre bewirkte, dass er ganz unter den Einfluss von zwei Hinduoffizieren geriet, die ihn überredeten, ihrem eigenen Stamm die Wache über den Königspalast anzuvertrauen und dann den König, den sie im Palast isoliert hatten, ermordeten (1320).

Die Tughluq-Dynastie 1320–1414

Doch im gleichen Jahr noch vermochte der Gouverneur von Dialpur, Ghazi Malik, die Königsmörder seinerseits zu schlagen und umzubringen, woraufhin er den Thron von Delhi unter dem Namen *Ghiyas ud-Din Tughluq Shah* bestieg.

Tughluq Shah (1320–25) sandte seinen Sohn, Jauna Khan, der den Titel *Ulugh Khan* erhielt, mit einem Heer in den Süden, um die dortigen Hindu-Königreiche endgültig zu unterwerfen. Doch dies misslang, weil die Hindus die rückwärtigen Verbindungen des Prinzen abschnitten und er schliesslich umkehrte, da er nicht mehr wusste, wie die Lage in Delhi war, das seinerseits gegen eine weitere Mongoleninvasion zu kämpfen hatte – mit Erfolg, wie sich zeigte. Der König musste auch nach Bengal ziehen, um dortige Aufstände niederzuschlagen. Als er nach seinem Sieg heimkehrte, empfing sein Sohn, Ulugh Bek, ihn in einem hölzernen Pavillon vor Delhi. Nach einem Essen in diesem Pavillon liess der Sultan die auf seinem Kriegszug erbeuteten Elefanten vorbeiziehen. Der Pavillon war zu schwach, um den Erschütterungen zu widerstehen, die sie verursachten und brach über dem Sultan und seinem jüngsten Sohn zusammen. Ulugh Khan entkam, doch der Sultan verlor sein Leben (1325). Die meisten zeitgenössischen Chronisten scheinen an einen planvoll durchgeführten Vatermord zu glauben.

Der neue Sultan, Ulugh Khan, der nun *Sultan Muhammed ibn Tughluq* (auch genannt: Ghiyas ud-Din Muhammed Shah, 1325–51) wurde, war der einzige unter den Delhi-Sultanen, der eine volle islamische Erziehung genossen hatte, nicht nur eine militärische Ausbildung. Dies beeinflusste sein Staatsverständnis. Er versuchte, einen zentralisierten Staat mit einer regulären Verwaltung durch Staatsbeamte für ganz Indien einzurichten. Doch eine geeignete Beamtenschaft fehlte ihm. Er machte daher die Söhne allerhand kleiner Leute, «Weinbauern, Barbiere, Köche, Gärtner, Musiker und Weber» zu Verwaltern, wie der berühmte Historiker und Zeitgenosse, Barani, blösartig sagt, indem er die Handwerke aufzählt, die im muslimischen Indien am geringsten geachtet waren. Die grossen Adligen und Lehensherren waren empört und weigerten sich, mit dem Sultan zusammenzuarbeiten.

Dieser versuchte, eine neue Hauptstadt weiter im Süden Indiens anzulegen, um die ganze Halbinsel von einem zentralen Punkt aus regieren zu können. Er wählte Deogir (Devagiri), nördlich des Godavari-Flusses, das den neuen Namen *Daulatabad* («vom Staat gebaut») erhielt. Der Sultan forderte, dass die Oberschichten und Regierungsbeamten von Delhi dorthin umsiedeln sollten. Der Widerstand dagegen war bedeutend, doch musste zumindest ein Teil der Betroffenen unter Zwang in die neue Kapitale gehen. Die Finanzmanipulationen und übertriebenen Steuern des Sultans führten 1335/36 zu einer grossen Hungersnot im Gebiet von Delhi. Menschenhaut sei gekocht und in den Basaren verkauft worden, sagen die Geschichtsschreiber. Die Pest brach aus. Es kam zu Rebellionen in Nordindien, die der Sultan mit blutiger Gewalt niederschlug. Doch während er 1335–1337 im Norden kämpfte, brachen fünf verschiedene Aufstände im Süden aus. Vier wurden niedergeschlagen, doch aus dem fünften sollte das später bedeutende Hindu-Reich von Vijayanagara hervorgehen; auch die südlichen Städte Warangal und Kampili wurden wieder Zentren unabhängiger Hindu-Staaten.

Der Sultan musste Daulatabad verlassen, weil in Gujarat eine neue Rebellion ausbrach. Er starb 1351 in Thatta (Sind), während er dem aufständischen Gujarati Thaghi, der dorthin geflohen war, nachstellte.

Muhammed Shah Tughluq hatte keine Söhne; sein Nachfolger wurde der Sohn eines Onkels, *Firuz Shah* III. (1351–1388), dank des Einflusses der Sufi-Derwische und der Gottesgelehrten, die sich im Gefolge des verstorbenen Sultans befanden. Sufi sind die islamischen Mystiker, von denen manche als wandernde Asketen umherziehen. In diesem Fall nennt man sie mit einem persischen Wort «Derwische», was «Arme» bedeutet, oder arabisch «Fakire», was das gleiche heisst. Oft traten sie als Wundertäter auf. Unter den Sufis war der berühmte Chishti, Nasir ad-Din Cheghar-e Dihli («die Leuchte von Delhi»), dessen Grab heute noch in Delhi verehrt wird.

Firuz Shah begann damit, dass er alle Fehler und Herrschaftsexperimente seines Vorgängers, Muhammed Shah Tughluqs wieder rückgängig machte. Die fremden Hofbeamten und die Handwerkersöhne wurden entlassen, und die Vornehmen erhielten neue Lehen. Nur ein kleiner Teil der Armee wurde noch vom Staat direkt bezahlt, der Rest lebte von den Lehen. Die Erben all jener, die Muhammed hatte hinrichten lassen, erhielten Entschädigungen, und die Dankesbriefe, die die Entschädigten schrieben, wurden in einer Schatulle auf dem Grab Muhammeds niedergelegt. Sondersteuern, die dieser eingeführt hatte, wurden abgeschafft. Der Staat liess neue Brunnen graben und Gärten anlegen. Neue Grundlagen für die Besteuerung wurden ausgearbeitet. Staatliche Manufakturen («Karkhane», das Wort bedeutet heute Fabrik), wurden eingerichtet, um die Armeen von Sklaven zu beschäftigen, die Muhammed Tughluq dem Staat hinterlassen hatte. Neue Städte wurden gegründet und Spitäler gebaut; es gab sogar ein Büro, um unbemittelte Eltern von muslimischen Töchtern dabei zu unterstützen, die Mittel für die Mitgift zusammenzubringen. Alle staatlichen Stellungen wurden als erblich erklärt.

Firuz Shah III. legte wenig Wert auf Eroberungen. Er führte nur einige – erfolglose – Feldzüge nach Bengal und Sind und nach dem Süden. Im Distrikt Kangra sammelte er 1300 Sanskritmanuskripte aus den dortigen Tempeln und brachte sie nach Delhi. Einige davon liess er ins Persische übersetzen. Auch um Firuz Shahs Erbe gab es den regelmässigen Streit. Der Nachfolgekampf um den Thron begann schon vor dem Tod des greisen Sultans. Sein ältester Sohn war 1376 gestorben, der Sohn seines altvertrauten Wesirs, d.h. etwa Ministerpräsidenten, Khan Jahan II., der die eigentliche Macht ausübte, wurde von einem Sohn des Herrschers 1387 aus Delhi vertrieben, der nun selbst Wesir wurde. Firuz Shah dankte ab, damit dieser Sohn, Muhammed, gekrönt werde. Doch zwei Monate darauf rebellierten die 100 000 Sklaven, die Firuz Shah besass, und Muhammed musste aus Delhi fliehen. Der greise Herrscher Firuz Shah erhob darauf seinen Enkel, *Tughluq Shah II.,* auf den Thron, und starb bald darauf 82jährig im Jahr 1388.

Das Reich der Tughluqs zerfiel in seine einzelnen Bestandteile und Lehensbereiche. Der Angriff der Heere von *Timur Lenk* (1365–1405), der damals bereits den grössten Teil der muslimischen Welt in Zentralasien und im Mittleren Osten erobert hatte, beschleunigte den Zerfallsprozess des Sultanats von Delhi.

Der Einfall Timur Lenks 1398–99

Es war der Enkel Timur Lenks, Pir Muhammed, der zuerst mit einem Heer nach Westindien einbrach. Er belagerte Multan im Jahr 1397; Timur selbst, einer der grössten Eroberer der Weltgeschichte, zog im folgenden Jahr aus seiner Hauptstadt Samarkand über Kabul nach Indien. In den letzten drei Tagen des Dezembers 1398 plünderte seine Armee Delhi und massakrierte Hindus und Muslime ohne Unterschied, obwohl die Stadt sich ergeben hatte. Die Überlieferung spricht von mindestens 50 000 Toten. Danach kehrte Timur Lenk um, wohl, weil er einen grossen Feldzug nach China plante. Am oberen Chenab entliess er eine grosse Menge von Gefangenen, um seinen Rückmarsch nach Samarkand zu erleichtern. Doch alle Baufachleute mussten mit seinem Heer in die Hauptstadt ziehen, um dort eingesetzt zu werden. Das Sultanat von Delhi sank zu einem von zahlreichen Territorialreichen Indiens herab.

Provinzielle Dynastien

In Delhi kam von 1414 bis 1451 mit *Khizr Khan* und *Mubarak Shah* die kurzlebige Dynastie der Sayyids zur Macht. Sie wurde verdrängt von dem Afghanen *Bahlul Lodi,* der zuerst Lahore in die Hand bekam und sich schliesslich auch Delhis bemächtigte (1451). Die Lodi-Herrscher (Bahlul 1451–89, Sikandar 1489–1517 und Ibrahim Lodi 1517–1526) regierten über die zentralen Gebiete Nordindiens, bis sie von Babur (1526–30), dem ersten Moghuln, besiegt wurden.

Lokale Dynastien, alle von türkischen und afghanischen Lehensherren gegründet, die in den unterschiedlichen Landesteilen die Macht innehatten, wenngleich ihre Untertanen natürlich überwiegend Hindus waren, entwickelten sich gleichzeitig in Bengal, Orissa, Rajastan (dort eine Ausnahme, die Rajas waren Hindus geblieben), Kashmir, Jaunpur, Malwa, Khandesh, Gujarat, Ma'bar, Gulbarga (Bahmani-Reich). Dieses letzte löste sich später in fünf Königreiche im Dekkan auf: Berar, Khandesh, Ahmadnagar, Bijapur und Golkonda. Vijayanagara blieb in den Händen einer Hindudynastie. An der Südwestküste nahmen die Portugiesen Besitz von den Häfen von Cochin, Calicut und Goa, bis hinauf nach Bassim, Daman und Diu. Sie errichteten auch Niederlassungen in Colombo auf Ceylon und in Chittagong, am Kopf des Golfes von Bengalen.

Die Vergänglichkeit der muslimischen Grossreiche

Zusammenfassend kann man sagen, dass die Muslime mehrmals Grossreiche in Indien errichteten: zur Zeit der Sultane von Delhi, die Ilbari-Türken waren, besonders unter Sultan *Iltutmish von 1210 bis 1236;* dann die Khalji, besonders unter *Ala'ud-Din Muhammed Shah Kahlji von 1296 bis 1316;* erneut die Tughluq, besonders unter *Ghiyas ud-Din Muhammed Shah von 1325 bis 1351* und dessen Nachfolger, *Firuz Shah III. (1351–88).*

Diese Grossreiche sind jeweilen durch einen Dynastiegründer vorbereitet und durch dessen Nachfolger ausgedehnt worden; dann gingen sie zugrunde, mit der Ausnahme jenes der Khaljii, welches nach dem Gründer zwei langlebige Herrscher kannte, wobei jedoch die Regierung des ersten, Ghiyas ud-Din Muhammed Shahs, höchst unheilvoll war.

Der Islam kennt kein Erstgeburtsrecht, sondern grundsätzlich die Gleichberechtigung aller männlichen Erben. Die Nachfolge aller Sultane war daher stets unsicher; am Ende der langdauernden Herrschaftsperioden der grossen Herrscher kam es fast immer zu Thronwirren, die manchmal in wenigen Jahren zum Ende der Dynastie führten, andere Male lange Zeit andauerten, bis ein neuer Machthaber alle anderen Thronanwärter auszuschalten vermochte.

Militärische Stärke, administrative Schwäche

Über Jahrhunderte hinweg bestand eine militärische Überlegenheit der muslimischen Reitergruppen über die Berufskrieger der Hindu-Kriegerkaste. Weitaus die meisten Schlachten, die vom Jahr 1000 bis zum Jahr 1500 zwischen diesen beiden Gegnern geschlagen wurden, endeten mit Siegen der Muslime. Der wahrscheinlichste einzelne Grund für diesen Umstand dürfte darin liegen, dass die indischen Krieger in festen Kriegskonventionen befangen waren, wie man sie in den Sanskrit-Klassikern der Kriegskunst nachlesen kann und sich von ihnen nicht zu befreien vermochten, obwohl ihre Kriegsführung sich gegenüber den Methoden der asiatischen Reitervölker als unterlegen erwies.

Doch ebenfalls über Jahrhunderte hinweg vermochten die zentralasiatischen Krieger ihre militärische Überlegenheit nicht in permanente politische Strukturen umzusetzen. Ihre Reiche blieben an Einzelpersonen gebunden und brachen mit deren Tod meist in sich zusammen. Dabei waren die Rivalitäten innerhalb der herrschenden Gruppen entscheidend. Es waren in erster Linie Angehörige der militärischen Oberschicht, selbst Landesfremde, die sich mit anderen Angehörigen der gleichen Oberschicht um die Beute stritten, welche die Herrschaft über Indien darstellte. Nur jeweilen einzelne überragende, oft ebenso grausame wie energische Machthaber vermochten, solange sie lebten, die stets auflehnungsbereiten Grossen des Reiches im Zaum zu halten. Loyalität gegenüber dem Herrscher scheint, soweit es sie überhaupt gab und sie nicht alleine auf Angst vor seiner Strafe beruhte, an die *Person* der Herrscher gebunden gewesen zu sein. Sobald diese starben, suchten die Grossen sich eine geeignet erscheinende Figur aus dem Herrscherhaus, manchmal ein blosses Kind, in deren Namen sie ihre Rivalen herausfordern konnten.

Die Machtkämpfe dauerten dabei fast immer so lange, bis eine neue Herrscherfamilie die Macht ergriff und ein «Dynastiegründer», oft schon als gereifter und kriegsgewohnter Veteran, die Krone an sich riss und sie an einen Sohn weiter gab, der seinerseits in den meisten Fällen ein neues Grossreich eroberte, das aber dann wieder nicht über seinen Tod hinaus Bestand hatte.

Beute als Grundlage der Expansion

Überlegene Kriegsmethoden, verbunden mit der Möglichkeit, in dem fruchtbaren und volksreichen Indien reiche Beute zu machen, führten notwendigerweise zu einer raschen Ausdehnung der Grossreiche: Soldaten machten Beute, und neue Beute bezahlte neue Soldaten. Doch wenn diese Expansion auf Grenzen stiess, wegen der Weite des Landes, wegen seiner unwegsamen Natur im Süden und Osten wurde die Kriegsbeute knapp. Eine Verwaltung, die genügend Überschüsse erwirtschaften konnte, um die Armee zu erhalten, wurde notwendig. Wenn sie nicht zufriedenstellende Ergebnisse zuwege brachte, kam es fast zwangsläufig zu Kämpfen zwischen den verschiedenen Armeeteilen unter ihren jeweiligen Feudalherren und Kommandanten, bei denen es um die Verteilung der knapper werdenden Überschüsse ging. Solange er seine Herrschaft behaupten konnte, fungierte der Inhaber der Krone als der souveräne Verteiler der erkämpften und aus der Verwaltung gezogenen Überschüsse.

Der Zusammenbruch der verschiedenen Dynastien, kaum hatten sie den Höhepunkt ihrer Macht erreicht, lässt sich auf diese Weise verstehen. Es fehlten Verwaltungen, die auf die Dauer die schwierige Gleichgewichtsaufgabe lösen konnten, aus dem an sich reichen Lande einerseits soviel Überschüsse zu ziehen, dass Hof und Armee auf dem von ihnen gewünschten Niveau zu leben vermochten, andrerseits aber der Bevölkerung so viel zum Leben zu belassen, dass diese bereit und fähig blieb, ihre fruchtbringende Arbeit, in welchem Feld immer der Einzelne wirkte, fortzuverrichten.

Ein derartiges Gleichgewicht zwischen den Erfordernissen und Forderungen von Heer, Hof und Verwaltung und der Produktion des Landes wurde offenbar selten erreicht. Die Weite und der Reichtum Indiens zusammen mit der militärischen Überlegenheit der fremden Armeen führten immer wieder dazu, dass nicht die Produktion der Untertanen, sondern die

Beute aus den Staaten der Nachbarschaft das Wachstum der Heere und der beherrschten Gebiete bestimmte, bis die rückläufigen Bewegungen einsetzten.

Dabei lässt sich durchaus ein langsames Anwachsen der administrativen Durchdringung der indischen Länder erkennen, wobei allerdings im Falle von *Muhammed Tughluq* der Herrscher viel zu schnell und zu rücksichtslos vorgehen wollte und so sein Versuch eines zentralisierten pan-indischen Staates, der von Daulatabad aus regiert worden wäre, in wildem Chaos zusammenbrach. Sein Nachfolger, der viel konservativere *Mohammed Firuz Shah III.*, vermochte immerhin, mit der Hilfe von zwei tüchtigen Verwaltungsfachleuten, den Wesiren Jahan Kahn I. und Jahan Khan II., auf der Basis erblicher Ämter und feudaler Lehen, einen Gleichgewichtszustand, so prekär er auch gewesen sein mag, zu erreichen und zu erhalten.

Einbrüche von aussen, durch die Mongolen und später durch Timur Lenk, trugen ihrerseits ebenfalls dazu bei, dass die indischen Grossreiche unter islamisch-türkischen Herrschern immer wieder zusammenbrachen.

Zwei Kulturen in Konfrontation und Mischung

Die Hindus sind für all diese Herrscher, trotz der 500 Jahre, während deren sie bedeutende Teile des indischen Subkontinents eroberten und regierten, eine fremde Menschengruppe geblieben. Natürlich gab es Inder, die zum Islam übertraten, um Positionen und Aufstiegsmöglichkeiten in den Heeren, an den Höfen und in den Verwaltungen ihrer neuen Herren zu finden. Es waren verständlicherweise Angehörige der niedrigen Kasten und Kastenlose, die sich am leichtesten der herrschenden neuen Schicht und ihrer Religion anschlossen, schon weil sie nichts zu verlieren hatten, wenn sie in Kontakt mit den in den Augen der hohen Kasten trotz all ihrer Macht «unreinen» Nicht-Hindus traten.

Es gab andererseits bestimmte Berufe, die von den Herrschern schon bald den Hindus überlassen wurden, sogar wenn sie nicht zum Islam übertraten: Steuereinzieher war der wichtigste, aber auch Buchhalter, Bankiers, Landvermesser und Dorfvorsteher gehörten dazu, weil sie als Einheimische ihre eigenen, altangestammten Methoden besassen, um mit indischen Massen umzugehen, für ihre Herrscher die Steuerregister zu erstellen und die Gelder und Naturalien einzutreiben, ohne die jene nicht auskommen konnten.

Mehr als alle anderen trugen natürlich die Frauen zu engeren Kontakten zwischen den Kulturen in grossem Umfang bei. Die Eroberer haben sich

2-1896
١٠٣
١٢

Abbildung 2
(vgl. auch Abb. 3)

Akbar auf dem Elefanten Hawa'i

Zwei ursprünglich auf gegenüberliegenden Seiten gemalte Miniaturen schildern eine der waghalsigen Taten des jungen Kaisers, die sich 1561 in Aghra ereignete. Der Kaiser bestieg einen seiner gefährlichsten Kriegselefanten, Hawa'i (Rakete) genannt, und liess ihn «wundersame Maneuver» durchführen. Dann beschloss er, einen anderen Kampfelefanten, der «Ran Bagha» genannt wurde (Kampftiger), gegen ihn antreten zu lassen. Ran Bagha floh vor Hawa'i an das Jumna-Ufer hinab und über eine Schiffsbrücke, die über den Fluss geschlagen war. Der Kaiser verfolgte ihn auf Hawa'i, und die Brücke drohte unter dem Gewicht der beiden grossen Tiere zusammenzubrechen. Ran Bagha kam schliesslich davon, und es gelang Akbar, Hawa'i wieder zu beruhigen und unter seine Gewalt zu bringen. Abbildung 2 zeigt die Schiffsbrücke mit den beiden Elefanten im Mittelpunkt des Bildes.

Hindufrauen als Sklavinnen, Dienerinnen und auch als Gemahlinnen angeeignet.

Die Bauwerke aus den verschiedenen Epochen des ersten halben Jahrtausends islamischer Herrschaft sind ein deutlicher Ausdruck der «Kulturpolitik» der neuen Herren geworden. Es sind muslimische Bauten; die Herrscher wollten und brauchten Moscheen, Minarette, Paläste, Mausoleen, Befestigungswerke, Schulgebäude so, wie sie den Vorbildern entsprachen, die in den arabischen, persischen und zentralasiatischen Gebieten entwickelt worden waren. Doch ihre Arbeiter, Handwerker, oft wohl auch Baumeister und Architekten, sind Inder gewesen. Für die ersten grossen Moscheen der eben erst eroberten Hauptstadt wurden die Materialien zerstörter indischer Tempel verwendet. Der im Dienst des Ghuriden stehende Heereskommandant Aybak etwa wollte nach der Einnahme von Delhi in Eile eine Moschee aufrichten, die bezeichnender Weise den Namen «Macht des Islams» erhielt. Er liess nicht weniger als 27 Tempel zerstören, um sie als Steinbrüche zu verwenden. Er hatte auch keine Zeit, Architekten aus Persien kommen zu lassen. Die indischen Baumeister erhielten den Auftrag, mit den bei ihnen gebräuchlichen Techniken ein monumentales Bauwerk zu errichten, das für ein islamisches Freitagsgebet gebraucht werden konnte. Sie haben die in ihren Tempeln üblichen Konstruktionen verwendet, in denen Kragkuppeln und -bögen, die aus übereinandergelegten, vorragenden flachen Steinplatten bestanden, an Stelle «echter» Kuppeln und Bögen, d.h. solcher mit Schlusssteinen, traten. Die Oberflächen wurden mit etwas unsicher gezogenen arabischen Schriftzeichen geziert, zwischen die eine überreiche Vielfalt von tief eingemeisselten Bändern mit geometrischen und pflanzlichen Mustern eingefügt ist. Es fehlte nicht an Steinmetzen, die ihr Handwerk hervorragend beherrschten, doch Bauwerke im Stil der damaligen islamischen Hauptländer kamen nicht zustande, weil die architektonischen Traditionen Indiens ihren unvermeidlichen Einfluss ausübten. Es entstanden vielmehr Moscheen, die an Tempel gemahnten.

Die Eroberer wollten sich von allem Indischen fernhalten, weil es vom Stempel der Hindu-Religion geprägt war, die ihnen als «heidnisch» erschien. Doch sie konnten höchstens versuchen, ihre Konzeptionen im Grossen und Allgemeinen durchzusetzen. Für die Ausführung im Konkreten waren sie eben doch auf die Hindus angewiesen, deren Glauben und einheimische Kultur sie eigentlich hätten vernichten wollen.

Soziologisch gesehen entstanden zwei Gesellschaften, die getrennt voneinander existierten, wobei die machtmässig dominierende gleichzeitig die zahlenmässig viel kleinere und die landesfremde blieb und im Namen ihrer eigenen Religion versuchte, der grossen Halbinsel eine dieser fremde Kultur und Lebensweise aufzuzwingen.

Verbindungen und Kontakt stellten sich zuerst auf den unteren gesellschaftlichen Ebenen ein, wo die herrschende, ausbeutende muslimische Welt auf die arbeitende hinduistische stiess, oder aber wo Gruppen am Rande der Hindu-Gesellschaft parallel zu anderen, ähnlichen Aussenseitern der islamischen existierten, wie dies besonders der Fall bei indischen Asketen, Yogis und Pilgern gewesen ist, denen die muslimischen Mystiker (Sufi) als wandernde Derwische gegenübertragen.

Die Eroberer waren von solchen mystischen Individuen und Gruppen begleitet. Ihre Bekehrung zum Islam in Zentralasien war weitgehend auf derartige wandernde und ekstatische Gottesleute mystischer Ausrichtung zurückgegangen, und schon daher genossen sie hohes Ansehen bei den nach Indien eingefallenen Militärs. In ihrer neuen Heimat stiessen diese Vertreter eines auf Gottessuche ausgerichteten Volksislams auf Hindu-Kollegen, die vergleichbaren Zielen mit *ähnlichen* Methoden, Askese, Mantras – arabisch Dhikr – und Wundertaten nachstrebten wie es ihre eigenen waren, sogar wenn die *konkreten Ausdrücke* des Bemühens der Hindu, deren Asketen oft nackt gingen, für die islamischen Mystiker zunächst *fremd* und *anstössig* gewesen sein mögen. In diesem Bereich kam es zu gegenseitiger Beeinflussung ohne Befehle von oben. Das spontane Zusammentreffen war kulturell fruchtbarer als das erzwungene. Im 15. Jahrhundert wurden die ersten Manifestationen einer musikalischen und dichterischen Kreativität fassbar, die auf beide Religionen zurückgriff, aber beide überstieg, indem sie neuartige Synthesen schuf. Bezeichnenderweise waren die Sprachen, in denen die neue Mischkultur Ausdruck fand, die Volkssprachen des nordindischen Raumes, nicht die Hochsprachen der beiden Kulturen, das heisst weder Sanskrit noch Persisch, sondern Hindi in seinen verschiedenen Variationen.

Eine eigene Mischreligion entstand, jene der *frühen Gurus der Sikhs,* vor allem zur Zeit von *Guru Nanak* (1469–1539), der sich auf all seinen Reisen durch den ganzen Subkontinent stets von seinem Freund und Musikanten, dem Muslim Mardana, begleiten liess.

Kurzer Exkurs über die Sikhs

Die Sikhs folgen, wie der Islam, einer monotheistischen Religion, die einen Schöpfergott verehrt, doch sie kennen die hinduistische Vorstellung der Seelenwanderung. Ziel ihrer Gläubigen ist, sich durch gutes Leben, wo nötig über viele Inkarnationen hinweg, und durch Hingabe an Ihn mit der Gottheit zu vereinigen. Sie sehen sich als eine Gemeinschaft von Brüdern an und lehnen daher das Kastenwesen der Hindus ab. Auch deren Rituale gelten ihnen als allzu formalistisch. Ihre «Lehrer», Gurus, beginnend mit dem mystischen Dichter Nanak, die ein jeder als Wiedergeburten seines Vorläufers gelten, sind zehn. Der fünfte Guru, Arjun Dev, der von 1581 bis 1606 wirkte, hat zur Zeit Akbars gelebt, den Goldenen Tempel von Amritsar gegründet und dort die Heilige Schrift der Sikhs, den *Adi guru Granth* niedergelegt, den er aus seinen eigenen Dichtungen und aus den Versen und Weisheitssprüchen seiner Vorläufer, besonders Nanaks, zusammenstellte. Arjun Dev wurde von Jahangir, Akbars Sohn und Nachfolger, hingerichtet, weil er den aufständischen Sohn des Moghul Kaisers, Prinz Khusraw, bei sich aufgenommen, gesegnet und mit Geld unterstützt hatte. Dies und die späteren Unterdrückungsversuche der neuen Mischreligion durch Aurangzeb, den Urenkel und dritten Nachfolger Akbars, führten dazu, dass der zehnte Guru, Govind Singh (1666–1708), der auch ein bedeutender Dichter in Sanskrit und Persisch war, gegen Aurangzeb kämpfte und zu diesem Zeck seine Gemeinschaft in eine Art militärischer Theokratie verwandelte. Diese entwickelte eine bedeutende Kampfkraft und gründete später, unter Ranjit Singh (1780–1839), ein Reich, das sich von Amritsar aus bis nach Peshawar (im heutigen Pakistan) und bis nach Kaschmir erstreckte. Die Sikhs waren damals Verbündete der Engländer gegen die Afghanen. Doch später hat Grossbritannien ihre politisch-militärische Macht in zwei harten Kriegen (1845–46 und 1848–49) gebrochen; und viele Sikhs bildeten noch später Elitegruppen in der anglo-indischen Armee. Die heutigen Sikhs teilen sich in eine Mehrheitsbranche, die den Weisungen und Traditionen des militanten zehnten Gurus, Govind Singh, folgt und in eine Minderheit, die sich mehr auf den ersten Guru, Nanak und dessen frühe Nachfolger bezieht und sich heute nur in geringem Masse von den Hindus unterscheidet. Es gibt gegenwärtig etwa 12 Millionen Sikhs über ganz Indien und seine Nachbarstaaten verstreut. Die jüngsten politischen Verwicklungen, deren Protagonisten Sikhs waren, mit den Aufstandsversuchen der Sikhs im Panjab, wo sie einen eigenen Staat anstrebten, ihrer Niederschlagung durch die indische Armee, deren Eindringen in den Goldenen Tempel von Amritsar und der Ermordung von Ministerpräsidentin Indira Gandhi durch zwei Sikhs ihrer Leibwache (31. Okt. 1984), was zu einem Massaker der Sikhs in Delhi führte, sind wohl noch in Erinnerung.

Im 15. und 16. Jahrhundert traten Volksdichter mystischer Inspiration auf, die sich weigerten, die eine oder die andere Religion als Dogma anzuerkennen, sondern beide als konvergierende Wege ansprachen. Sie wurden vom Volk so gerne vernommen, dass ihre Verse zu Kernen und Anziehungspunkten für eine gnomisch-mystische Dichtkunst wurden, um die herum sich Mythen und Apologe ansammelten. *Kabir* (vielleicht 1425–1505) und *Dadu* (1544–1603) sind solche Figuren auf der muslimischen Seite. Auf jener der Hindus findet man eine grosse Menge von Bhaktas beeinflusst von *Ramananda* (ca. 1360–1470), der selbst eine neue Wendung in der alten Tradition der Bhakti darstellt. Bhakti sind die Gefolgsleute einer Gottheit, Krishna etwa oder Rama, die Liebe zu ihr empfinden und durch Hingebung ihrer selbst Vereinigung mit ihr anstreben. Zu den geistigen Nachfolgern Ramanandas gehören die grossen Dichter der Hindi-Sprache wie die Rajputprinzessin *Mirabai* (ca. 1498–1546) oder *Tulsidas* (1532–1623) sowie Dichter anderer Volkssprachen des Südens, *Nanddas* (1533–85) etwa und *Surdas* (ca. 1478–1538).

In der Musik ist die neu entstehende Mischkultur am schnellsten vorangeschritten. Dies hing vielleicht damit zusammen, dass die Musik in den Augen der strengen muslimischen Religionsgelehrten ohnehin eine verbotene Kunst war. Wer sich ihr hingab, musste jedenfalls von der strengen Tradition Abstand nehmen, gleich ob es sich um arabische, persische oder indische Musik handelte. Die Konvergenz im musikalischen Bereich konnte ausserdem auch auf alte, schon vorislamische Traditionen zurückgreifen, welche die persische und die indische Musik in Kontakt gebracht hatten.

An allen muslimischen Höfen wurden indische Musik und indischer Tanz kultiviert. Der wichtigste indische Dichter in persischer Sprache, *Amir Khosraw* (starb 1325), der unter den Khalji-Sultanen lebte, war auch ein bedeutender Musiker und Musiktheoretiker, dem die Erfindung von neun neuen Ragas zugeschrieben wird. Für die Gedichte Kabirs wurde ein eigener Musikmodus erfunden, der Kabira'i heisst. Es gab viele muslimische Herrscher, die grosse Liebhaber der Musik waren und sich auch selbst der Musiktheorie angenommen haben. Akbars berühmter Hauptsänger und Musiker, *Mian Tansen* von Gwalior (1555–1610), kombinierte indische Ragas mit persischer Musik, wofür die Puristen ihn tadelten, seine Anhänger jedoch ihn über die Wolken erhoben. Seine Ragas, so behaupteten sie, könnten Kerzen anzünden und Regenfälle herbeiführen.

Kapitel 1:
Herkommen
Babur, der Begründer der Dynastie

Akbar war nicht der Begründer der Moghul-Dynastie. Sein Grossvater, Babur (1483–1530), hat von Kabul aus ein Reich in Nordindien erobert. Baburs Sohn und Akbars Vater, Humayun (regierte mit Unterbrechungen 1530–1556), hat dieses Reich geerbt, verloren und wiedererobert. Er ist jedoch kurz nach der Rückgewinnung von Delhi und Agra gestorben; Akbar (1556–1605) dann hat das indische Grossreich der Moghuln gefestigt, organisiert und ausgedehnt, so dass er es als gesicherten Besitz seinen Nachfahren hinterlassen konnte.

Babur kennen wir besser als die meisten anderen orientalischen Herrscher, weil er eine ausführliche Autobiographie hinterlassen hat, die als ein Meisterwerk der frischen Erzählkunst und ungezierten Selbstdarstellung gilt. Er hat sie in seiner Muttersprache, dem Tschagatay-Türkischen geschrieben, das in Zentralasien gesprochen wurde und mit dem heutigen Usbekischen eng verwandt ist. Das Babur-Nameh («Buch von Babur») ist später von den Gelehrten Akbars ins Persische, die damalige Hofsprache in Delhi und Agra, übersetzt worden, und Akbar hat es von seinen Miniaturenmalern illustrieren lassen. Doch der Tschagataytext ist ebenfalls erhalten. (Deutsche Ausgabe von Wolfgang Stammler, auf Grund der Textausgabe und französischen Übersetzung von J.-L. Bacqué-Grammont, Manesse Verlag, Zürich 1988, frühere englische Textausgabe und Übersetzung von Annette S. Beveridge, London 1922).

Babur war ein Nachfahre des berühmten zentralasiatischen Eroberers Timur Lenk im fünften Glied. Seine Mutter stammte ihrerseits im 13. Glied von Dschingis-Khan ab. Die indische *Moghul-Dynastie* hat später ihren Namen von dieser entfernten Herkunft von den Mongolen Dschingis-Khans und Timurs abgeleitet. Baburs Vater besass nördlich des Hindukush ein kleines Herrschaftsgebiet im Ferghana-Tal, dessen Zentrum die Stadt Andijan bildete, die heute zu Usbekistan gehört. Der Vater, Umar Schaikh Mirza, starb im Jahr 1494 im Alter von 38 Jahren, und Babur, der damals 11 Jahre jung war, wurde als König ausgerufen. Der Knabe musste sich mit der Hilfe seiner Grossmutter von der Mutterseite, Esen Daulat Begum, und eines bewährten Gefolgsmannes der Familie, des Richters Khaja, gegen die Versuche der umliegenden Fürsten zur Wehr setzen, das Ferghana-Tal in ihren Besitz zu nehmen.

Dieses Tal ist immer für seine Fruchtbarkeit berühmt gewesen, es besass reiche Städte und gehörte zu den am dichtesten bevölkerten Regionen Zentralasiens. Wie der seines Vaters, war auch der Traum Baburs sein Leben lang, die Stadt Samarkand in seinen Besitz zu nehmen. Er hat die Stadt Timurs, die er als sein legitimes Erbe ansah, zum ersten Mal 1497 erobert, indem er die Rivalenkämpfe seiner Vettern, der verschiedenen Timuriden, ausnützte. Doch er konnte sich kaum hundert Tage in Samarkand halten, weil in seiner Heimatstadt Andijan Unruhen ausgebrochen waren, die seine Präsenz notwendig machten. Im Jahr 1500 hat Babur Samarkand ein zweites Mal einnehmen können. Doch wurde er von *Muhammed Shibani Khan,* dem Ōzebeken (1451–1510) – «Usbek» ist das gleiche Wort in anderer Schreibung –, in der Stadt eingeschlossen und musste sie schliesslich wegen Hungersnot drei Monate später wieder aufgeben.

Babur versuchte dann, seinen Onkel mütterlicherseits, der in Taschkent regierte, zu einem Bündnis gegen den Usbeken zu bewegen. Doch der verbündete sich seinerseits mit den Feinden, die Babur im Ferghana-Tal zurückgelassen hatte und brachte am Ende dem Herrn von Taschkent und dessen Verwandten eine entscheidende Niederlage bei. Daraufhin eroberte er auch noch Ferghana.

Babur musste mit nur 300 schlecht ausgerüsteten Anhängern nach Afghanistan fliehen. Im Bamyan-Tal, tief im Hindukush, konnte er Fuss fassen und den lokalen Herrscher vertreiben; von dort aus gelang es ihm, 1504 Kabul einzunehmen. Doch sein Besitz in Kabul war dadurch gefährdet, dass sich sein alter Feind Shibani Khan von Transoxanien aus der Stadt Herat bemächtigte und vorübergehend auch Kandahar in seine Gewalt brachte. Die Nähe des gefährlichen Shibani veranlasste Babur zu seinem ersten Indienzug, einem blossen Raubzug, nur dazu bestimmt, sich Geld und Beute zu beschaffen und seine Machtbasis gegenüber Shibani auszudehnen, der seinerseits von Zentralasien aus die östlichen Teile des heutigen Afghanistans beherrschte und auch nach Khorasan (der Nordostprovinz Persiens) eingebrochen war.

Es war der persische Schah Ismail I. (1501–1524), der 1510 den Usbeken Shibani bei Merw schlug und ihm das Leben nahm. Daraufhin versuchte Babur noch einmal nach Transoxanien zurückzukehren. Er liess sich von den schiitischen Kräften des persischen Shahs unterstützen und gelangte mit ihrer Hilfe nach Bukhara und dann nach Samarkand. Doch in Samarkand konnte er sich wieder nicht halten; schon acht Monate nach seinem Einzug wurde sein Heer im Jahr 1512 von einem Neffen Shibanis, Ubaydallah, und dessen Verwandten besiegt, und Babur musste erneut aus Transoxanien weichen. Er scheint sich dort unbeliebt gemacht zu haben, weil er, seinem Verbündeten und vorübergehenden Oberherren, dem Schah, zuliebe die rote Kappe der schiitischen Truppen Ismails trug (die man ihrer Kopfbedeckung wegen «Kizilbash», «Rotköpfe», nannte) und dies auch von seinen Soldaten verlangte. Die Stadtbevölkerung von Samarkand argwöhnte offenbar, ihr neuer Herr sei zum Schiismus übergegangen. Die Özbek-Klans der Shibani-Familie hingegen waren, wie die meisten Transoxanier, Sunniten.

Babur kehrte nach Kabul zurück und verbrachte die nächsten Jahre mit kleineren Kampf- und Beutezügen gegen die verschiedenen afghanischen Stämme. Er ist auch fünfmal nach Nordindien eingefallen. Sein vierter Feldzug nach Indien kam zustande, weil ein unzufriedener afghanischer Gefolgsmann des damaligen Herren von Delhi, Ibrahim Lodis, Babur in Kabul aufsuchte und ihn um Hilfe gegen seinen Oberherren bat. In dieser Situation gelang es Babur, sich 1523 Lahores zu bemächtigen. Kandahar hatte er ein Jahr zuvor bereits endgültig wieder gesichert.

Doch erst Baburs fünfte indische Expedition führte zu entscheidenden Folgen. Nachdem er den Panjab gesichert hatte, zog er, ermutigt durch Hilfsversprechen vieler Adliger aus Delhi, 1525 mit aller verfügbaren Macht gegen den afghanischen Herrscher von Delhi, Sultan Ibrahim Lodi (1517–1526). 1526, im April, kam es zur Entscheidungsschlacht bei Panipat, etwa 80 km nördlich von Delhi. Babur versichert in seinen Memoiren, in denen er die Schlacht ausführlich beschreibt, seine Truppen seien 12 000 Mann stark gewesen, während Ibrahmin Lodi 100 000 Mann und 1000 Elefanten ins Feld geführt habe. (Moderne Historiker schätzen die Truppenstärken beidseits auf 25 000 bzw. 40 000 Mann). Babur beschreibt auch, wie der «nach der Methode der Rum», was die türkischen Osmanen meint, eine Wagenburg durch mit Ketten verbundene Wagen angelegt habe, auf denen von den Ottomanen frisch erworbene Kanonen montiert waren, und erwähnt die besonders wirksamen Schüsse seiner Musketiere. Sein Gegner verfügte nicht über Feuerwaffen. Es gelang Babur, die Schlachtfront der heranrückenden Indo-Afghanen mit seiner Artillerie zu dezimieren und sie dann, als sie auf die Wagenburg und ihre Brustwehren auflief, mit seiner Reiterei zu umgehen und ihr in den Rücken zu fallen. Der älteste Sohn Baburs, *Humayun,* damals 18jährig, kommandierte den rechten Flügel der siegreichen Armee, allerdings unterstützt durch den erfahrenen General Mahdi Khaja. Ibrahim und 15 000 seiner Krieger fielen.

Nach seinem Sieg besetzte Babur Delhi und sandte Humayun aus, von

Agra Besitz zu nehmen. Dies gelang binnen weniger Tage. Die beiden Städte, alte Sitze muslimischer Herrschaft in Indien, blieben seither die Zentren der Moghul-Dynastie.

Seinen mächtigsten Gegner in Indien hatte Babur aber noch vor sich. Rana Sanga, der mächtige Hinduherrscher von Mewar, südlich von Rajastan, hatte sich mit einer ganzen Reihe von Rajputs verbündet, um gegen den neuen Eindringling vorzugehen. Babur musste gegen ihn eine weitere Entscheidungsschlacht bestehen, bevor er seiner indischen Gebiete sicher sein konnte. Der Rana stiess mit seinen Verbündeten bis gegen Sikri ins Herzgebiet des jungen Staatswesens vor. Da seine Heerführer unruhig waren, weil der Rana als unbesiegbar galt, ihre Truppen von der an Zahl weit überlegenen Armee des Rana weitgehend umzingelt waren, und überdies ein Astrologe dem Heer Baburs eine Niederlage prophezeit hatte, tat Babur vor seinen Soldaten ein Gelübde, dass er künftig wie ein wahrer Muslim leben wolle und nie mehr Wein trinken werde. Der reuige Herrscher liess all seine goldenen und silbernen Trinkgefässe zerschlagen und die Bruchstücke an die Armen verteilen. Dies hob die Moral seiner Truppen erheblich. Nachschub aus Kabul traf auch ein. Schliesslich schlug Babur den Rana bei Kanwah (1527), nicht weit von Sikri, in einer harten Schlacht mit einer ähnlichen Taktik, wie er sie gegen Ibrahim Lodi angewandt hatte. Sein Heer stützte sich auf eine Wagenburg ab, die mit Kanonen verteidigt wurde. Dies erlaubte ihm, den Angriffen der Rajputs, die wie Ibrahmin nicht über Feuerwaffen verfügten, zu widerstehen. Seine Reiter umzingelten dann die tapfer gegen die Wagenburg anrennenden Rajputs und machten die meisten von ihnen nieder.

Baburs Heimat blieb Zentralasien

Babur ist von seiner fünften Expedition nach Indien nie mehr nach Kabul zurückgekehrt. Die indischen Kämpfe und Staatsgeschäfte hielten ihn in Atem, bis er vier Jahre nach Panipat, 1530, starb. Doch aus seinen Schriften und Briefen wissen wir, dass er Zentralasien nie hatte vergessen können. Er hat im Gegenteil gehofft, von Indien aus dorthin zurückzukehren und sich doch noch Samarkands zu bemächtigen. Die indischen Eroberungen sollten ihm nur dazu dienen, die nötigen Machtmittel zuammenzubringen, um seinen alten Kampf um Samarkand, die Stadt seiner Vorväter, doch noch zu einem glücklichen Abschluss zu bringen.

Seine Liebe zu Zentralasien, «bei uns», sagt er in seinem Memoiren, was auch Kabul mit einbezieht, aber nicht Indien, wird deutlich in seiner eher ablehnenden Haltung gegenüber seinem neu eroberten indischen Reich. In seinen Memoiren schildert er zwar ausführlich, die früheren Herrscher von Indien, die Grenzen, die Ströme, das Klima, die Tiere, Pflanzen und Blumen des Subkontinents. Doch in einem berühmten Abschnitt kann er sich nicht enthalten, die Nachteile Indiens, wie er sie empfand, aufzuzählen:

> «Indien, hat wenig Reize. Seine Bevölkerung ist hässlich; es gibt kein geselliges Zusammensein, man empfängt keine Gäste und besucht niemanden. Begabung und Fähigkeiten gibt es keine. Manieren nicht. In Handwerk und Bauarbeit fehlt jede Form und Symmetrie, Methode und Qualität. Es gibt keine guten Pferde, keine guten Hunde, keine Trauben, keine süssen Melonen oder wirklich guten Früchte, kein eisgekühltes Wasser, kein gutes Brot und gekochte Speise in den Basaren, keine Dampfbäder, keine höheren Schulen, keine Kerzen, Fackeln oder Kerzenstöcke.
>
> Statt Kerzen und Fackeln haben sie eine Masse von ungewaschenen Menschen, die sie Lampenleute nennen. Diese halten in der linken Hand einen kleinen Dreifuss. An einer Ecke davon ist so etwas angebracht wie das Oberstück eines Kerzenhalters, das einen Docht von Daumendicke trägt. In der rechten Hand halten sie eine Flasche und lassen Öl durch ein kleines Loch darin auf den Docht tröpfeln, wenn er das braucht. Grosse Herren halten sich ein oder zweihundert solcher Lampenmänner. Dies ist der indische Ersatz für Lampen und Kerzenständer. Wenn ihre Herren und Adligen nachts zu arbeiten haben und Kerzen benötigen, bringen diese schmutzigen Lampenleute diese Art Lichter, kommen ganz nahe heran und stehen dann da.
>
> Abgesehen von ihren grossen Flüssen und Wassertümpeln in Mulden und Schluchten haben sie keine Gewässer. Es gibt keine fliessenden Rinnsale in ihren Gärten und Pavillons. Ihre Wohnstätten sind ohne Reiz, ohne frische Luft, unregelmässig und unsymmetrisch.
>
> Die Bauern und das untere Volk laufen nackt herum. Sie binden sich nur zwei Spannen unter dem Nabel ein Ding um, das sie *languta* nennen, als Schamtuch, und ein anderes Tuch geht zwischen den Schenkeln hindurch und wird hinten festgemacht. Die Frauen binden sich auch ein Tuch um; die eine Hälfte geht um den Bauch, und die andere ziehen sie über den Kopf.
>
> Die guten Dinge von Indien sind, dass es ein grosses Land ist und Mengen von Gold und Silber besitzt. In der Regenzeit ist sein Klima sehr

gut. Manchmal regnet es 10 oder 20 mal im Tag; Ströme von Regen stürzen hinab; plötzlich fliessen Flüsse, wo vorher kein Wasser gewesen war. Solange es regnet und durch die ganze Regenzeit hindurch, ist die Luft sehr angenehm, nirgends ist sie besser, wohltuend und gesund. Die Luft wird allerdings sehr weich und feucht. Ein Bogen aus anderen Ländern, der einmal den Regen von Indien durchgemacht hat, kann nicht einmal mehr gespannt werden, er ist unbrauchbar. Alles leidet, Rüstung, Bücher, Tuch, Werkzeug und alles; sogar die Häuser halten nicht lang. Nicht nur in der Regenzeit, auch in der kalten und in der heissen Jahreszeit ist die Temperatur ausgezeichnet; allerdings gibt es Perioden, in denen der Nordwestwind beständig Erde und Staub mit sich trägt. Dieser Wind wird jedes Jahr in der Hitze sehr stark, im Zeichen des Stiers und der Zwillinge, wenn die Regenzeit naht, so heftig und so voller Staub und Sand, dass man einander kaum sehen kann. Man nennt diesen Wind den Himmelsverdüsterer. Unter dem Stier und den Zwillingen ist das Wetter heiss, aber nicht so heiss wie in Kandahar und in Balkh und nur halb so lang.

Ein anderer Vorteil von Indien ist, dass es zahllose und unendlich viele Arbeiter jeder Art gibt. Es gibt eine feste Kaste für eine jede Art Arbeit, sie haben diese Arbeit oder diese Beschäftigung vom Vater zum Sohn ausgeführt bis heute. Mullah Sharaf schreibt im Zafar-Nameh (dem «Siegesbuch» des Timur Lenk) über die Bautätigkeit an Timurs steinerner Moschee und betont, dass 200 Steinmetzen aus Asarbaidschan, Fars, Hindustan und anderen Ländern daran gearbeitet hätten. Aber 680 Mann arbeiteten täglich an meinen Gebäuden in Agra, und sie waren einzig aus Agra. Total 1491 Steinmetzen arbeiteten täglich an meinen Bauten in Agra, Sikri, Biana, Dulpur, Gwalior und Kol. Dementsprechend gibt es zahllose Handwerker und Arbeiter jeder Art in Indien.»

Folgerichtig fügt dann Babur eine lange Tabelle der Einkünfte hinzu, die er aus den «bis jetzt unter die siegreichen Banner gelangten» Teilen von Indien zieht.

Babur starb, als er noch mit der Konsolidierung seines indischen Reiches beschäftigt war. Er hatte seinen Sohn nach Afghanistan entsandt, um dort nach dem rechten zu sehen, ja sogar, wenn möglich, die Rückeroberung von Samarkand vorzubereiten. Die afghanische Basis des Herrschers war immer doppelt gefährdet, einmal durch die Bruderkämpfe, die sich die Brüder und Vettern Baburs, die er zu Herren über die wichtigeren Provinzen und Städte Afghanistans eingesetzt hatte, untereinander und gegen Babur selbst lieferten; zum anderen durch den Druck, den die Erbfeinde aus Zentralasien, die Özbeks, auf das Grenzland Afghanistan ausübten.

Doch Humayun war unerwartet von Badakhshan nach Agra zurückgekehrt, und sein Vater hatte ihn zum Statthalter in Sunbul (damals eine wichtige Stadt in Uttar-Pradesh) an der Ostgrenze des damaligen Reiches ernannt. In Sunbul war Humayun jedoch krank geworden. Sein Vater gab Befehl, ihn zu Wasser nach Delhi zu transportieren, damit er von den besten Ärzten des Hofes behandelt werden könne. Die Krankheit wurde nicht besser. Babur beschloss dann, sein eigenes Leben Gott zu Gunsten seines Sohnes anzubieten. (Diese Geschichte steht nicht im Babur-Nameh, das kurz vorher abbricht, doch Baburs Tochter Gülbadan, die später auf Geheiss von Akbar ein Humayun-Nameh, das heisst eine Biographie Humayuns, geschrieben hat, erzählt sie, und sie ist auf diesem Weg in die Geschichtsschreibung Abu'l-Fadls eingegangen.) Die Ratgeber Baburs waren der Ansicht, es genüge, ein materielles Ding zu opfern, um ein Eingreifen Gottes zu erreichen. Sie schlugen vor, dass der grosse Diamant geopfert werde, den die Moghuln in Agra erbeutet hatten und der möglicherweise der gleiche Kuh-i-Nur war, der sich heute im britischen Kronschatz befindet. Doch Babur habe sich gesagt, das wertvollste, was Humayun besitze, sei er, sein Vater; deshalb müsse er sich opfern. «Er ging dreimal um das Bett Humayuns herum und betete: ‹Gott, wenn ein Leben für ein anderes eingetauscht werden kann, so gebe ich, Babur, mein Leben und Sein hin für Humayun›. Während er dies tat, überkam ihn Fieber, und er war überzeugt, dass sein Gebet und sein Opfer angenommen worden waren. Er rief aus: ‹Ich hab' es übernommen, ich hab' es auf mich genommen!› Gülbadan sagte, er sei von dem Augenblick an krank geworden. Humayun habe sich Wasser über den Kopf gegossen und sei hinausgetreten, um Audienz zu erteilen, während sein Vater krank ins Innere des Hauses getragen wurde und bis zu seinem Tode (26. Dezember 1530) krank blieb. (Babur Nameh. A. S. Beverigde p. 700). (Vgl. «Intercession» in Hughes Dict. of Islam...)

Babur war ein grosser Freund von Gärten und hat formale Gärten mit Wasserbecken an allen Orten anlegen lassen, die ihm gefielen. Weil es schwierig war, in dem flachen Land der Ganges-Ebenen Wasserrinnen mit einem natürlichen Gefälle anzulegen, liess er bei Agra Brunnen bohren und das Wasser, das seine Gärten durchziehen musste, mit Schöpfrädern heben. In Kabul hatte er mehrere Gärten ausgelegt, und er ist auf seinen Wunsch in einem davon begraben worden. Sein Grab und seine Gärten waren in Kabul noch vor kurzem bekannt und wurden gezeigt. Ob sie allerdings die gegenwärtigen Kriegswirren und Beschiessungen überdauert haben, ist dem Verfasser unbekannt.

Von seinem Grossvater hat Akbar die gewaltige Lebenskraft und Aktivität geerbt, die Babur und ihn selbst beständig in Bewegung hielten. Wenn es keine staatlichen Aufgaben gab, denen sie nachgehen mussten, wandten sich beide mit der gleichen wilden Energie Vergnügungen zu wie der Jagd, Ausritten und Besichtigungen, geselligen Gelagen. Nachdem Babur dem Wein abgesagt hatte, gebrauchte er Opium, um sich zu entspannen. Auch die physische Stärke und die Freude am Umgang mit den Waffen sowie eine starke taktische und strategische Begabung als Heerführer waren beiden Herrschern gemeinsam.

Humayun, Akbars Vater

Humayun war ein weniger entschiedener Charakter als Babur. Politisch gereichte zu seinem Nachteil, dass er mehrere Brüder besass, die er nach dem Wunsch seines Vaters und entsprechend der mongolischen Tradition als Unterfürsten in den Provinzen seines Reiches einsetzte. Sie waren jedoch mit den ihnen zugeteilten Teilherrschaften nicht zufrieden. Bei den meisten Prinzen der islamischen Welt wirkten die Rivalitäten ihrer verschiedenen Mütter nach, die alle um die Gunst eines Gemahls zu streiten hatten. Der Bruderhass überstieg daher leicht die Bruderliebe. Trotz dieser Tatsache wollte Humayun dem Wunsch seines Vaters nachkommen; dieser hatte ihm auferlegt, seine Brüder gut und gerecht zu behandeln.

Humayun setzte seinen Bruder *Kamran* (geboren 1509) als Herren über Kabul ein, doch Kamran war damit nicht zufrieden und stiess in den Panjab hinab bis Lahore vor. Humayun liess ihn zunächst in Besitz dieser grossen Gebiete, um keinen Bruderkrieg zu beginnen, obgleich er damit seinem Bruder Macht über die für das Reich strategische Strasse von Kabul nach Indien zugestand.

Die ersten zwei Jahre nach dem Tod Baburs verbrachte Humayun in Kämpfen um Gujarat und Malwa. Dort hatte *Bahadur Schah* eine bedeutende Streitmacht zusammengezogen und bedrohte das Reich der Moghuln. Um gegen ihn ziehen zu können, schloss Humyaun mit einem anderen mächtigen Gegner, der in Bihar stand, *Sher Khan,* einen Waffenstillstand. Nach einem Sieg über Bahadur Schah ernannte Humayun seinen zweiten Bruder, *Askari,* zum Herrscher über Gujarat. Doch Askari konnte sich dort nicht halten, er wurde von Bahadur Schah wieder verdrängt und floh schliesslich nach Agra.

In der Zwischenzeit hatte Sher Khan an der Ostgrenze des Moghulreiches von Bihar aus seine Position in Bengalen ausgebaut. Humayun zog daher nach Osten und erreichte Gaur, die Hauptstadt Bengalens, am Scheitelpunkt des Ganges-Deltas, im September 1538, nachdem es seinen Widersachern, Sher Khan und dessen Sohn, gelungen war, seinen Vormarsch durch Hinhaltetaktik über ein Jahr lang hinauszuziehen. Während der Kaiser vor Gaur stand, griff Sher Khan Benares an.

Humayun entsandte seinen dritten Bruder, *Hindal,* um Nachschub für das vor Gaur festgefahrene Moghul-Heer zusammenzubringen. Doch der Bruder zog nach Agra und proklamierte sich dort selbst zum Oberherrscher. Humayun suchte ihn zu beeinflussen, indem er ihm Scheikh Phul sandte, einen berühmten Sufi-Heiligen des Shattari-Ordens. Er sollte ihm ins Gewissen reden. Doch Hindal liess den heiligen Mann hinrichten.

Humayun brach aus Gaur auf, um Sher Khan nachzustellen und bekam die feindliche Armee in *Chausa* zwischen Bihar und der Provinz Benares zu Gesicht. Doch Sher Kahn hielt ihn zwei Monate lang durch Verhandlungen hin. Eine längere Periode von Märschen und Gegenmärschen folgte, bis plötzlich Sher Khan in der Frühdämmerung des 7. Juni 1539 das Lager Humayuns vor Chausa überfiel und dem Moghul eine entscheidende Niederlage beibrachte.

Humayun fiel vom Pferd, als er über den Hochwasser führenden Ganges zu fliehen suchte, und nur ein Wasserträger, der ihm einen aufgeblasenen Lederschlauch unterschob, rettete ihm das Leben. Sher Khan erlaubte den Moghul-Königinnen und -Prinzessinnen, die er gefangen genommen hatte, nach Agra zu ziehen. Er nahm unterdessen Benares in Besitz und eroberte Bengalen.

Als Humayun mit den Resten seiner Armee in Agra anlangte, fand er dort seine drei Brüder vor: Kamran, Askari und Hindal. Hindal wurde gezwungen, sich Humayun wieder zu unterstellen. Kamran anerbot sich, mit seinen frischen Truppen gegen Sher Khan zu ziehen. Doch Humayun lehnte ab, weil er selbst die erlittene Niederlage auswetzen wollte. Kamran wurde krank und zog später mit seinen Truppen nach Lahore davon.

Im folgenden Jahr, 1540, war Sher Khan, der sich nun Sher Shah nannte, bereit, den Entscheidungskampf um den Thron von Indien zu beginnen. Humayun zog ihm über den Ganges entgegen. Seine neue Armee soll 40 000 wohlausgerüstete Soldaten und Reiter sowie 60 000 Mann Hilfstruppen ausgemacht haben. Sher Shah führte nur 10 000 Reiter ins Feld. Doch es gelang diesen im Mai 1540 bei Kanauj, die Moghul-Reiterei in dem engen Raum zwischen den beiden Armeefronten einzuschliessen und dann zuerst den linken, später den rechten Flügel und schliesslich das Zentrum der Armee Humayuns zu zerschlagen.

Humayun floh nach Agra, dann nach Delhi und schliesslich nach Lahore. Doch Bruder Kamran war nicht bereit, ihm Hilfe zu leisten. Er versuchte statt dessen, mit Sher Schah zu verhandeln, musste jedoch schliesslich nach Kabul abziehen, weil der neue Herrscher keine Moghuln auf indischem Boden dulden wollte.

Für Humayun begann damals ein Exil, das 15 Jahre lang dauern sollte. Er zog zuerst nach dem Südwesten des Subkontinents, in der Hoffnung, von Rajputana und Sind aus sein Reich zurückzuerobern. Er reiste in Begleitung von Hindal nach Jodhpur, um von dem dortigen Raja Hilfe zu erlangen. Unterwegs bekam er die 14jährige *Hamida Banu* zu Gesicht, eine Perserin, die die Tochter des Hauslehrers von Hindal war. Er verliebte sich in sie. Hindal und die junge Frau selbst lehnten die Heirat mit dem landlosen König ab, doch ihre Mutter trat so energisch dafür ein, dass sie durchgeführt wurde. In Amarkot (Sind), wo der Flüchtling vorübergehend als Gast des lokalen Herrschers weilte, gebar Hamida am 15. Oktober 1542 den Knaben Akbar.

Humayun musste seine Reise nach Jodhpur aufgeben, weil er gewarnt worden war, der dortige Herrscher plane, ihn an Sher Schah auszuliefern. Nach Wanderungen mit einer immer mehr abnehmenden Zahl von Gefolgsleuten und an der Grenze des Elends in den Wüsten von Sind zog Humayun schliesslich nach Kandahar, so sein zweiter Bruder, Askari, die Macht inne hatte. Er konnte auch dort nicht bleiben, weil er fürchtete, Askari könne ihn festnehmen. Doch der Herrscher von Kandahar erklärte sich bereit, für die Kinder Humayuns, darunter Akbar, zu sorgen, die aus Amarkot nach Kandahar gebracht wurden.

Humayun selbst floh mit seiner Frau, Hamida Begum, weiter nach *Persien,* um Schutz bei *Schah Tahmasp* (regierte nominell 1524, effektiv 1534–1576) zu suchen. Einer der getreuesten Gefolgsleute des Exilierten war *Bayram Khan,* ein Schiite, der als Vermittler zwischen den beiden Herrschern wirkte. Auch Hamida Begum, die Perserin und Schiitin war, bemühte sich, Verbindungen zu den Persern herzustellen. Im August 1544 traf Humayun in Qazwin ein, wo sich der Schah befand. Er schenkte ihm den grossen *Diamanten,* den die Moghuln in Agra erbeutet hatten und der wahrscheinlich mit dem Kuh-e-Nur des britischen Kronschatzes identifiziert werden kann. Dem Schah zuliebe betrug Humayun sich auch in der Öffentlichkeit als Schiite (wie es schon Babur vor ihm in Samarkand getan hatte).

Nach einigem Hin und Her erhielt Humayun ein Heer von 12 000 Soldaten, das vom persischen Thronfolger kommandiert wurde. Er musste allerdings versprechen, dass Kandahar nach seiner Eroberung und nachdem auch Kabul und Ghazni erobert seien, an den Schah abgetreten werde.

Askari übergab Kandahar im Jahr 1545, und Kamran musste drei Monate später aus Kabul fliehen. Kamran versuchte, den Kampf gegen seinen Bruder weiter zu führen. Dreimal konnte er sich Kabuls erneut bemächtigen, wurde jedoch von Humayun wieder aus der Stadt vertrieben oder von ihr zurückgeschlagen. Kamran suchte sogar den Nachfolger von Sher Shah, Islam Shah, auf, um von ihm Hilfe zu erlangen. Doch musste er von dessen Hof fliehen, weil er fürchtete, er würde ihn an Humayun ausliefern. Schliesslich wurde er in der Tat im Panjab gefangen und Humayun übergeben. Dieser liess ihn im August 1553 blenden und erlaubte ihm dann, nach Mekka zu ziehen, wo er vier Jahre später starb.

Sher Shah Sur, ein afghanisches Zwischenspiel

Sher Shah Sur war ein Afghane aus dem Stamme Sur und wuchs unter seinem ursprünglichen Namen Farid in einfachen Verhältnissen auf. Er hatte sich früh als Verwalter der zwei kleinen Lehen seines Vaters bewährt und war dann in den Dienst des afghanischen Herrschers von Bihar, Sultan Muhammed Nuhani, getreten. Es war dieser, der ihm für seine Tapferkeit den Titel *Sher Khan* (Tiger Khan) verlieh. Sher Khan trat auch in Moghuldienste, verliess sie aber wieder, um sich seine eigene Herrschaft aufzubauen. Er war Herr von Bihar, als sein Vertrag mit Humayun, der es diesem erlaubte, sich Gujarat zuzuwenden (1533), ihm zum ersten Mal eine Art von offizieller Anerkennung als unabhängiger Fürst zuteil werden liess.

Drei Jahre später zog er vor Gaur in Bengalen und liess sich von dem dortigen Herrscher eine gewaltige Summe bezahlen, bevor er wieder abzog. Viele Afghanen, die einst Ibrahim Lodi gedient hatten und welche die Moghuln fürchteten, traten in seinen Dienst. Seine beiden Siege über Humayun 1539 und 1540 erhoben ihn zum obersten Herrscher über Nordindien.

Der neue Padeschah (= Kaiser) blieb nur kurze Zeit in Agra und schritt sofort zur weiteren Verfolgung Humayuns im Westen des Reiches. Doch der Versuch seines Gouverneurs in Bengalen, der die Tochter des letzten lokalen Herrschers geheiratet hatte, sich dort selbständig zu machen, zwang ihn zur Rückkehr nach Osten über die ganze Breite der Halbinsel hinweg, um den Gouverneur ins Gefängnis zu werfen und die Provinz neu zu organisieren (1541). Dann kehrte er wieder in den Westen zurück und versuchte, der Rajput-Fürsten Herr zu werden. Es gelang ihm, fast alle ihre Festungen zu bezwingen, sogar das berühmte Chitor fiel. Doch der Raja von Kalinjar, der Humayun die Treue hielt, harrte sieben Monate lang gegen Sher Shah in seiner Festung aus. Als die grossen Belagerungsmaschinen fertiggestellt waren, begann das Heer des Afghanen, die Festung mit feurigen Geschossen zu bewerfen. Doch dabei prallte eine Feuerkugel von der Mauer ab und setzte ein Pulvermagazin in Brand, neben dem Sher Shah stand. Er erlag am 22. Mai 1545 seinen Verbrennungen, während die Festung gestürmt und die Rajputen niedergemacht wurden.

Die Rajputen, von denen im folgenden noch viel die Rede sein wird, waren Hindu-Fürsten aus der Kshatriya- oder Krieger-Kaste, die auf eine lange Tradition ihrer Herrschaft in den Wüstenfestungen und -Städten des Landes zurückschauen konnten, das bis heute ihren Namen trägt: Rajputana oder Rajastan. Es handelt sich um einen trockenen, in Teilen gebirgigen Landstrich, der sich zwischen Gujarat und Sind einschiebt. Die Rajas der Rajputen besassen gewaltige Festungen auf den Tafelbergen ihrer Heimat, die sie über viele Generationen hinweg ausgebaut hatten und von denen aus sie ihre selten sehr grossen Herrschaftsgebiete regierten. Der Krieg war ihr Lebenselement; wenn sie nicht gegen fremde Eindringlinge kämpften, stritten sie untereinander um die Vormacht. Den mächtigsten unter ihnen anerkannten sie als ihren Vorstreiter, besonders wenn es um die Abwehr von Aussenseitern ging, wie die muslimischen Invasoren es über Jahrhunderte hinweg gewesen waren. Die Rajputen pflegten ihre eigenen kriegerischen und herrschaftlichen Traditionen, zu denen die Rezitation von Heldengedichten gehörte, die sich auf ihre alten, mythisch erhobenen Kämpfer und Vorfahren bezogen und Götter mit Helden vermischten. Diese Sagen wurden auch in einem den Rajputen eigenen Stil an bestimmten Festtagen als vorübergehende Bilder auf die Hofwände der Burgen gemalt. Für eine jede ihrer Fürstenfamilien bildete die Burg das Lebenszentrum. Dort stapelte sie oft über Generationen hinweg ihre Schätze, Vorräte und Waffen. Auch die Frauen lebten dort im Schutz der getreuesten unter den Kämpfern. Es gehörte zu den Traditionen der Rajputen, dass im Fall der Eroberung einer solchen Stammburg, die Frauen sich alle innerhalb der Burg in die Flammen stürzten, während die Männer in einem letzten Verzweiflungskampf den Tod suchten. Dieser Akt der Selbstaufopferung wird «Jawhar» genannt.

از پی او بران جسر برامده دوید وکشتیهای جسر ازگران سنگی ان دوکوه پیکر گاه درآب فرو میرفت

Abbildung 3
(vgl. auch Abb. 2)

Akbar auf dem Elefanten Hawa'i

Der damalige Wesir, Atka Khan, steht mit seinem Gefolge am Ufer und erhebt die Hände zum Gebet für seinen gefährdeten Kaiser. Akbar war damals knapp 18 Jahre alt. Abu'l-Fazl berichtet, der Kaiser habe Atka Khan gedroht, er werde sich von dem Elefanten hinabstürzen, wenn er ihn nicht seinen Ritt durchführen lasse. Später, so Abu'l-Fazl, habe er mit Akbar über derartige Abenteuer gesprochen und Akbar habe ihm anvertraut, seine waghalsigen Jugendtaten hätten eine Art Gottesgericht angestrebt. Der Kaiser habe gesagt: «Ihr Grund und Motiv war, wenn ich bewusst einen Schritt getan hatte, der Gott missfiel, oder eine Absicht gehegt, die nicht Seinem Wohlgefallen entsprach, dass dann der Elefant Uns umbringen möge. Denn Wir können die Last des Lebens unter Gottes Missfallen nicht auf Uns nehmen» (AN II, S. 234 der Übersetzung).

Jahangir erzählt in seinen Memoiren das gleiche Abenteuer seines Vaters. Abu'l-Fazl berichtet an einer anderen Stelle, Akbar habe gelernt, auf Elefanten zu reiten, die für alle anderen Bhoi und Mahut lebensgefährlich waren. Nach einem besonders gefährlichen Abenteuer sei sogar Bayram Khan persönlich an den Hof gekommen, um sich über das Vorgefallene zu informieren (AN II, S. 111 der Übersetzung).

Sher Shah war nicht nur ein grosser Krieger, sondern auch ein ausgezeichneter Verwalter. Er hat Massnahmen in Nordindien eingeführt, die später Akbar von ihm übernehmen sollte. So liess er die Pferde seiner militärischen Gefolgsleute mit Brandmarken kenntlich machen, um den Missbrauch der Lehenshalter abzustellen, die dazu neigten, ihre guten Pferde für die Paraden zu reservieren und mit den schlechten in die Kämpfe zu ziehen. Pferde waren in Indien, wo sie nicht einheimisch sind, stets eine wertvolle Ware, die aus Zentralasien, über Kabul, oder zu Schiff aus dem arabischen Hadramauth importiert werden musste.

Sher Shah hat Hindustan befriedet, indem er die Überlandstrasse patroullieren liess und die Dorfchefs für Mord- und Raubaktionen, die in den Dörfern geschahen, mit verantwortlich machte. Wenn sie die Diebe oder Mörder nicht finden konnten, mussten sie damit rechnen, ihren eigenen Kopf zu verlieren. Ein weitgespanntes Nachrichtensystem wurde aufgezogen, und es gab von der Regierung kontrollierte Karawanserails, in denen sowohl Hindus wie Muslime Unterkunft fanden. Brahmanen wurden dort angestellt, um für die Hindus zu kochen und Wasser zu schöpfen, so dass deren religiöse Gebote eingehalten werden konnten. Städte wuchsen um viele dieser Karawanenrelais empor. Zölle wurden nur an zwei Stellen des Grossreiches erhoben, im Osten und im Westen. Andere Gebühren suchte der neue Herrscher abzuschaffen, doch drang er nicht voll damit durch.

Nach dem Tod des Sur-Herrschers brach der übliche Nachfolgekampf aus. Der jüngere Sohn, der sich *Islam Shah* nennen sollte, erhielt die Krone, doch sein älterer Bruder erhob sich dagegen. Die afghanischen Adligen erhielten Gelegenheit, die beiden gegeneinander auszuspielen. Islam Shah setzte sich durch und begann, die hohen Lehensträger seines Vaters durch neue, ihm verbundene zu ersetzen. Er rüstete auch die Armee der afghanischen Dynastie mit Kanonen aus. Doch Islam Shah starb früh im Jahr 1553, und neue Nachfolgekämpfe führten dazu, dass in den nächsten drei Jahren drei verschiedene Grossherren der Sur-Dynastie in Agra gekrönt wurden.

Zurückgewinnung des Reiches durch Humayun

Dies bot Humayun Gelegenheit, von Kabul aus in sein Reich zurückzukehren. Er nahm zu Beginn des Jahres 1555 Lahore ein, zerschlug den Widerstand der Afghanen bei Sirhind und erreichte Delhi und Agra im Sommer 1555. Doch er sollte sich nur sechs Monate lang seines wiedererlangten Thrones erfreuen. Im Januar 1556 stürzte er auf die Treppe der Dachterrasse seiner Bibliothek so unglücklich, dass er einen Schädelbruch erlitt und den Folgen erlag. Er war hinaufgestiegen, um Venus zu beobachten, denn er hatte sich Zeit seines Lebens für Astronomie und Astrologie interessiert; er hatte sogar an seinem Hof im wiedererlangten Delhi eine Audienzzeremonie eingeführt, in der die Würdenträger seines Reiches die Positionen von Planeten einnahmen, die um ihn kreisten. Er war auch ein grosser Liebhaber der Malerei gewesen, und gedichtet hatte er obendrein – in persischer Sprache. Nun wurde sein Sohn Akbar, der damals 13 Jahre und drei Monate alt war, sein Nachfolger.

Kapitel 2
Kindheit und Jugend

Akbars Kindheit

Das Kleinkind Akbar blieb in den Händen seiner beiden Ammen, Jiji Anaga und Maham Anaga, und der junge Fürst wuchs auf mit seinen Milchbrüdern, den beiden Söhnen der Ammen, A'zam Khan und Atka Khan, sowie mit einer etwas älteren Schwester, Bakhshi Banum. Abu'l-Fadl gibt die Namen von acht anderen Ammen und sagt, es habe noch mehr gegeben. Sein «Haus» kam unter die Oberaufsicht der Gattin Askaris, eines der drei Brüder Humayuns, in Kandahar; der Knabe zusammen mit seinen Amen wurde verkleidet und im tiefsten Winter des Jahres 1544–45 nach Kabul zu Kamran, dem anderen Bruder Humayuns, gebracht, als die Belagerung der Stadt Kandahar durch Humayun bevorstand. Dort war es eine Grosstante des künftigen Kaisers, eine Schwester Baburs, die sich seiner und seines Haushaltes annahm. Die Brüder Humayuns waren sich offentsichtlich wenigstens darüber einig, dass sie das wertvolle Pfand, welches der Prinz darstellte, nicht aus der Hand geben wollten.

Für das Kind und den Knaben Akbar müssen die Ammen und ihre Kinder sowie die Gemahle der Ammen die eigentliche Familie ausgemacht haben, in deren Schoss er aufwuchs. Milchbrüder und -schwestern zählen in der islamischen Tradition als beinahe volle Geschwister, und Ammen nehmen beinahe den Rang von Müttern ein. Akbars Vater war meistens mit Kriegszügen beschäftigt und gar nicht da; seine Mutter, die er erst als Dreijähriger überhaupt kennen lernte, da sie sich zuvor mit Humayun in Persien befand, hat der Kaiser zwar Zeit seines Lebens hoch geehrt, doch er hat nie mit ihr zusammen gelebt. Als er sich später als Kaiser in Agra niederlassen sollte, richtete sie ihren eigenen Hof in Delhi ein. Die Ammen, besonders Maham Anaga, sollten hingegen während seiner ganzen Kindheit und Jugend unmittelbar mit ihm zusammenleben und sich um sein Wohl kümmern.

Akbars Milchbrüder, mit Ausnahme des einen, A'zam Khan, der sich gegen ihn auflehnte, wie noch zu erwähnen sein wird, wurden als Grosse des Reiches behandelt. Sie standen wie Prinzen von Geblüt im Rang von Provinzgouverneuren und Heereskommandanten, und zu vergleichbaren Rängen stiegen auch die Gemahle der Ammen auf. Jener der ersten Amme, Maham Anaga, war Shihab ad-Din Ahmed Khan. Dieser war der Wasserträger gewesen, der Humayun nach seiner Niederlage durch Sher Shah vom Jahr 1539 auf seinem Wasserschlauch über den Ganges gerettet hatte. Er wurde dank seiner Tat und über die «Milchverwandtschaft» mit dem Prinzen Akbar zu einem der Grossen des Reiches und sollte später als Gouverneur von Delhi wirken.

All dies ist mit der in allen islamischen Ländern üblichen Anschauung zu erklären, dass die Milch-Verwandtschaft eine wirkliche Verwandtschaft bewirkt, die der Bluts-Verwandtschaft kaum nachsteht. Die Chronisten Akbars kennen sogar einen Ausdruck, mit dem sie die gesamte «Milch-Familie» bezeichnen, sie nennen sie «Ata Khail», «Ziehvater-Kohorte», und diese Ata Khail bildete einen so eng verflochtenen Familienklan, dass Akbar später, als Kaiser, Sorge trug, die Grossen des Klans nur in weit auseinander gelegenen Provinzen zu Lehensherren oder Provinzgouverneuren zu ernennen. Der innere Zusammenhalt der «Ziehvater-Kohorte» wurde gewiss dadurch verstärkt, dass sie ihrerseits gegenüber den Adligen «von Geblüt» ihren Rang hochhalten musste.

Adlige «von Geblüt» waren neben den Angehörigen der Familie Baburs und seiner Nachkommen auch die Mirzas, das heisst die Nachfahren Timur Lenks, die kollektiv diesen Titel trugen, die Rajputen, die in die Dienste der Moghuln übertragen und ihre «Königreiche» behalten konnten, usbekische Fürsten, die mit Babur oder später nach Indien gezogen waren, sowie die Nachfahren der verschiedenen afghanischen Herrscher in Nordindien, die sich zu Gefolgsleuten der Moghuln erklärten.

Kämpfe um Kabul

Als Humayun 1574 Kabul einnahm und sein böser Bruder Kamran aus der belagerten Stadt floh, konnte der Herrscher seine Familie wieder vereinigen. Er liess Hamida Begum, die Mutter Akbars, aus Kandahar nach Kabul kommen, und er feierte das Fest der Beschneidung seines Sohnes im Frühling des Jahrs 1546.

Akbar war erst drei Jahre alt, als sein Vater, Humayun, Kabul wieder verliess, um in der östlichen Bergprovinz Badakhshan Ordnung zu schaffen. Dort hatte der Gouverneur, Mirza Sulaiman, Kamran die Treue gehalten. Während Humayun sich in der fernen Bergprovinz aufhielt, kehrte Kamran in Eilmärschen aus Sind zurück, wo er Zuflucht gesucht hatte, überrumpelte Kabul, wo der Gouverneur sich dem Trunk ergeben und es unterlassen hatte, Wächter auf die Mauern zu stellen. Kamran erlaubte seinen Soldaten, die Stadt zu plündern. Am Siegesbankett, das der neue Herrscher gab, wurde das Kind Akbar zur Schau gestellt.

Diesmal war Kamran die ganze Familie Humayuns, Gemahlin und Sohn, in die Hände gefallen. Dieser beeilte sich, Frieden mit dem Gouverneur von Badakhshan zu schliessen, kehrte nach Kabul zurück, schlug ein Heer Kamrans im Felde und begann die Belagerung der Stadt, indem er sie mit Kanonen umstellte. Um die Beschiessung zu vermeiden, liess Kamran mehrmals Frauen und Kinder der Heerführer Humayuns, deren er in Kabul habhaft geworden war, an die Zinnen der Mauern binden. Schliesslich ging er soweit, dass er auch seinen Neffen Akbar, den Erben Humayuns, auf die Mauer stellen liess. Humayun befahl darauf, die Beschiessungen einzustellen, doch er fuhr fort, die Stadt umzingelt zu halten, um sie auszuhungern. Die Belagerung dauerte vier Monate lang. Am Ende sah Kamran die Hoffnungslosigkeit seiner Lage ein, und er floh aus Kabul am 27. April 1547.

Bildung ohne Lesen

Akbar hatte inzwischen sein fünftes Lebensjahr erreicht. Humayun beschloss, es sei an der Zeit, dass er seinen ersten Lehrer erhalte. Die Hofastrologen legten den 20. Oktober 1547 als einen günstigen Tag fest, um seinen Unterricht zu beginnen. Doch der zum Präceptor ernannte Schulmeister, ein gewisser Asam ad-Din, konnte zunächst nirgends gefunden werden, weil er sich davon gemacht hatte, um seinem liebsten Zeitvertreib nachzugehen, nämlich Tauben fliegen zu lassen. Einen Taubenschwarm hochgehen zu lassen und zu versuchen, fremde Tauben, die auch am Himmel kreisen, mit seiner Hilfe in den eigenen Taubenschlag zu locken, ist ein bis heute beliebter Sport im ganzen Orient.

Mit Tauben umzugehen, hat der Knabe Akbar denn auch von seinem ersten Mentor gelernt, mit Buchstaben jedoch nicht. Weitere Lehrer, viel gelehrtere Lehrmeister, wurden ernannt, doch keiner von ihnen scheint in der Lage gewesen zu sein, dem Kind Lesen und Schreiben beizubringen. Der Knabe liebte alle Arten der Jagd, allen Sport und Kampfsport, und er lernte später zeichnen und Malen. Doch der Kaiser scheint nie wirklich lesen gelernt zu haben. Da Akbar aus einer hochliterarischen Familie stammte, hat dies als bemerkenswert zu gelten, obwohl natürlich ein Fürst der damaligen

Zeit nicht unbedingt lesen und schreiben musste. Dazu hatte er Vorleser und Schreiber; regiert wurde mündlich.

Die Theorie, nach der Akbar ein Dyslektiker gewesen sein könnte, hat viel für sich. (Darüber siehe Dr. Ellen Smart in Kaladarshana 1981). Der Knabe liess sich gerne vorlesen und entwickelte ein so gutes Gedächtnis, dass er viele Gedichte der grossen persischen Klassiker, besonders der mystischen Dichter Hafiz und Jalal ad-Din Rumi, auswendig wusste.

Akbar war aber auch in seiner Jugendzeit an allen Leibesübungen interessiert und offenbar sehr geschickt darin, und er entwickelte eine grosse Zuneigung zu aller Art von Tieren. Als Herrscher kam ihm sein Gedächtnis sehr zu statten. Nach Abu'l-Fadl war es so perfekt, dass er «Tausende» seiner Elefanten, Pferde und anderen Haustiere bei ihren Namen kannte (er soll auch die Namen seiner Soldaten gekannt haben). Der Historiker und Hofmann beschreibt dies ausführlich: Der Kaiser habe täglich Inspektionen seiner Ställe und deren Tiere durchgeführt. Er habe Elefanten gesammelt; sie wurden nach Grösse, Eigenschaften und Wert klassifiziert; auch Pferde aus Kabul, Arabien, Zentralasien, die ebenfalls in Klassen eingeteilt wurden. Akbar stellte Regeln auf, wie sie zu behandeln seien. Seine Kamele kamen von Ajmer, Jodhpur, Nagaur, Bikaner, Jaisalmer, Bhatinda und Bhataner. Er hielt auch viele Kühe und Stiere, und es gab Ochsen, die angeblich 120 Meilen in 24 Stunden zurücklegen konnten. Für die Maultiere gab es besondere Ställe ...

«Akbar liess sich die Tiere für Inspektionen vorführen, jeden Tag einen Teil. Er gab ihnen Namen, die er alle behielt. Er fragte nach ihnen, und er beförderte ihre Wärter oder setzte sie zurück.» (A'in 1, 123–31, 140–2, 151–58, 160f; Payne: Akbar and the Jesuits p. 206–7).

Mündliche statt schriftlicher Kultur

Die Unfähigkeit zu schreiben und zu lesen, aus welchen Gründen immer, hatte ohne Zweifel wichtige Folgen für die spätere geistige Aktivität des Kaisers. Wer Argumenten und Diskussionen zuhört, statt ihnen auf dem Papier zu folgen, entwickelt ein stärker analytisches Verständnis. Er ist gezwungen, sofort der vorgelegten Meinung, dem Argument oder Beweis, auf den Grund zu gehen. Wenn er dem mündlichen Vortrag folgen will, muss er rasch und entschieden seine Essenz erfassen und die Spiegelgefechte, Scheinargumente und barocken Verzierungen beiseite schieben. Er muss so denken, wie Alexander den Gordischen Knoten durchschlug, wenn er vermeiden will, in diesen Knoten verwickelt zu werden, gerade weil er später nicht mehr in der Lage sein wird, auf Grund eines geschriebenen Textes die vielen Stränge und Schlaufen zu entwirren, aus denen das Argument geschürzt worden war.

Nun ist deutlich, dass der spätere Akbar, konfrontiert mit den Religionsdiskussionen und dogmatischen Feinheiten der professionellen Religionsgelehrten, sie alle waren Leute der Schrift und der Bücher, immer wieder die «Äusserlichkeiten» beiseite schiebt und nach der «Essenz», dem eigentlich wichtigen, fragt. Er hat dieses Vorgehen ohne Zweifel von seinen Mentoren in religiösen Dingen, Abu'l-Fadl in erster Linie, gelernt. Doch ist bezeichnend, dass die Lehre anschlug. Er hat sie für seinen Gebrauch übernommen, weil sie ihm einleuchtete. Und dies, so kann man vermuten, war weitgehend der Fall, weil er als Mann des Zuhörens, nicht des Lesens, das immer ein «Auflesen» und «Zusammenlesen» ist, sich angewöhnt hatte, aktiv zuzuhören, indem er sich ein Urteil bildete und eine eindringende Analyse vornahm, schon während er zuhörte. Sein Geist wurde dadurch befreit vom «Kleben am Buchstaben», dem Wortglauben, den der Mephistopheles in Fausts Studierzimmer seinem neueingetroffenen Studenten empfiehlt: «Mit Worten lässt sich trefflich streiten, mit Worten ein System bereiten, An Worte lässt sich trefflich glauben, Von einem Wort lässt sich kein Jota rauben.» Bei diesen Worten handelt es sich, gerade im Falle einer Buchreligion, in erster Linie um geschriebene Wörter. Doch mit solchen Erwägungen blicken wir in die Zukunft.

Zum dritten Mal in den Händen Kamrans

Im Jahr 1548 zog Humayun erneut nach Badakhshan, wohin Kamran sich geflüchtet hatte, er besiegte seinen Bruder einmal mehr und gewährte ihm Verzeihung. Doch im folgenden Jahr sollte der Knabe Akbar zum dritten Mal in die Hände seines Onkels fallen. Humayun versuchte, die Stadt Balkh, im Norden des heutigen Afghanistans, in seine Gewalt zu bekommen. Die Usbeken regierten sie. Humayan forderte im Januar 1549 seine Brüder auf, sich an dem Feldzug zu beteiligen. Doch Kamran leistete dem Aufgebot keine Folge. Noch bevor der Feldzug gegen Balkh ganz beendet war, erfuhr Humayun, dass Kamran erneut plane, Kabul einzunehmen. Er kehrte um, um seine bedrohte Hauptstadt zu schützen. Doch er wurde in einem Gefecht mit den Usbeken verwundet, und seine Verletzung hinderte ihn daran, die Reise nach Kabul zu beenden. Kamran benützte die Gelegenheit, um erneut Kabul zu besetzen. Er bekam damit noch einmal die Familie Humayuns in die Hand.

Nach drei Monaten, als Humayun wieder hergestellt war, wandte er sich nach Badakhshan, hob dort eine neue Armee aus und führte sie gegen Kabul. Kamran trat ihm dieses mal an der Spitze seiner eigenen Armee entgegen. Er führte den nun achtjährigen Knaben Akbar mit ins Feld, gewiss um ihn im Notfall als Geisel zu gebrauchen. Der General Kamrans fiel in der Schlacht, und seine Armee ergriff die Flucht. Kamran entkam, doch sein Bruder Askari, der mit ihm ausgezogen war, wurde gefangen. Nun liess Humayun Askari nach Mekka ins Exil geleiten, und er sollte dort im Jahr 1558 sterben.

Als Akbar 9 Jahre alt war, erhielt er sein erstes Lehen, Stadt und Provinz Ghazni, zugewiesen und heiratete pro forma Rukiya Begam, die Tochter Hindals. Sie sollte kinderlos bleiben, und sie starb erst 1626 mit 84 Jahren. Sie muss also gleich alt wie Akbar, auch neunjährig, gewesen sein. Doch Akbar sollte nur ein halbes Jahr in Ghazni bleiben. Er wurde nach Kabul zurückgerufen, weil sein Vater vom Pferd gestürzt war, und sein Überleben zuerst ungewiss schien, so dass der junge Thronfolger in Kabul präsent sein musste.

Der Feldzug nach Indien

Nach dem Tod von Islam Shah Sur (1553), dem Sohn von Sher Shah, und angesichts des Nachfolgekampfes, der im afghanischen Sur-Klan ausbrach, beschloss Humayun, wie schon beschrieben, nach Indien zu ziehen, um sein altes Reich zurückzuerobern. Er nahm Akbar mit. Humayun reiste auf einem Floss den Kabulfluss hinab bis nach Peshawar. Dort liess er eine Festung errichten.

Ein Diener, Jauhar, der später als alter Mann seine Erinnerungen niederschrieb, wohl damit sie Abu'l-Fadl für seine offizielle Geschichte Akbars dienen könnten, erzählt, nachdem er 1554 den Indus überquert habe, habe Humayun beschlossen, Glück für seinen Feldzug und seine Dynastie zu suchen, indem er seinem 12jährigen Sohn seinen formellen Vatersegen erteilte. Akbar habe, wie der Diener berichtet, ein Bad genommen, sei in neue Gewänder eingekleidet und dann von ihm zu seinem Vater geleitet worden. «Als er ankam, sass seine Majestät angesichts des untergehenden Mondes. Er befahl dem Prinzen, sich ihm gegenüber zu setzen. Er rezitierte dann einige Koranverse und hauchte nach einem jeden auf den Prinzen. Er war dabei so

۳۰۲
نیم جانی باقی بود بار حکم عالی شد که آن سرگشته بخت برگشته را بالا آورند درین مرتبه چون
موی کشان آوردند بموجب امر نافذ باهتمام تمام سرنگون انداختند چنانچه گردن آن خونگرفته شکست و مغز از سر آن
کشته شدن اتگه خان بدست ادهم خان و بقصاص رسیدن
۱۰۹
2-1896 (I.S.) 29/117

Abbildung 4

Die Bestrafung von A'zam Khan

A'zam Khan, der Milchbruder des Kaisers, der gewagt hatte, den Ministerpräsidenten zu ermorden und dann (nach Abu'l-Fazl) seine Hand gegen Akbar selbst zu erheben, wurde bestraft, indem Akbar befahl, ihn von der Terrasse, auf der der Zusammenstoss sich ereignet hatte, hinabzustürzen. Als er nach dem ersten Sturz noch nicht tot war, liess er ihn ein zweites Mal hinabwerfen. Die Miniatur zeigt den schuldigen A'zam Khan zweimal, bei seinem Sturz und als Toten. Akbar war aus seinem Schlafgemach hervorgetreten und hatte den Aufständischen mit der Faust niedergeschlagen (vgl. S. 72 dieses Buches).

Die Miniatur ist eine der bewegtesten und dramatischsten des Buches, wobei die horizontale Teilung besonders wirksam ist. Auf der oberen Stufe der Terrasse mit nur drei Figuren, dem Herrscher und zwei seinen Befehl ausführenden Dienern, herrscht Ruhe und Disziplin; im unteren Teil wird die Strafe vollzogen, und die Menschen wirbeln voller Schrecken durcheinander.

froh und so glücklich, dass man denken konnte, er habe sich so alles Glück dieser Welt und allen Segen in der nächsten erworben.» (Jauhar, zitiert von V. A. Smith p. 21).

Bayram Khan als Mentor im Krieg

Akbar kommandierte nun nominell einen Teil der Armee, stand jedoch unter der Obhut von Bayram Khan, welcher der wichtigste Heerführer und Vertraute von Humayun war. Er hatte ihn schon nach Persien begleitet und war Gouverneur von Kandahar geworden, als Humayun sich dieser Stadt bemächtigte. Bayram Khan, ein Schiite, wurde nun zum Vormund, türkisch Atabeg, des Prinzen ernannt. Die beiden schlugen gemeinsam die schon erwähnte Schlacht bei Sirhind (Mai 1555), in welcher der afghanische Rivale aus der Sur-Familie, Iskandar Shah, unterlag. Da Bayram Khan und ein anderer Feldherr, Abu Maali, miteinander stritten, welchem von ihnen den Ruhm des Sieges gebühre, entschied Humayun den Streit zu Gunsten des jungen Prinzen Akbar, der in der Tat den Kampf eröffnet hatte und so zum offiziellen Sieger erklärt wurde.

Iskander Shah zog sich in die Festung Mankot zurück und bedrohte von dort aus weiterhin den Panjab. Humayun ernannte deshalb Akbar mit seinem Vormund Bayram Khan zum Statthalter von Lahore, und der Prinz mit dem Regenten Bayram Khan befand sich im Panjab, als er die Nachricht vom plötzlichen Tod seines Vaters erhielt. Sie war allen anderen gegenüber etwa zwei Wochen lang geheim gehalten worden, um Akbars Nachfolge nicht zu gefährden.

Bayram Khan liess ihn sofort, an Ort und Stelle in einem grossen Garten der Stadt Kalanaur am 14. Februar 1556 krönen, um allen Herausforderungen anderer Kandidaten zuvorzukommen. Humayun war zwei Jahre zuvor ein anderer Sohn, Hakim Mirza, geboren worden und dessen Verwandte hätten ihn möglicherweise als Nachfolger vorschieben können. Akbar ernannte seinerseits Bayram Khan zum Hauptminister des Reiches und gab ihm den Titel Khan-e-Khanan, Khan der Khane.

Absicherung der neuen Eroberungen

Der Besitz des neuen «Grosskönigs» war jedoch keineswegs gesichert. Die Suri-Afghanen beherrschten den Osten der nordindischen Ebene mit Bengalen und Bihar, und andere Mitglieder ihrer Familie leisteten immer noch von den Hügeln über dem Panjab aus Widerstand. In Afghanistan bedrohte Sulaiman Mirza von Badakhshan, ein Vetter von Akbar, Kabul. Eine schwere Hungersnot war im Indus- und Gangesgebiet, besonders in Delhi und Agra, ausgebrochen, teilweise durch die Kriegshandlungen und teilweise durch Trockenheit und durch eine Seuche bedingt. Der Historiker Bada'uni erinnerte sich: «Meine sündigen Augen sahen Menschen andere Menschen essen in jener schrecklichen Zeit. So fürchterlich sahen sie aus, dass niemand sie anzublicken wagte. Der grösste Teil des Landes ... war gänzlich zerstört, die Bauern und die Pächter verschwanden, während gesetzlose Banden die Städte der Muslime angriffen.» (Bada'uni. I, p. 550).

In dieser chaotischen Lage griff ein begabter Hindufeldherr in den Krieg ein. Hemu, aus der indischen Händlerkaste, war vom Posten eines Marktaufsehers im Dienste des Sur-Klans in Bengalen zu jenem eines Geheimdienstchefs aufgestiegen und hatte sich als ein solch guter Verwalter und Heerführer erwiesen, dass Muhammed Adil Shah Sur, der sich in erster Linie für Musik interessierte, ihn zu seinem Hauptminister erhoben hatte. Hemu hatte nicht weniger als 20 Siege für seinen Herren in Bengalen errungen. Er zog nach dem Tod Humayuns im Auftrag seines Königs mit einem grossen Heer westwärts, und es gelang ihm, als erstes Agra zu erobern. Der Gouverneur von Delhi, Tardi Beg, der sich für Akbar erklärt hatte, verlor eine Schlacht vor Delhi und floh nicht in die Mauern seiner Festung zurück, sondern Richtung Panjab, um den Schutz der Armee Bayram Khans zu suchen. Die Hauptstadt des Reiches überliess er Hemu.

Als er Herr von Delhi geworden war, proklamierte der Hindu sich selbst zum König mit dem alten indischen Titel eines Raja Vikramaditya. Offenbar dachte er daran, die indische Herrschaft über Hindustan wieder aufzurichten. Er brach in den Panjab auf, der zur letzten Bastion Akbars und seiner Getreuen geworden war. Nördlich Delhi bei Panipat, am 5. November 1556, stiess dann das Heer Akbars mit der weit überlegenen Armee Hemus zusammen. Der Hindugeneral war im Begriff, die Schlacht zu gewinnen und hatte sich gerade daran gemacht seine 1500 Kriegselefanten zum entscheidenden Vorstoss gegen das Zentrum der Moghuln zu werfen, als ihn ein Pfeil in ein Auge traf. Sein Elefant ging mit dem Bewusstlosen durch; seine Armee löste sich auf und floh, und die Moghul-Krieger konnten den tödlich verwundeten Feldherrn auf seinem Elefanten einfangen. Er wurde vor Bayram geschleppt, und dieser soll den nun 14jährigen Akbar aufgefordert haben, sich den Ehrentitel eines Ghazi zu verdienen, indem er den Gefangenen töte. «Ghazi» bedeutet Sieger im Heiligen Krieg der Muslime gegen Ungläubige.

Darüber, was dann geschah, gehen die Quellen auseinander. Nach Abu'l-Fadl und Bada'uni lehnte Akbar es ab, den Gefangenen zu ermorden, und Bayram Khan tat es selbst, doch nach anderen Quellen folgte er dem Gebot, und die anderen Beistehenden hätten ebenfalls ihre Schwerter im Blut des Hindu-Machthabers getränkt (Ahmed Yadgar, Tarikh Salatin-e Afghan).

Bayram Khan als Bewahrer des Reiches

Man kann sagen, dass es erst die gewonnene Schlacht von Panipat war, welche die Wiedergeburt des Staates der Moghuln absicherte. Ohne diesen Sieg, der das Verdienst von Bayrahm Khan war, soweit er nicht allein von dem Zufall des Pfeilschusses abhing, der Hemus Auge traf, hätte der junge Akbar seine Macht schwerlich festigen können. Allgemeiner lässt sich erkennen, dass über die ganze verwickelte Epoche Humayus hinweg Bayram Khan der eigentliche Retter der Dynastie war. Dank seinen Fähigkeiten als Diplomat und Feldherr konnte sie sich aus ihrer tiefen Krise retten.

Bayram Khan hat denn auch in den nächsten drei Jahren nach der Schlacht von Panipat, die führende Position im Reich, die eines Regenten, eingenommen, zunächst mit Zustimmung Akbars. Er heiratete eine Moghul-Prinzessin, Salima Begum, die Tochter einer Schwester Humayuns und folglich eine Enkelin Baburs. Nachdem Bayram Khan seine Macht und sein Leben verloren hatte, worüber noch zu berichten sein wird, hat Akbar die Prinzessin, seine Cousine selbst geheiratet. Ein solcher Schritt war unter Aristokraten nicht selten; er konnte durch den Präzedenzfall des Propheten gerechtfertigt werden, der bekanntlich ebenfalls die Witwen von verstorbenen, besonders in den Kriegen gefallenen, Anhängern geheiratet hat, um ihnen den Schutz eines Heims zu verschaffen. Salima starb nach Akbar im Jahr 1612, und sie hat als Enkelin Baburs stets zu den grossen Damen des Hofes gehört.

Bayram Khan hatte auch einen seiner engen Gefolgsleute zur obersten geistlichen Autorität des Reiches erhoben. Es war Scheich Gada'i, der den wichtigen Posten eines Sadr as-Sudur erhielt, was bedeutete, dass ihm die Aufsicht über alle religiösen Instanzen und die religiösen Stiftungen des ganzen Reiches zustand. Gada'i war ein Schiite, wie Bayram Khan selbst, und die Empörung darüber, einem solchen Heterodoxen unterstellt worden zu sein, macht sich bei dem Sunni Bada'uni in einigen ausführlichen Giftspritzen Luft (leider sind die Sätze des Chronisten, wie es sich für einen Literaten gebührt, dermassen kompliziert, dass man ihnen nur schwer folgen kann und in der Übersetzung vereinfachen muss):

«Gada'i wurde dank der Macht des Khan-e Khanan (d. h. Bayram Khan) über die Häupter aller Grossen von Hindusten und Khorasan erhoben, indem er das Amt des Sadr erhielt. Khan-e Khanan (der Titel bedeutet «Khan der Khane» also etwa «Grossfürst». Er bezeichnet den höchsten militärischen und politischen Rang im Reiche) ja sogar der Kaiser selbst, waren oft Gast in seinem Hause, wo gesungen wurde und die gemeinste Schmeichelei von allen Seiten herabregnete; es waren richtige Läden der Falschheit. Gott – Er ist erhaben und sei gepriesen – hat seit der Zeit, in der der Islam nach Hindustan kam, die grossen Geistlichen dieses Landes zu genau dem Gegenteil dessen gemacht, was seine weltlichen Herrscher sind, nämlich bäuerischer Natur, liebedienerisch und kriecherisch. Ihren Ruhm erblickten sie nicht darin, mit dem Schwert zuzuschlagen, sondern in Schmeicheleien, falscher Frömmelei, Speichelleckerei, und das Kleid ihrer Würde war stets zu eng für den Umfang ihrer Ambition. Aus all diesen Gründen gingen, als er ernannt wurde, die wichtigsten der anderen Geistlichen, in Trauer von Haus zu Haus. Sie verbreiteten Geschichten über seine angebliche Eminenz. (...) Doch er zog die Feder der Streichung über die frommen Stiftungen für Land und Pensionen der bewährten Diener des Reiches, und er gab dafür einem jeden, der die Niedrigkeit besass, zu seinen Empfängen zu kommen, ein Stück von den frommen Stiftungen, aber nicht ohne Gegenleistung ... Immerhin kann man, wenn man sein Alter in Rechnung stellt, das gemeinhin durch Geiz gekennzeichnet ist und in dem die meisten nicht eine Aare Land hergeben mögen, um Lehen zu bilden, den Scheich Gada'i als einen wahren ‹Weltverschenker› ansprechen ... Die Prinzen und Adligen des Reiches, soviele sich einstellten, waren empört über die Erhebung des Scheichs, und manche trösteten sich mit den Worten:

Wenn ein Narr durch Reichtum emporsteigt
und in den Versammlungen über den Weisen und Würdigen thront,
Bleibt er doch der Letzte von echtem Preis,
als hinkte der Nominativ hinter dem Akkusativ.

Sogar wenn ein Kaiser erniedrigt wird,
Ist das weder Schande für ihn noch für dich Ruhm;
Weisst du nicht, dass die Sure der Erlösung (Koran 112)
Hinter der kommt, die lautet: «Verdorren möge von Abu Lahab die Hand»., (Koran 111)

(...) In Scheich Gada'is eigenem Gerichtshof listete man seine korrupten Entscheidungen auf. Er kam, las sie und befahl die Liste zu übertünchen. Einer der Verse war:

Sprich nicht Gada'is Namen aus, iss nicht sein Brot,
Bettelei ist schlecht, sein Gesicht ist wie tot.»
(*gada* bedeutet Bettler).

Ein Mystiker als neuer Hofmeister

Für den neuen Lehrer, den Bairam Khan dem jungen Herrscher zuteilte: Mir Abdu'l-Latif aus Qazwin, hatte Bada'uni nichts als Bewunderung. Er nennt ihn ein Vorbild der Grösse und berichtet, Akbar habe unter ihm begonnen, den «Diwan der mystischen Sprache» zu studieren, womit die Gedichte von Hafez gemeint sein dürften. Studieren muss in diesem Falle bedeutet haben, auswendig und verstehen zu lernen, was bei Hafez schwierig sein kann. Das Schreiben und Lesen hatte der junge Herrscher längst aufgegeben. Doch der Sohn des neuen Hofmeisters, so verrät Bada'uni, Mir Ghiyas ud-Din Naqib Khan, «ein wahres Wunder an Wissen und feinem Betragen, Fachmann für Gebräuche, Chronologie, Biographie und alle Konversationsgegenstände, eines der Phänomene der Zeit und Segen der Gegenwart, unterlegen alleine der Unlöschbaren Tafel (Koran 6/38), der mir gegenüber ein Generationsgenosse ist und ein Mitstudent gleicher religiöser Gesinnung, – dieser Sohn steht gegenwärtig Seiner Majestät zur Verfügung und verwendet all seinen Fleiss auf das Lesen von Geschichte und von allen anderen Büchern in Versen und Prosa, sowohl tagsüber wie auch nachts.» (Bada'uni vol. II, p. 31 des Textes, p. 24 der Übersetzung)

Die Chronisten, deren Werke später verfasst wurden, als Akbar bereits ein grosser Herrscher war, berichten wenig über den Inhalt des Unterrichtes, den der neue mystische Hofmeister seinem Prinzen erteilte. Doch ist überliefert, dass er es war, der ihm zum ersten Mal eines der späteren Grundkonzepte seiner Herrschaft nahelegte, das unter der Bezeichnung «Sulh-e Kull», «Frieden für Alle» bekannt wurde. Man kann es auch als «Versöhnung Aller» oder «Allgemeine Aussöhnung» übersetzen. Damit ist gemeint, dass die bisherigen weitgehend rechtlosen Untertanen des islamischen Indiens, vor allem die Hindus, die von den Rechtsgelehrten nicht einmal wie die Christen und Juden als «Schutzbefohlene» (der Fachausdruck ist «Dhimmi») und «Leute des Buches» (gemeint ist Besitzer heiliger Schriften, die als Vorstufen des Korans gelten können) anerkannt wurden, dennoch Gegenstand einer «Versöhnung» werden sollten.

Akbar hat schon vor seiner Begegnung mit Abu'l-Fadl und dessen Vater Mubarak für seine Zeit ungewöhnlich tolerante Entscheidungen getroffen. Dazu gehörte seine Heirat mit einer Rajput Prinzessin, die ihren hinduistischen Glauben behalten und weiter praktizieren durfte und, wahrscheinlich in Verbindung damit, sein Verbot, Hindus als Sklaven zu nehmen, dann seine Aufhebung der Pilgersteuern für Hindus und schliesslich seine Aufhebung der Sondersteuer für «Schutzbefohlene», der «Jizya», wovon weiter unten noch die Rede sein wird. Wenn man sich fragt, wie diese Haltung ursprünglich zustande kam, ist der Einfluss des mystisch ausgerichteten Hofmeisters Abdul-Latif die naheliegendste Erklärung.

Das Ende der Regentschaft Bayram Khans

Als Akbar 18 geworden war, begann ihm die Vormundschaft des verdienten Bayram Khan lästig zu fallen. Dies war, wie sich Bada'uni erinnert, «weil er nicht wirklich die Macht besass und weil er manchmal in den Angelegenheiten der Staatskasse nicht einmal mitsprechen konnte; auch weil ihm keinerlei Gelder für seine eigenen Ausgaben zur Verfügung standen und weil die Diener des Kaisers nur arme Lehen erhielten und in den Abgründen der Armut verharren mussten, während jene des Khan-e Khanan in Saus und Braus lebten. Aus all diesen Gründen wünschte er (Akbar), dass die Dinge anders geordnet würden» (vol. II, p. 30).

Gleichzeitig war auch sein einstiger Milchbruder, A'zam Khan, um dessen Karriere sich seine Mutter, die Amme Maham Anaga, eifrig bemühte, immer darauf bedacht, alle Äusserungen des Khan-e Khanan in ein möglichst ungünstiges Licht zu stellen, und es hatte auch mehrere Anlässe zu Reibungen zwischen dem Regenten und dem jungen Herrscher gegeben, weil Bayram Khan sich erlaubte Diener Akbars zu bestrafen, ohne dies Akbar mitzuteilen.

Maham Anaga, ihr Sohn sowie ihr Gemahl übten nach wie vor einen grossen Einfluss auf Akbar aus, und die ehemalige Erste Amme nahm nun eine Intrige gegen Bayram Khan in die Hand. Sie veranlasste Akbar, seine Mutter, Hamida Begum, in Delhi zu besuchen, da sie krank sei. Der Gemahl der Amme, Shihab ad-Din Ahmed-Khan, der 1539 Humayuns Leben aus dem Ganges gerettet hatte, war damals Gouverneur von Delhi. Er setzte die Stadt in Verteidigungszustand, damit sie im Notfall Bayram Khan Widerstand leisten könne. Dann liess die Amme Akbar wissen, dass sie sich in Agra durch Bayram Khan bedroht fühle und gedenke, auf die Pilgerfahrt nach Mekka zu ziehen. Sie wusste, dass Akbar sich nicht von ihr würde trennen wollen.

Nach Bada'uni sagte sie in ihrer Botschaft an den Kaiser: «Wenn der Khan-e Khanan vernimmt, dass der kaiserliche Tross auf meinen Wunsch hin nach Delhi geritten ist, wird er bestimmt Rache nehmen wollen. Ich kann ihm keinerlei Widerstand leisten. Deshalb wäre es am besten, wenn ich Erlaubnis erhielte, die Pilgerfahrt nach Mekka zu unternehmen.» Der Kaiser soll darauf seinem Vormund die folgende Botschaft zugesandt haben: «Da ich ohne Eure Erlaubnis und Zustimmung so weit fortgereist bin und all meine Diener voller Schrecken zittern, wäre es gut, wenn Ihr Euch ihnen gegenüber freundlich zeigen wolltet, und ihnen so die Möglichkeit gäbet, ruhigen Gemüts meinen Dienst zu versehen.» Bayram Khan entsandte darauf zwei wichtige Figuren seines Hofes nach Delhi, um sich bei dem Kaiser für den angeblichen Druck, den er auf Maham Anaga ausgeübt habe, zu entschuldigen. Doch «diese Vorstellungen erreichten das Tor der Annahme nicht», und die beiden Abgesandten erhielten auch keinen Urlaub, um zu Bayram Khan zurückzukehren, woraufhin die Amme und Ahmed Khan überall die Neuigkeit des Zerwürfnisses zwischen Akbar und seinem Vormund bekannt machten.

Einer nach dem anderen verliessen die grossen Adligen daraufhin Agra, wo der Khan-e Khanan residierte, und kamen nach Delhi, und «Ahmed Khan und Maham Anaga sorgten dafür, dass sie sich alle enger und enger an den Kaiser anschlossen, indem sie ihnen Lehen und hohe Ämter verhiessen.»

Der Regent hielt Rat in Agra mit all seinen Anhängern. Scheikh Gada'i, das Oberhaupt der Geistlichkeit, und einige andere rieten ihm, er solle losziehen und sich der Person des Kaisers bemächtigen, um ihn dem Einfluss seiner Feinde zu entreissen, bevor das Rad des Glücks sich gegen ihn drehe. Doch der Khan-e Khanan lehnte dies ab. Er sagte: «Das Herz des Kaisers ist mir nun entfremdet. Ich kann daher nicht mehr mit ihm freundschaftlich verkehren. Doch wie kann ich mich ihm gegenüber feindlich verhalten? Denn nachdem ich ein Leben lang für ihn loyal gewirkt habe, würde es mir ewige Scham bringen, wenn ich in meinem Alter meinen Lebenslauf mit einem Schandfleck beendete.»

Er entschloss sich nun seinerseits nach Mekka zu ziehen, und Akbar liess ihm ein Schreiben zukommen, in dem er erklärte, er sei von Agra weg nach Delhi gezogen, um selbständig handeln zu können, und er halte es für das Beste, dass Bayram Khan in der Tat auf die Pilgerfahrt gehe. Der Regent sandte daraufhin die Hoheitszeichen, über die er verfügte, es handelte sich nach türkischer Sitte um Pauken und um Standarten mit Wolfsschwänzen, an Akbar nach Delhi zurück.

Eine Provokation aus dem Harem

Eine weitere Intrige schloss sich an: Auf Anraten der Amme und ihrer Anhänger wurde ein ehemaliger Diener des Khan-e Khanan, Pir Muhammed, der von ihm in Ungnade entlassen worden war, mit einem Heer ausgestattet und dem abgesetzten Regenten mit dem Auftrag nachgesandt, dafür zu sorgen, dass er möglichst rasch nach Gujarat ziehe und sich nach Arabien einschiffe. Dies war eine absichtliche Beleidigung Bayram Khans. Er reagierte auf sie, indem er statt nach Gujarat in den Panjab zog. Dies war Rebellion in den Augen seiner Feinde und auch Akbars selbst. Ein weiteres Heer unter Atka Khan, dem Sohn der zweiten Amme, der Jiji Anaga, wurde ihm nachgesandt. Es kam zu einigen eher unentschlossenen Scharmützeln. Schliesslich ergab sich Bayram, wurde nach Delhi geleitet, dort in Ehren empfangen und mit grosszügigem Reisegeld für seine Pilgerfahrt ausgestattet.

Das Ziel Maham Anagas und ihrer Anhänger dürfte gewesen sein, Bayram Khan in die Rebellion zu treiben, um einen Grund zu erhalten, ihn aus der Welt zu schaffen. Dies haben sie nur so weit erreicht, als Bayram Khan in der Tat rebellierte, jedoch offenbar nur in halbherziger Art und Weise. Sein Leben sollte er dennoch verlieren. Bevor er von Gujarat nach Arabien abreisen konnte, erreichte ihn der Dolch eines Afghanen, dessen Vater in einer der früheren Schlachten von Bayram Khan persönlich getötet worden war.

Das alles geschah 1560. Akbar liess den vierjährigen Sohn Bayram Khans, Abdur-Rahim, an seinen Hof bringen und dort erziehen. Er selbst heiratet wie oben erwähnt, Salima, die Witwe Bayram Khans und Akbars Cousine. Sie ist, solange er lebte, die rangmässig erste Frau am Hofe Akbars geblieben. Allerdings scheint sie meist zusammen mit der Mutter Akbars, der Hamida Begum, in Delhi gelebt zu haben, nur selten an den Höfen von Agra, Fathpur Sikri und Lahore. Abdur-Rahim, ihr und Bayram Khans Sohn, sollte später einer der wichtigsten Feldkommandanten des Kaisers werden und erhielt wie sein Vater den Rang eines Khan-e Khanan.

2-1896 (I.S.)

Abbildung 5

Elefantenjagd in Malwa

Im Juli 1564 begab Akbar sich nach Malwa; er gab vor, Elefanten jagen zu wollen, doch in Wirklichkeit, so versichert Abu'l-Fazl, ging es ihm darum, den Rebellen Abdullah Khan Usbek zu unterwerfen. «Im Wald von Narwar sandte Akbar Jagdtrupps in alle Richtungen aus. Er selbst und seine mutigen Gefährten genossen die Jagd. Eines Tages verfolgten sie in einer langen Jagd ein Elefantenweibchen, ermüdeten es und banden es schliesslich an einen anderen (zahmen) Elefanten an. A'zam, der Sohn des Mulla Kitabdar, fiel einem Elefanten zum Opfer, er wurde von ihm 'geknetet', doch gelang es ihm wegzukriechen.» – «Die Diener wurden in Gruppen aufgeteilt. Jede stand unter einem der Grossen des Hofes, und jede hatte eine Anzahl Elefanten bei sich. Starke Seile waren auch vorgesehen, mit denen man Berge hätte hinwegschleppen können, um als Schlingen für die Elefanten der Horizonte zu dienen. Befehl erging, wo immer wilde Elefanten aufgespürt würden, sollten ihnen die zahmen folgen, bis sich jene aus Müdigkeit kaum mehr bewegen konnten. Dann sollten die Mahut, die auf den zahmen Tieren sassen, Seile von beiden Seiten um die Hälse der wilden und die der zahmen Elefanten legen. So sollten sie sie gefangen nehmen und fortschleppen. Jeden Tag mussten sie die gefangenen Tiere weiter zähmen und ihnen Futter vorlegen, bis sie sie besteigen konnten.» (AN II, S. 342 der Übersetzung)

Die Miniatur zeigt einen Kampf zwischen einem wilden und einem zahmen Elefanten, dem Akbar zu Pferd beiwohnt; zwei zahme und ein wilder Elefant sehen auch zu. Im Vordergrund wird ein wilder zwischen zwei zahmen Elefanten abgeführt. Ein adliger Reiter weist den Weg.

Mitten in der Elefantenjagd, die Abu'l-Fazl ausführlich schildert, ging der Kaiser zu einem Blitzangriff auf den Rebellen über, schlug seine Truppen mehrmals und jagte ihn in einer langen Verfolgung bis an die Grenzen von Gujarat. Darauf kehrte er nach Malwa zurück und setzte seine Elefantenjagd fort.

Kapitel 3
Beginn der eigenen Herrschaft

Akbar ernannte nach dem erzwungenen Rücktritt Bayram Khans einen neuen Ersten Minister, der aber wie seine drei Nachfolger wegen Unfähigkeit nur kurz in Amt und Gnaden blieb. Der junge Kaiser musste die Zügel des Reiches selbst in die Hand nehmen – und als erstes nahm er die kriegerischen Aktivitäten seiner Vorväter wieder auf.

Die expansive militärische Dynamik war eine Notwendigkeit für den damaligen Moghul-Staat, wie für die meisten der früheren islamischen Staaten Indiens. Die Moghul-Dynastie beruhte wie die meisten anderen Dynastien der Zeit im wesentlichen auf feudal organisierten Heeren, deren Anführer und Elitesoldaten die ihnen vom Staat zugewiesenen Provinzen und Landgüter verwalteten und von ihnen lebten. Wenn der Staat ihre Dienste als Heerführer und Soldaten nicht in Anspruch nahm, begannen sie sich zu Hause bequem einzurichten; das bedeutete nichts anderes, als dass ein jeder der grösseren Lehensfürsten versuchte, auf seine eigene Unabhängigkeit hinzuarbeiten.

Im Lehenswesen lag stets die Gefahr einer Aufsplitterung der Grossreiche von innen, und die Herrscher konnten ihr nur dadurch entgegenwirken, dass sie periodisch ihre Heere zusammenriefen und sie vor eine neue und lohnende militärische Aufgabe stellten, was in der Praxis hiess, sie gegen eines der Nachbarländer marschieren zu lassen.

Zu den Aussprüchen des Kaisers, die Abu'l-Fadl überliefert (ohne dass er die Zeit oder Gelegenheit erwähnt, zu der sie getan wurden) gehört: «Ein Herrscher sollte immer auf Eroberungen bedacht sein. Wenn er es nicht ist, werden seine Nachbarn sich gegen ihn erheben. Die Armee sollte im Kriegswesen geübt sein; wenn sie es nicht ist, wird sie wegen mangelnder Ausbildung verweichlicht.» (A'in vol. 3. p. 399 der Übers.)

Feldzug nach Malwa

Das erste strategische Ziel Akbars wurde der Staat Malwa, der südlich von Rajastan lag und zum Reich von Sher Schah Sur gehört hatte. Später war

Malwa jedoch unter das Regiment eines der Offiziere des Heeres der Suri-Afghanen gekommen und ein eigener Staat geworden. Dieser stand nun unter der Herrschaft des Sohns des Staatsgründers, der Baz Bahadur Schah hiess. Er war ein grosser Freund der Musik und des Wohllebens, und seine Liebe zu einer besonders schönen Hindu-Konkubine, Rupmati, ist bis heute in Indien sprichwörtlich geblieben.

Malwa war für das Moghul-Reich von grosser strategischer und wirtschaftlicher Bedeutung. Über Malwa führte der direkte Weg von Delhi nach Gujarat und zu den dortigen Häfen. Gujarat war ein weithin fruchtbares Land, vor allem aber war es für den Aussenhandel und auch für die Pilgerfahrt nach Mekka unentbehrlich. Solange eine feindliche Macht in Malwa herrschte, mussten die Pilger- und Handelskarawanen der Moghuln, um Gujarat zu erreichen, einen weiten Bogen nach Norden durch Rajastan und Sind hindurch zurücklegen; weil das Land der Rajputen seinerseits ebenfalls nicht der Kontrolle des Moghul-Reichs unterworfen war, blieb dieser Umweg stets unsicher und gefährdet.

Akbar ernannte seinen bereits erwähnten Milchbruder, A'zam Khan, zum Feldherrn der Expedition nach Malwa, gewiss auf Bitten von dessen Mutter Maham Anaga hin, denn A'zam Khan besass keinerlei militärische Erfahrung. Der Kaiser teilte ihm freilich zwei bewährte Generäle zu, Pir Muhammad, den ebenfalls bereits bekannten Ex-Gefolgsmann Bayram Khans; und Qiya Khan. Baz Bahadur wurde vor seiner Hauptstadt, Sarangpur, geschlagen und floh nach Süden in den Staat Khandesh. Beeinflusst durch die Gebräuche des benachbarten Rajastan hatte der Schah seinen Palastwachen Befehl erteilt, im Falle seiner Niederlage all seine Frauen in seinem Schloss niederzumachen. Dies geschah auch, doch die schöne Rupmati war nur verwundet, als die Moghul-Truppen ihrer habhaft wurden. A'zam Khan liess die junge Frau ärztlich behandeln und versprach ihr, er würde sie ihrem Herrn zurücksenden, wenn sie geheilt sei. Doch als sie geheilt war, wollte er sie statt dessen zu seiner eigenen Geliebten machen. Um diesem Ansinnen zu entgehen, nahm sie Gift ein und starb. Das Drama von Baz Bahadur Shah und Rupmati ist in vielen Epen und Gesängen Indiens gefeiert worden und bis heute lebendig geblieben.

Doch dies war keineswegs das einzige Drama, das sich abspielte. A'zam Khan und Pir Muhammad erwiesen sich als ausserordentlich grausam. Sie liessen unzählige Gefangene niedermachen, in einem Ausmasse, das offenbar selbst für die damalige an Greuel gewöhnte, blutige Zeit ungewöhnlich war. Bada'uni, der in dem Heer mitgezogen war, schrieb empört:

«Am Tag ihres Sieges blieben die beiden Heerführer an Ort und Stelle;

sie liessen die Gefangenen vor sich bringen und sie Trupp auf Trupp hinrichten: Ihr Blut floss Strom über Strom. Pir Muhammed Khan sagte mit einem Lächeln auf seinem Gesicht wie zum Scherz: ‹Was für einen verdammt starken Nacken dieses Opfer da hat, und wieviel Blut daraus strömt!› Ich sah mit eigenen Augen, wie ihnen die Geschöpfe Gottes nicht mehr wert waren als Radieschen, Gurken oder Salat. Als ich, der ich ohne Vorurteile gegen beide Seiten war, zu der Armee stiess und den Schrecken sah, so wie am Jüngsten Tag, sagte ich zu meinem Freund, Mihr Ali Khan Beg Sildoz: ‹Diese Aufständischen haben es zwar verdient, doch widerspricht es dem Heiligen Gesetz (der Schari'a), ihre Frauen und Kinder zu töten und ins Gefängnis zu werfen›. Worauf hin er, durch sein Gewissen und seine religiösen Gefühle bewegt, mit Pir Muhammed Khan sprach. Doch dieser entgegnete: ‹In einer einzigen Nacht haben wir all diese Gefangenen genommen; was kann man mit ihnen anderes tun?› ...

Die Sayyids (d. h. Nachfahren des Propheten) und die Scheichs der Stadt kamen hinaus, dem Sieger entgegen mit Koranen in ihren Händen. Doch Pir Muhammed liess sie alle hinrichten und verbrannte die Korane.

Als er die Einbände von den Koranen riss
Und ihr Leder für Pauken verwendet hat,
Wurde klar durch sein Tun:
Er war dem Propheten Feind!»

A'zam Khan sandte, wie Bada'uni auch schreibt, einen Bericht über seinen Sieg an den Hof und auch einige Elefanten. «Doch die meisten Elefanten, die Damen des Harems, die Tanzmädchen und die Konkubinen, die Baz Bahadur gehört hatten, sowie alle Wertgegenstände behielt er für sich.» (Bada'uni, II. p. 42f. der Übersetzung von W. H. Lowe).

Akbar sah sich veranlasst, einzuschreiten. Er ritt blitzschnell von Agra weg, erreichte unerwartet die Hauptstadt von Malwa, nahm Besitz von der Beute und wollte A'zam Khan bestrafen. Doch dessen Mutter, die Akbar nachreiste, legte Fürbitte für ihn ein, und der Kaiser vergab ihm. Dennoch hatte sich A'zam Khan heimlich zwei besonders schöne Konkubinen beiseite geschafft. Maham erkannte, dass die beiden Frauen ihrem Sohn gefährlich werden könnten, wenn Akbar von ihnen erführe, und sie liess beide umbringen. Akbar wurde über die Tat unterrichtet, wie Abu'l-Fadl schreibt, doch schwieg er dazu.

Das Unglück von Malwa war damit noch nicht zu Ende. Pir Muhammed brach in den südlichen Nachbarstaat, Khandesh ein, wo Baz Bahadur Zuflucht gesucht hatte. Er eroberte die dortigen Städte. Auch dort folgte er dem «Gesetz Dschingis Khans», was bedeutete, dass er alle Lebewesen der Städte, Hunde und Katzen einschliesslich, ausrotten liess. Als das Moghul-Heer mit der Plünderung beschäftigt war, wurde es von Baz Bahadur und seinen Gefolgsleuten angegriffen und nach einer Niederlage zum Rückzug gezwungen. Dabei geriet Pir Muhammed bei der Überquerung eines Flusses in Kollision mit einer Kamelkarawane und ertrank. «So ging er durchs Wasser zum Feuer» (gemeint ist: ... der Hölle), sagt Bada'uni kurz und bündig.

Malwa ging den Moghuln verloren, und ein neues Heer musste ausgesandt werden, um es zurückzuerobern. Baz Bahadur hat sich schliesslich den Moghuln ausgeliefert und wurde als ein kleiner Feudalherr in das staatliche System Akbars eingegliedert.

Blitzinterventionen Akbars, wie im Falle von Malwa, sind verschiedene überliefert. Sie zeigen, dass er sich der Notwendigkeit bewusst war, persönlich einzugreifen, sobald er Anzeichen von mangelnder Loyalität zu erkennen glaubte. Dass er im Fall seiner nächsten «Familie», das heisst der Ammen und seiner Milchbrüder, Langmut zeigte, bedeutet unter den gegebenen Umständen wohl nicht, dass er «unter ein Frauenregime» geraten war, wie es manche Historiker genannt haben (s. etwa V. A. Smith, der vom «petticoat government» spricht); eher, dass er sich schwer entschliessen konnte, mit einer Gruppe von bisher getreuen und ihm altvertrauten Anhängern zu brechen, die ihm geholfen hatten, sich gegen Bayram Khan durchzusetzen.

Heirat mit einer Hinduprinzessin

Auf einem seiner Jagdausflüge hörte Akbar einen Trupp von Derwischen das Lob des berühmten Mystikers und Heiligen Mu'in ad-Din Chishti singen, der im 12. und Anfang des 13. Jahrhunderts lebte und in Ajmer begraben liegt. Der Kaiser beschloss, sein Heiligtum aufzusuchen und machte sich im Januar 1562 auf den Weg nach Ajmer. Unterwegs stiess Raja Bhar Mal zu ihm, welcher der Herr von Amber (der neuere Namen ist Jaipur) in Rajputana war, jedoch von dort durch einen der Moghul-Fürsten verjagt worden war. Der Raja, der zu einer der grossen Rajput-Familien gehörte, bot Akbar seine älteste Tochter zur Gemahlin an. Akbar stimmte zu, der Raja anerkannte seine Oberhoheit. Die Heirat fand statt, als Akbar von seiner Pilgerfahrt nach Ajmer zurückkehrte. Seine neue Gemahlin, sie erhielt den Titel Maryam-e Zamani (die Maria unserer Zeit) und ist unter ihm bekannt geworden, sollte die Mutter des Thronfolgers, Salim, werden, der später als Kaiser den Titel Jahangir annahm und unter diesem am bekanntesten ist.

Die *Rajputen* waren Hindus und stolze Herrscher und Krieger der Kshatrya-Kaste, das heisst der zweithöchsten nach den Brahmanen, die aus Berufssoldaten und Fürsten bestand. Sie hatten von ihren Wüstenfestungen aus während Jahrhunderten oftmals erfolgreich gegen die muslimischen Dynastien gekämpft, die sich seit dem 11. Jahrhundert Delhis bemächtigt hatten, sowohl jene der Türken wie die der Afghanen. Akbar scheint erkannt zu haben, dass es für sein Reich vorteilhaft sei, wenn er sich diese gefürchteten Krieger und vornehmen Edelleute zu abhängigen Verbündeten und Lehensleuten machen könne, ohne ständig gegen sie Krieg führen zu müssen.

Es war in der langen Geschichte der Kämpfe zwischen Muslimen und Hindus gelegentlich vorgekommen, dass muslimische Herrscher Rajput-Prinzessinnen erbeutet und mit Gewalt geheiratet hatten. Die Frauen waren unter diesen Umständen stets zum – mehr oder weniger nominellen – Übertritt zum Islam gezwungen worden. Doch nie zuvor hatte ein Rajput eine seiner Töchter freiwillig an einen Muslim abgetreten. Akbar verlangte nicht, dass seine neue Gemahlin Muslimin werde und tat damit seinerseits etwas bisher nie Dagewesenes. Mit der Prinzessin trat zugleich einer ihrer Verwandten in den Dienst Akbars, Man Singh, der Neffe und adoptierte Sohn des Thronfolgers von Raja Bhar Mal. Er sollte zu bedeutenden Positionen im *Moghul-Reich* aufsteigen.

Die Heirat mit einer Rajput-Prinzessin war ein wichtiger politischer Schritt. Sie machte deutlich, dass Akbar gedachte, Hindustan nicht nur als Oberherr der das Land besetzt haltenden Muslime zu regieren, sondern als Herrscher des ganzen Landes und all seiner Einwohner, auch der Hindus. Dies war eine neue Haltung; alle vorausgehenden muslimischen Machthaber und Dynastien, seit dem frühen 11. Jahrhundert, hatten sich als Eroberer gefühlt, die im Namen ihrer Religion und ihrer Traditionen als Fremde über ihre «ungläubigen» indischen Untertanen herrschten. Es soll der oben erwähnte Lehrer Akbars, Abdul-Latif Qazwini, gewesen sein, bekannt als ein Mystiker, der Akbar zum ersten Mal vom «sulh al-kull» gesprochen habe, dem «Frieden für Alle», der eines der Leitmotive der Herrschaft Akbars werden sollte. Das bedeutete insbesondere Frieden für die Angehörigen aller Religionen, denn die «Völker» wurden als «Religionsvölker» verstanden. Die Zugehörigkeit der Einzelnen und der Familien zu einer bestimmten Religion war das entscheidende Identitätsmerkmal, nicht ihre Hautfarbe oder ihre Sprache.

Dass ein Mystiker wie Abdul-Latif solche Ideen entwickelte, war bezeichnend. Die Mystiker der beiden Hauptreligionen Indiens hatten seit geraumer Zeit Brücken zwischen dem Hinduismus und dem Islam geschlagen, weil für sie Gotteserlebnisse wichtiger waren als Fragen des Kultes oder der Gottesgesetze. Weitgehend übereinstimmende oder mindestens konvergierende Gotteserlebnisse gab es im Rahmen der Mystik aller der verschiedenen Religionen und Religionsrichtungen. Akbar hatte sich offenbar entschlossen, das politische Zusammenleben im Rahmen seines Grossreiches auf die von den Mystikern aller Konfessionen seit langem hervorgehobene theosophische, philosophische und theologische Konvergenz abzustützen. Kabir (1425–1505), dessen berühmte in Hindi verfasste Gedichte Akbar ohne Zweifel bekannt waren, hatte diese Konvergenz schon mehr als zwei Generationen vor Akbar in knappen Formeln zum Ausdruck gebracht, wie:

> «Wenn Gott in der Moschee weilt, wem gehört dann die Welt? Wenn Rama in seinem Bild lebt, wer weiss dann, was ausserhalb des Bildes geschieht?»
> «Hari ist im Osten, Allah im Westen,
> schau in dein Herz, dort findest du beide, Karim und Rama».

> «Alle Männer und Frauen dieser Welt sind Seine lebende Form. Kabir ist das Kind von Allah und Rama. Er ist mein Guru, Er ist mein Pir.»

> Er sagte: «wenn durch die Verehrung von Steinen Gott zu finden wäre, würde er Berge verehren.»

> «Die Veden, die Puranas und der Koran sind nur verschiedene Arten der Beschreibung. Weder der Hindu noch der Türke noch der Jain noch der Yogi kennen das Geheimnis.»

> «Rama, Khoda, Shakti, Shiva sind eins.»

Derartige Verse gehen darauf aus, die hinduistischen und die muslimischen Offenbarungsschriften und Gottesbegriffe zu vermengen, um zu zeigen, dass sie in der letzten Essenz «das Gleiche» sind. Allah wird dabei oft mit Rama, einer der wichtigsten Inkarnationen von Vishnu gleichgesetzt. Hari ist auch eine Inkarnation (Avatar) von Vishnu. Guru ist der Hindu Lehrer, der seine Schüler zur Gotteserkenntnis oder Weisheit führt; der Pir, ein persisches

Wort, das wie das arabische «Scheich» ursprünglich «der Alte» bedeutet, erfüllt das gleiche Amt bei den muslimischen Mystikern.

Die Veden und die Puranas sind Heilige Schriften der Hindus. Die Puranas enthalten Mythen und Schöpfungsgeschichten für den Gebrauch der nicht-Brahmanen, die keinen Zugang zu den Vedas hatten. Sie wurden zwischen dem 1. und 5. Jahrhundert gedichtet, aber erst viel später niedergeschrieben.

Die Veden, von denen es vier gibt, sind Heilige Bücher des Hinduismus, die in sehr früher Zeit den Weisen von den Göttern offenbart worden seien. Es genügt an die göttliche Herkunft der Veden (singl. Veda) zu glauben, um Hindu zu sein.

«Khoda» (Herr) ist das persische Wort für Gott (entsprechend dem arabischen Allah); Shiva, der zweite grosse Gott des Hinduismus neben Vishnu, kommt unter anderem in der männlichen Zeugungskraft zum Ausdruck, Shakti ist das entsprechende weibliche Prinzip.

Abschaffung der Sondersteuern für Hindus

Es ist nicht nur die Heirat mit Maryam-e Zamani, die darauf hinweist, dass sich ein neues Denken bei Akbar Bahn brach. Er hat in den gleichen Jahren auch drei aufeinander folgende politische Schritte getroffen, die das gleiche erkennen lassen. Im März 1562 liess er ankündigen, dass künftig die Versklavung von in Kriegen gefangenen Hindus verboten sei. Dies war in allen früheren Kriegen üblich gewesen. Es hatte auch oft dazu Anlass gegeben, dass Soldaten oder einzelne Kommandanten angeblich aufständische Hindus gefangennahmen und als Sklaven verkauften, Hindus, die in Wirklichkeit gar nicht gegen sie zu den Waffen gegriffen hatten.

Im folgenden Jahr hat Akbar angeordnet, dass die bisher von den Hindus geforderte Steuer für Pilger aufgehoben werde, obgleich diese Steuer dem Reich viel Geld einbrachte. Rückblickend schreibt Abu'l-Fadl, der zu jener Zeit den Kaiser noch nicht kannte, dieser habe oft gesagt:

«Sogar wenn die Überspanntheit einer Sekte deutlich sein mag, so lange sie glaubt, sich auf dem rechten Pfad zu befinden, wäre es nicht im Sinne eines einsichtigen Verstehens und könnte sogar als ein Zeichen für Ungehorsam gegenüber Gott gewertet werden, wenn man Geld von ihnen verlangte und ihnen Hindernisse auf dem Weg entgegensetzte, von dem sie glauben, er führe sie zur Schwelle des Einen und den sie als Dienst am Schöpfer ansehen.» (AN, II, Übersetzung Beveridge p. 294)

Noch ein Jahr später, zu Beginn des Jahres 1564, hat der Kaiser sogar die «Jizya» aufgehoben. Dies war ein Schritt von grossem Gewicht, weil die «Jizya» ein fester Bestandteil der Shari'a ist. Es handelt sich um die Sondersteuer, die auf den Angehörigen der «geduldeten» oder «geschützten» Religionen lastet, den «Dhimmis» (welche Juden, Christen oder Mitglieder einer anderen, als «Religion des Buches» anerkannten Religionsgemeinschaft sein können). Die Shari'a ihrerseits ist der von den meisten Gottesgelehrten als zentraler Baustein allen religiösen Verhaltens angesehene Versuch, ein Gesetz für alle Muslime zu formulieren, das ihnen erlauben soll, möglichst genau dem Willen Gottes entsprechend zu leben.

Die Aufhebung dieser religiös festgeschriebenen Sondersteuer für Andersgläubige war nicht nur ein bedeutender finanzieller Verlust für den Staat der Moghuln. Sie stiess auch auf Opposition durch die orthodoxen Rechtsgelehrten, für welche die «Jizya» zu den «Geboten Gottes» gehörte, weshalb ein Mensch sie gar nicht abschaffen könne.

Der gewaltsame Tod A'zam Khans

Während der junge Herrscher so die ersten Schritte tat, um eine eigene Politik zu entwerfen, hatte er auch im Bereich der inneren Klan- und Familienpolitik seine Unabhängigkeit und Souveränität zu verteidigen.

Akbar hatte seinen zweiten Milchbruder, Atka Khan, einen Sohn der Jiji Anaga, im November 1561 zum neuen Khan-e Khanan, das heisst zum Oberhaupt der gesamten Verwaltung und des Heereswesens, ernannt. Dies bewirkte Neid und Unzufriedenheit bei Maham Anaga und A'zam Khan, der ja ebenfalls ein Milchbruder des Kaisers war. A'zam Khan drang im Mai 1562 in Begleitung von einigen Anhängern in die Ratskammer ein, wo Atka Khan mit anderen Würdenträgern zusammensass, um die Regierungsgeschäfte zu leiten. A'zam Khan, der vielleicht unter dem Einfluss von Alkohol oder Bang (das indische Wort für Haschisch) stand, beleidigte den Chefminister und bedeutete einem seiner Gefolgsleute, ihn anzugreifen. Dieser verwundete Atka Khan mit einem Dolch, und als der Angegriffene fliehen wollte, tötete ihn ein anderer der Eindringlinge mit zwei Säbelhieben.

Akbar befand sich in seinen Schlafgemächern, als dies geschah. A'zam Khan wollte ihm dorthin nachfolgen, vielleicht, um sein Tun zu erklären, doch der Eunuche, der sie bewachte, sperrte die Türe ab. Der gewaltsame Lärm schreckte Akbar auf, und er konnte aus einem Fenster die Leiche seines Chefministers im Hof liegen sehen. Er trat darauf zu einer Seitentüre hinaus. Einer seiner Diener gab ihm ein Schwert in die Hand. Der Herrscher schrie A'zam Khan an: «Warum hast du das getan?», worauf dieser antwortete: «Ein Verräter hat seinen Lohn erhalten». So berichtet Bada'uni.

Abu'l-Fadl fügt hinzu, A'zam Khan habe darauf das Schwert des Herrschers packen wollen. Doch dieser habe ihm einen Faustschlag versetzt, der ihn zu Boden warf. Akbar rief seinen Wächtern zu, ihn zu binden und befahl dann in seinem Zorn, ihn von der Terrasse, auf der sich das ganze abspielte (es muss sich um einen hoch gelegenen Innenhof gehandelt haben), hinabzustürzen. Das geschah, doch A'zam Khan war noch am Leben, worauf Akbar befahl, ihn wieder hinaufzutragen und noch einmal hinabzustürzen. Dieses zweite Mal brach ihm das Genick.

Maham Anaga war zu der Zeit krank, und Akbar begab sich zu ihr und sagte ihr kurz, A'zam Khan habe Atka Khan ermordet, und er, Akbar, habe ihn dafür bestraft. Maham entgegnete, er habe wohl daran getan. Doch sie wusste nicht, woraus die Strafe bestand. Als sie erfuhr, dass ihr Sohn tot war, wich die Farbe aus ihrem Gesicht; sie zog sich in ihre Gemächer zurück und starb dort 40 Tage später.

Beide, die Amme und ihr Sohn, wurden in Delhi beigesetzt und erhielten ein ehrenvolles Grab, das Akbar errichten liess und das heute noch in der Nähe von Qutb al-Minar sichtbar ist. Auch der ermordete Atka Khan erhielt ein Grab in Delhi; seines besteht aus einem Kuppelbau in weissem Marmor und liegt in der Nähe des Heiligtums von Nizam ad-Din Chishti.

Die Einsamkeit des Alleinherrschers

Ein kurzer Absatz unter den Zitaten, die das Akbar Nameh Abu'l-Fadls von Akbar selbst gibt, lautet: «Als ich 20 Jahre alt geworden war, empfand ich innere Bitterkeit, und meine Seele wurde von schwerster Sorge ergriffen, weil mir die spirituellen Vorräte für meine letzte Reise fehlten». (AN I, p. 153, Bev. I,236).

Diese Andeutung, die von Akbar selbst stammen soll, dürfte mit den Erschütterungen des Jahres 1562 zusammenhängen, die der gewaltsame Tod seiner beiden Milchbrüder und das Hinscheiden seiner Amme bei dem Zwanzigjährigen bewirkten. Die Erfahrungen mit den tödlichen Intrigen, die Maham Anaga und ihr Sohn gesponnen hatten, die Erfahrungen des Vertrauensbruchs und der Habgier seiner anderen Grossen und sogar seiner anderen Familienangehörigen, wie im Fall der Eroberung von Malwa sowie der zwei Jahre zurückliegende Streit mit Bayram Khan, der zweifellos eine

Art von Vaterfigur gewesen war, sie alle müssen bewirkt haben, dass Akbar sich Rechenschaft darüber gab, dass er als Herrscher allein stand und sich auf keinen anderen Menschen wirklich verlassen konnte. Umso dringender muss er das Bedürfnis nach Rückhalt im Religiösen empfunden haben, das in dem kurzen zitierten Satz zum Ausdruck gelangt.

Bedrohung der Reichsgrenzen von innen

Die Mitte der 60er Jahre war durch drei Rebellionen bestimmt, die alle innerhalb des Reiches, jedoch in verschiedenen Aussenprovinzen ausbrachen. Sie begannen 1565 mit der Erhebung usbekischer Lehensträger im Osten. Eine Reihe von Usbeken war zum Heer von Humayun gestossen, als dieser zum zweiten Mal nach Indien zog. Sie hatten Landzuweisungen in Bihar oder Bengalen erhalten, möglichst weit weg von ihrer zentralasiatischen Heimat, weil immer eine Gefahr bestand, dass sie mit den Erbfeinden der Moghul-Dynastie, den Usbeken Zentralasiens, die Babur aus Samarkand vertrieben hatten, Verbindung aufnehmen und gemeinsame Sache machen könnten.

Einer dieser Usbeken, Abdullah Khan, war Gouverneur in Malwa geworden und erhob sich dort gegen seinen Oberherrn. Akbar zog persönlich nach Malwa, der Aufständische musste seine Hauptstadt Mandu verlassen und suchte Schutz bei einem anderen usbekischen Adligen, Ali Quli Khan, der mit dem Titel Khan-e Zaman (Khan dieser Zeit) Jaunpur, zwischen dem Ganges und seinem Nebenfluss Gagra gelegen, regierte. Die Usbeken warfen der Zentralmacht vor, sie begünstige persische, schiitische, Heerführer und benachteilige die Usbeken. Zusammen mit seinem Onkel und Bruder schlug Khan-e Zaman ein Moghul-Heer und zwang dieses sich nach Oudh zurückzuziehen, woraufhin Akbar im Mai 1565 wiederum selbst nach Jaunpur zog und die Rebellen weit nach Osten abdrängte.

Ein anderer usbekischer Gefolgsmann, Asaf Khan, der im Auftrag des Kaisers erfolgreich in Gondwana gekämpft und die dortige Hindu-Königin, Durgavati von Chauragarh, besiegt und all ihre Schätze erbeutet hatte, kam seinem Oberherren zu Hilfe. Doch er schlug sich auf die Seite der Rebellen, als er erfuhr, Akbar fordere, dass er Rechenschaft über die in Gondwana gemachte Beute ablege. Dies scheint die Waagschale der Macht zu ungunsten Akbars gesenkt zu haben. Im Dezember 1565 wurde auf einem Boot, mitten auf dem Ganges, ein Frieden zwischen Khan-e Zaman und Munim Khan, den Ersten Minister Akbars, ausgehandelt. Die Hauptbestimmung war, Khan-e Zaman sollte jenseits, d.h. östlich des Gagra bleiben, doch der Vertrag wurde alsbald von Khan-e Zaman wieder gebrochen.

Akbar kehrte nach Agra zurück und musste von dort aus gleich nach Westen weiterziehen, weil sein Halbbruder Hakim in den Panjab eingedrungen war. Der Aufstand der Usbek-Rebellen im Osten hatte ihn ermuntert, seinerseits zu versuchen, den Thron Akbars zu gewinnen.

Khan-e Zaman, der Jaunpur wieder in Besitz genommen hatte, liess in seinem Machtgebiet die Freitagspredigt im Namen Hakims durchführen, was dessen Proklamation zum Oberherren gleichkam. Doch Hakim, der keine Artillerie besass, konnte Lahore, die Hauptstadt des Panjab, nicht einnehmen. Akbar erreichte die Stadt im Februar 1567, und sein Halbbruder zog sich wieder nach Kabul zurück, ohne eine Entscheidungsschlacht zu wagen.

Inzwischen hatten sich in den zentralen Teilen des Reiches «die Mirzas» erhoben. Dies war eine Gruppe von Lehensträgern aus dem Geschlecht der Timuriden, die Lehen in Sambhal und Moradabad besassen. Sie wurden von Munim Khan, den Akbar in Agra belassen hatte, zurückgeschlagen und flohen nach Malwa.

Im Mai 1567 brach Akbar von Lahore aus zu einem neuen Feldzug gegen Khan-e Zaman nach Osten auf, ohne in Agra auch nur anzuhalten. Er überraschte das Heer des Usbeken, indem er auf seinen Elefanten und mit etwa 1000 entschlossenen Reiter-Soldaten den hochgehenden Ganges schwimmend durchquerte, und schlug ihn diesmal entscheidend. Der Rebell wurde getötet, zusammen mit vielen seiner Offiziere. Manche der Gefangenen wurden begnadigt, doch andere wurden hingerichtet. Akbar setzte den Preis eines Goldstückes für jedes Usbeken-Haupt aus, für indische Köpfe zahlte er nur eine Rupie. Munim Khan, der Chefminister, der Agra gegen die Mirza-Aufständischen verteidigt hatte, während Akbar sich in Lahore aufhielt, erhielt die meisten der frei gewordenen usbekischen Lehen.

Eroberungszüge nach Rajastan

Die Routine des politischen Lebens mit regelmässigen Feldzügen zur Erweiterung der Grenzen des Reiches dauerte trotz der Aufstände an. Nach Malwa und Gondwara, das nur Ziel vereinzelter Raubzüge war, wurde Rajastan zum Hauptbereich der Expansionspolitik. Einige der der Rajput-Herrscher, besonders Bhara Mal, der zum Schwager des Kaisers geworden war, standen auf seiner Seite, doch andere mussten mit Gewalt bekämpft werden. Akbars Ziel war, die kriegerischen Rajputen unter seine Herrschaft zu bringen und sich zugleich ihrer Loyalität zu versichern.

Udai Singh, der Rana von Mewar, galt als der Erste unter den Rajputen. Er hatte das Ansinnen, Akbar als seinen Oberherren anzuerkennen, voller Verachtung zurückgewiesen. Im September 1567 zog Akbar gegen ihn und seine Hauptstadt Chitor, die von einer gigantischen Festung geschützt wurde. Udai Singh verliess die Stadt, als Akbars Heer sich näherte, und floh mit seiner Familie in die Wälder, wo er sich in den Hügeln ein Schloss mit einem künstlichen See angelegt hatte. Dies sollte das künftige Udaipur werden. Zurück blieb die Festung, die als uneinnehmbar galt. Udai Singhs Plan scheint gewesen zu sein, einerseits die Festung zu halten, andererseits einen Kleinkrieg gegen die Belagerungstruppen von aussen zu führen, um ihren Nachschub zu behindern. Die Festung, auf einem gewaltigen Felsklotz gelegen, war mit Vorräten wohlversorgt und von Elitesoldaten wohlverteidigt. Der Rana hatte die Besatzung mit einer Sondertruppe von 1000 Scharfschützen aus Kalpi verstärkt, die sich für die Angreifer als besonders gefährlich erweisen sollte.

Die Belagerung von Chitor

Akbar erreichte Chitor am 20. Oktober 1567. Eine viermonatige Belagerung grössten Ausmasses und voller harter Kämpfe begann. Sie wird von Abu'l-Fadl und von Bada'uni detailliert beschrieben. Der Aufbau des Lagers und der Geschützbatterien des Kaisers brauchte einen Monat. Da der Sturm auf die Mauern, die ihrerseits mit Kanonen bestückt waren, unmöglich war, musste Akbar seinen Soldaten, die unbedingt angreifen wollten, verbieten, sich unnötig töten zu lassen. Statt dessen wurden Minen gelegt, mit denen die Mauern gesprengt werden sollten. Um an die Mauern heranzukommen, mussten zuerst Laufwege angelegt werden, das waren überdachte Gräben, die im Zickzack geführt wurden, um der Artillerie der Belagerten weniger ausgesetzt zu sein. Einige Schutzwege seien so breit gewesen, dass zehn Reiter nebeneinander in ihnen vorstossen konnten, und so tief, dass ein Elefant mit einem auf ihm reitenden Lanzenträger darin Raum fand. Qasim Khan, der Hauptingenieur Akbars, der auch die Burg in Agra angelegt hatte, leitete die Arbeiten, an denen Tausende von Handwerkern und Erdarbeitern beschäftigt waren.

Ein erster Versuch, die Mauern zu sprengen, scheiterte: zwei Minen gleichzeitig sollten hochgehen, doch nur eine explodierte. Als sich die Belagerer in die entstandene Bresche stürzten, explodierte die zweite Mine verspätet und tötete 200 von ihnen. Die Rajputen improvisierten in der Bresche einen ständigen Wall aus Feuer, indem sie sie immer wieder mit brennbaren Materialien auffüllten. Neue Zugänge und neue Minen mussten angelegt werden.

Den Chronisten zufolge nahm der Kaiser selbst aktiv an den Arbeiten und an den Kämpfen teil, am Ende sogar drei Tage und Nächte lang, ohne zu schlafen. Akbar soll sogar eigenhändig mit seiner Hakenbüchse zuerst den Oberkommandierenden der Scharfschützen und später auch den Kommandanten der Festung, Jai Mal, erschossen haben.

Gewaltige Minen, drei an der Zahl, wurden, nach dem ersten vergeblichen Versuch, unter ständigem Feuerschutz der Belagerungsgeschütze mühevoll neu gelegt. Als sie gezündet wurden, explodierten sie mit schrecklichem Donner – diesmal gleichzeitig. Sie zerstörten die nördliche Bastion in ihren Grundfesten und töteten eine grosse Zahl der Verteidiger. Gleichzeitig hielt Akbar die gesamte Festung unter schwerem Feuer seiner Artillerie. Der Festungskommandant fiel, die Garnisonstruppen schienen zusammenzubrechen. Doch der Mut der Rajputen obsiegte für eine letzte Tat der Verzweiflung, eine Tat, die ganz ihrer kriegerischen Tradition entsprang. Sie vollzogen den «Jawhar», die Aufopferung aller ihrer Frauen im Feuer. Dann legten sie gelbe Gewänder an, entschlossen, zu kämpfen und einen ruhmvollen Tod zu sterben. Sie öffneten die Flügel des Haupttores der Festung und empfingen die Sturmtruppen der Moghuln – mit dem Schwert in der Hand. Ein schrecklicher Kampf brach los. An seinem Ende waren die meisten der Rajputen tot. In Europa schrieb man an diesem Tag den 24. Februar 1568. Nur die Scharfschützen von Kalpi, deren Tod, erbittert durch seine grossen Verluste, Akbar gelobt hatte, entkamen nach den Berichten der Geschichtsschreiber, indem sie sich als Moghultruppen ausgaben und ihre Frauen und Kinder gefesselt als vorgebliche Gefangene mit sich führten. Doch alle verbleibenden Bewohner der Stadt wurden auf Befehl Akbars niedergemacht. Dieses Massaker kostete rund 30 000 Menschen das Leben.

Chitor und die umgebenden Gebiete wurden zum Provinzdistrikt des Moghul-Reiches, doch konnte Udai Singh die westliche Hälfte von Mewar halten. Der Sohn des Rana, der sich in die Wälder geflüchtet hatte, sollte später noch einen langen Guerillakrieg gegen die Moghuln führen, bis 1597. Doch der Fall und das Massaker von Chitor bewirkten, dass die anderen Rajput-Festungen sich den Moghuln ohne weitere grosse Belagerungen ergaben.

Dies zeigte sich bald im Falle der anderen Grossfestung, die sich im Besitz der Rajputen befand, jener von Ranthambor, die recht nahe bei Delhi lag und schon aus diesem Grunde den Moghuln Sorge bereitete. Diese Festung ergab sich drei Monate, nachdem Akbar mit seinem Heer vor ihr angelangt war, am 19. März 1569. Ihr Verteidiger, Surjan, wurde einer der Lehensträger Akbars. Selbst ein Hindu, fand er Verwendung in Hindu-Gebieten, zuerst in Gondwana, später sogar als Gouverneur von Benares. Kalanjar, die Festung, vor der 1545 Sher Schah Suri sein Leben verloren hatte, wurde bereits im selben Jahr ohne jeden Kampf übergeben, nachdem eine Moghul-Armee im August ihren Belagerungsring um sie gezogen hatte.

Danach gab es praktisch nur noch den Widerstand Udai Singhs und seines Sohnes. Ein Teil der anderen Raijputenfürsten erkannte auf einer grossen Konferenz, die Akbar einberufen hatte, diesen im November 1570 als ihren Oberherrn an, wenig später tat der Rest es ihnen gleich. Bis auf Mewar war jetzt ganz Rajasthan dem Moghulkaiser untertan.

Die weltgeschichtliche Bedeutung der Artillerie

Der Fall der grossen Rajput-Festungen wurde in der Hauptsache durch eine historische Wende in der Militärtechnologie bewirkt. Pulver und Belagerungsartillerie machten die früher uneinnehmbaren Festungen verwundbar. Dies war weltweit der Fall und hatte sich über einen etwa hundertjährigen Zeitraum hinweg vollendet. Die berühmten Mauern von Konstantinopel waren schon 1453 den Geschützen Mehmets des Eroberers zum Opfer gefallen. In Spanien vermochte die Artillerie der katholischen Könige zwischen 1482 und 1492, Granada, das letzte muslimische Königreich der iberischen Halbinsel zu liquidieren. In Persien waren es die Kanonen der Safawiden, die sie befähigten zwischen 1500 und 1600 ein Grossreich zu erobern, und in Indien legten nun die Kanonen und Minen Akbars die fast tausendjährige Tradition der Wehrfestungen der Rajputen unwiderruflich in Schutt und Asche.

Das Ende der Unverwundbarkeit der Festungen und Burgen bedeutete überall, dass grössere Machtgebiete entstanden, die sich oft zu Grossreichen entwickelten und sich selbst gerne Weltreiche nannten, obwohl in Wirklichkeit mehrere nebeneinander bestanden, wie im 16. Jahrhundert das Spanische Reich, das Osmanische, das Safawidische und jenes der Moghuln. Ein Grund, neben anderen, für die überall zu beobachtende Zentralisierung der Macht war umgekehrt einfach die Tatsache, dass es ein Grossreich brauchte, um die Mittel zusammenzuziehen, die notwendig waren, um Kanonen in grösserer Zahl zu produzieren und an die Einsatzorte zu transportieren, von den Kosten für Aufstellung, Ausbildung und Unterhalt der neuen Spezialtruppe der Artilleristen gar nicht zu reden.

Kapitel 4
Festigung des Reiches

Einwurzelung in der indischen Welt

Nach der Eingliederung der Rajput-Staaten kann man das Reich Akbars in seiner Grundstruktur als vollendet ansehen. Das soll nicht bedeuten, dass es seine endgültige Ausdehnung schon erreicht gehabt hätte. Man kann eher sagen, es hatte nun ein spezifisches Gewicht erlangt, das sein Fortdauern in Indien weitgehend garantierte. Soviele Rebellionen Akbar noch zu bändigen hatte und soviele Aussenprovinzen er noch selbst erobern oder durch seine Heerführer erobern lassen sollte, der zentrale Machtkern war nun zusammengefügt. Er bestand im Wesentlichen aus der Zusammenarbeit der indischen Rajputen mit den muslimischen, aus dem Norden, aus Afghanistan und Zentralasien, hereingebrochenen Reiterheeren und Feudalherren.

Der Umstand, vorausgenommen durch die Heirat Akbars mit der Rajputenprinzessin Maryam-e Zamani, dass nun eine enge Interessengemeinschaft zwischen den ursprünglich feindlichen muslimischen Feudalherren und den einheimischen, in der Kriegerkaste verwurzelten Adligen von Rajputana zustande kam, machte das Reich der Moghuln zu mehr als einer der vielen muslimischen Fremdherrschaften, die Indien erobert hatten und Teile des Subkontinentes beherrschten. Das Moghulreich war nun durch die Rajput-Gefolgsleute Akbars in Indien verankert.

Akbar selbst war mit seiner Person und mit seiner Politik ein entscheidendes Instrument dieser Einwurzelung, indem er sich darum bemühte, die islamischen Sitten und Gebräuche sowie die muslimischen Grundvorstellungen von Herrschaft und Staat neu zu verstehen und neu zu fassen, natürlich so, wie sie in seine Herrschaft passten und wie sie eine Partnerschaft zwischen muslimischen und Hindu-Lehensträgern des Reiches ermöglichten.

Nach seinem Sieg über Chitor und in Befolgung eines Gelübdes, das er für den Fall dieses Sieges abgelegt hatte, ging Akbar von Chitor aus zu Fuss auf eine neue Pilgerfahrt nach Ajmer, wo er schon 1562 das Grabmal des Mystikers Chishti besucht hatte. Da das Wetter heiss war und Staubwinde wehten, war diese Wanderung, an der sich auch Höflinge und sogar einige der

Frauen beteiligten, kein blosser Spaziergang. Die Chisthi-Gemeinschaft von Ajmer vernahm von dem eher mühsamen Fortkommen des Kaisers und sandte ihm Botschaft des Inhalts, er tue besser daran, aufs Pferd zu steigen und nicht allzu viel Zeit mit dem Fussmarsch zu verlieren.

Akbar und der Hof machten von diesem Angebot Gebrauch. In den kommenden Jahren sollte der Kaiser jedes Jahr einmal das Heiligtum der Chishti besuchen. Das Grab des Heiligen Mu'in ad-Din Chishti (1135–1229) in Ajmer, dem Hauptsitz des Ordens, sollte für den jungen Akbar eine Art von geistlichem Zentrum werden. Dies umsomehr, als einer der Nachkommen des ursprünglichen Scheichs, Salim Chishti, sich in der Nähe von Agra niedergelassen hatte und seinerseits ebenfalls eine der Personen wurde, die Akbar mit seinen Besuchen auszeichnete.

Akbar hatte im Jahr 1564 Zwillingssöhne erhalten, sie waren jedoch kurz nach der Geburt gestorben. Er erwartete sehnsüchtig einen Thronfolger, und Scheich Salim Chishti verhiess ihm, dass er bald einen erhalten werde. Dies scheint das Prestige des Scheichs am Hofe erhöht zu haben, und als Maryam-e Zamani schwanger wurde, brachte man sie zur Niederkunft in das Heiligtum Salim Chishtis selbst. Als dann am 30. August 1569 wirklich der ersehnte Thronfolger geboren wurde, beschloss Akbar, ihn nach dem Heiligen Salim zu nennen. Und später hat er seine ganze neue Hauptstadt, Fathpur Sikri, um das Heiligtum der Zelle des Scheichs Salim herum gebaut. Es war ein glücksspendender Ort für ihn geworden. Das Heiligtum selbst hat er prachtvoll ausgestattet, und es ist bis heute ein Stück Leben in der in all ihren anderen Teilen toten Ruinenstadt Fathpur Sikri geblieben, weil mystisch ausgerichtete indische Musiker zu dem Grab kommen und auf ihm zu Ehren von Salim Chishti musizieren.

Der Chishti-Orden, indisch-islamische Mystik

Die Chishti sind einer der wichtigsten und der volkstümlichsten mystischen Orden in Indien gewesen, und sie sind es immer noch. Im Zentrum ihrer Lehre stand und steht Wahdatu'l-Wujud, die «Einheit des Seins», wie sie der grosse spanische Mystiker, Ibn Arabi (starb 1240), als theosophisches Grundkonzept verwendete. In einem Land wie Indien, wo viel «Sein» nicht-islamische Züge trägt, bedeutet, die Lehre von seiner Einheit ernst zu nehmen, unvermeidlich eine Öffnung auf die anderen Religionen hin, den Hinduismus in erster Linie. Die Chishtis zeichnen sich denn auch dadurch aus, dass sie die Ansicht vertreten, ein Hindu oder anderer Nicht-Muslim könne in

Abbildung 6

Der Bau der Festung von Aghra

Im Jahr 1565 ordnete Akbar an, dass das alte Fort von Aghra, das aus gebrannten Ziegelsteinen gebaut war, neu aus gehauenem Stein errichtet werden solle. Nach Abu'l-Fazl dauerten die Arbeiten 8 Jahre. Jahangir, der Sohn Akbars schreibt in seinen Erinnerungen, sie hätten sogar 15 Jahre gedauert. Kasim Khan, der Hauptingenieur Akbars, war mit den Arbeiten betraut. Sie hätten, nach Jahangir, dreieinhalb Millionen Rupien gekostet. Fatehpur Sikri sollte bald Aghra als Hauptstadt ablösen, doch nach seinem langen Aufenthalt in Lahore (1586–1598) ist der Hof nach Aghra zurückgekehrt. Aghra besass Festungscharakter und diente als sicherer Ort für den Staatsschatz; Fathpur Sikri besass eine Stadtmauer, war jedoch keine Feste.

Die Miniatur ist berühmt, weil sie die Bauarbeiten sehr detailliert zeigt. Die Steine werden auf dem Fluss herbeigeführt. Rampen sind angelegt, um die oberen Teile der Tortürme mauern zu können. Die Handwerker und Bauarbeiter arbeiten beinahe nackt; auch Frauen dienen als Trägerinnen für Mörtel. Die Beamten und Aufseher tragen die Moghultracht, wobei manche ihre langen Mäntel aufschürzen, indem sie die unteren Enden in ihre Gürtel stecken. Dies tat man auch, um zu reiten.

ihre mystische Lehre eingeführt werden, ohne notwendigerweise zuerst Muslim geworden zu sein. Der Islam, so glauben sie, werde sich dann schon einstellen, die Mystik könne ein Weg zu ihm hin werden.

Die meisten «orthodoxen» Orden und mehr noch die Gesetzesgelehrten lehnen solche Ansprüche energisch ab. Für sie gilt das Umgekehrte: zuerst Muslim, dann Mystiker. In der Tat impliziert die Lehre der Chishtis, dass es verschiedene Wege zur Erkenntnis des Einen geben kann, auch solche, die von anderen Religionen als vom Islam herkommen. Sie können für ihre Ansichten Koranverse für sich in Anspruch nehmen wie:

«Nicht sind sie (alle) gleich. Unter dem Volk der Schrift ist eine aufrechte Gemeinde, sie lesen die Zeichen Gottes zur Zeit der Nacht und werfen sich nieder. Diese glauben an Gott und an den jüngsten Tag, sie gebieten, was rechtens ist und verbieten das Unrechte und wetteifern in den guten Werken und sie gehören zu den Rechtschaffenen» (3/109, 110).

Und es ist keineswegs nur dieser Orden, der eine Öffnung auf die anderen Religionen hin kennt, doch bei den Chishtis ist diese Öffnung, gewiss wegen der besonderen Umstände, die in Indien bestanden, zum wesentlichen Bestandteil ihrer eigentlichen Lehre geworden.

Zu den Grundsätzen der Chishtis gehört auch, dass sie keinen Kontakt mit den Regierenden unterhalten. Von diesem Grundsatz sind die Ordensvertreter der Zeit Akbars und der späteren Moghulherrscher jedoch bis zu einem gewissen Grade abgewichen. Sie haben sich zwar nicht an ihre Höfe begeben, doch sie wiesen die Herrscher nicht ab, wenn sie zu ihren Heiligtümern und Zellen kamen, um Segen zu erlangen und um Rat einzuholen.

Eine gewisse Parallele zwischen dem Kaiser und den Chishtis besteht: Beiden geht es darum, die Hindus, oder doch die Geeigneten und Interessierten unter ihnen, an ihrem Werk zu beteiligen. Für Akbar war dieses Werk der Aufbau des Moghul-Staates und -Reiches, für die Chishti die Suche nach dem Einen, einzig Seienden durch alle jene, die sich als fähig dazu erwiesen, Hindus oder Muslime. Diese Gemeinsamkeit beruht wahrscheinlich zu bedeutenden Teilen auf dem Einfluss, den die Chishti und andere Mystiker auf den jungen Akbar ausübten.

Massnahmen wie die Abschaffung der Versklavung von Kriegsgefangenen, der Steuern auf indische Pilgerfahrten und der Jiziya, gehen auf die Zeit des ersten Besuches Akbars bei den Chishti von Ajmer zurück. Später hat offenbar sein Kontakt mit Abu'l-Fadl und dessen Bruder Faizi sowie beider Vater, Scheich Mubarak, die gleiche geistige Ausrichtung verstärkt und formal gefestigt.

Schon bevor es zur Begegnung des Kaisers mit der Familie Scheich Mubaraks kam, hat sich Akbar der Rajputen und anderer Hindus ganz praktisch für kriegerische und für politische Zwecke bedient. Anfänglich gab es viele muslimische Adlige, die sich Hindu-Heerführern nicht unterstellen wollten. Doch dies überkam der Kaiser leicht dank der unbestreitbaren Tüchtigkeit solcher Heerführer wie Man Singh und Todar Mal, von dem wir noch hören werden.

Die orthodoxen Würdenträger des jungen Akbar

Schwieriger war es offensichtlich, die grossen muslimischen Gottesgelehrten zu einer Zusammenarbeit mit der Politik des «Friedens für Alle» zu veranlassen, die dem Kaiser vorschwebte. Akbar hatte zunächst einen sehr strikten orthodoxen Würdenträger zu seinem «Sadr as-Sudur» ernannt, das heisst zu dem vom Staat anerkannten Oberhaupt der Geistlichen, Wächter des Glaubens und Verwalter der geistlichen Stiftungen, nachdem der schiitische Scheich Gada'i, dem Bayram Khan dieses hohe Amt anvertraut hatte, mit diesem zu Fall gekommen war.

Akbars Sadr as-Sudur war seit 1561/2 Scheich Abd un-Nabi, ein Gelehrter aus dem Panjab, der dadurch berühmt geworden war, dass er eine scharfe Polemik gegen seinen eigenen Vater verfasste, in der er dessen Ansichten über Tawhid und Sama' denunzierte. Tawhid, die Theologie der Einheit (Gottes), stand mit *Wahdat'ul-Wujud* in Verbindung, der «Einheit des Seins», die den Mystikern lieb war, und Sama', «Zuhören», ist das Verfahren der freieren Mystiker, sich durch Musik zur Schau Gottes anregen zu lassen, was die Orthodoxen ebenfalls ablehnten.

Der junge Akbar hatte seinem Sadr grosse Hochachtung gezeigt. Er wirkte manchmal persönlich als sein Gebetsrufer und er soll sogar die Moschee, in der er Gottesdienste abhielt, ausgefegt haben. Doch der Scheich galt als habgierig und korrupt. Seit 1575 war es für alle Inhaber von Landkonzessionen, die der Staat Geistlichen zugestanden hatte, erforderlich, ihre Konzessionsurkunden vom Sadr gegenzeichnen zu lassen, bevor der Staat sie anerkannte, was natürlich dem Sadr as-Sudur gewaltige Machtmittel in die Hand gab. Diese Position scheint Abd un-Nabi zu Gunsten seiner Freunde ausgenützt zu haben, während andere Leute, die ihm nicht vertraut waren, seine Diener und Torhüter bestechen mussten, um Zugang bei ihm zu erhalten.

Scheich Makhdum ul-Mulk war ein weiterer sehr einflussreicher orthodoxer Geistlicher. Er hatte schon unter Babur, Sher Shah, Islam Shah und

Humayun gedient. Diese Herrscher verwendeten ihn als Scheich ul-Islam, den obersten Hüter der Orthodoxie, um die heterodoxen Gruppen, die in Indien und in Afghanistan auftraten, zu unterdrücken.

Zu diesen Heterodoxen gehörten die Mahdawi, Gefolgsleute von Sayyid Muhammed von Jaunpur, der 1505 in Farah, nicht sehr weit von Herat, gestorben war. Dieser Gelehrte und fromme Mann hatte sich 1495/6 in Mekka selbst zum «Mahdi» erklärt und darauf in Indien Gemeinschaften von Jüngern gegründet, die in Erwartung der Endzeit in asketischen Gruppen lebten. Auch Muslime, die ihn nicht als «Mahdi» anerkannten, das heisst nicht als den «Messias» oder Weltenherrscher, dessen Erscheinen kurz vor dem Ende der Zeiten erwartet wurde, waren von seiner Persönlichkeit, seiner Gelehrsamkeit und Frömmigkeit tief beeindruckt.

Die Herrscher und Höfe jedoch sahen in der Mahdiya-Bewegung in erster Linie eine politische Bedrohung; sie konnte zu Unruhen unter den Untertanen führen. In Indien waren im ganzen 16. Jahrhundert fromme Muslime, die sich von den Regierungen fern hielten und in der Absonderung lebten, mehr oder weniger des Mahdismus verdächtig, umsomehr als am Ende des 16. Jahrhunderts christlicher Zeitrechnung (1591/2) das zweite Jahrtausend der muslimischen Ära begann.

Als Aufspürer und Verfolger solcher Heterodoxen, zu denen in der Jugendzeit Akbars auch die Shiiten gerechnet wurden, war Makhdum ul-Mulk den ersten beiden Moghulherrschern und ihren afghanischen Konkurrenten unentbehrlich gewesen. Das Gleiche wollte er sicher auch für Akbar machen, der ihn übernahm.

Beide Würdenträger, Abd un-Nabi und Makhdum ul-Mulk, blieben lange einflussreich und lange im Amt, bis zu ihrer Absetzung im Jahre 1580. Von ihr wird noch die Rede sein.

Im Jahr 983 (1575/76) war die Macht der orthodoxen Hofgeistlichen in Agra so stark angewachsen, dass sogar die Aufhebung der Jiziya (der Sondersteuer für Nicht-Muslime), die Akbar elf Jahre früher verfügt hatte, wieder in Frage gestellt wurde. Makhdum ul-Mulk und Abd un-Nabi verfassten *Fatwas* und *Fermane,* das heisst Gutachten nach dem Religionsrecht der Schari'a, sowie obrigkeitliche Anordnungen, nach welchen die Sondersteuer für Nicht-Muslime wieder eingeführt werden müsse (Bada'uni II,p. 110). Doch diese Revision sollte nicht mehr zustande kommen, weil zu jener Zeit neue Kräfte in die Religionspolitik des Hofes eingriffen.

Scheich Mubarak, der in Nagaur, Rajastan, einem Zentrum des Sufitums, aufgewachsen war und sich dort schon früh durch philosophische Bildung und Gelehrsamkeit ausgezeichnet hatte, war 1543 nach Agra gekommen und hatte dort zu unterrichten begonnen. Da er der Philosophie und den Lehren der Sufis zuneigte, war er den orthodoxen Hofgeistlichen wie Abd un-Nabi und Makhdum ul-Mulk von vorneherein verdächtig. Zwischen ihnen und Scheich Mubarak war es schon zu Beginn der Herrschaft Akbars zu einem Zusammenstoss gekommen, weil die offiziellen Geistlichen das Recht eines der Vorbeter in Frage stellten, als ein solcher bei Hofe zu wirken. Scheich Mubarak half ihm, sich zu verteidigen und die Behauptungen der Hofgeistlichen als falsch zurückzuweisen (S.S.A. Rizvi, Intellectual Life, p. 93, nach A'in, Text III, p. 206f; Übers. III p. 492f.).

Der zweite Sohn Mubaraks, Akbars Geschichtsschreiber Abu'l-Fadl, der von seinem Vater ausgebildet worden war, stiess später seinerseits mit Makhdum ul-Mulk zusammen, als er im Jahr 1569/70 in der Öffentlichkeit so scharf gegen ihn argumentierte, dass er seinen Zorn heraufbeschwor. Wir wissen dies aus seiner Autobiographie, die Abu'l-Fadl in sein grosses Geschichtswerk eingefügt hat.

Die Hofgeistlichen schritten schliesslich zu einer Intrige, die Abu'l-Fadl in allen Einzelheiten schildert. Sie lief darauf hinaus, dass sie Scheich Mubarak durch einen seiner Schüler warnen liessen, er laufe Gefahr, festgenommen zu werden und tue gut daran, von seinem Wohnsitz zu fliehen. Mubarak wollte dem Ratschlag nicht folgen, doch sein älterer Sohn, der Dichter Faizi, bestand darauf, dass der Vater mit seinen beiden erwachsenen Söhnen fliehe. Die drei irrten in Agra umher und suchten Schutz bei Freunden, von denen einige fürchteten, selbst in Verruf zu geraten und sie deshalb weiterwiesen. Bei anderen fanden sie nur vorübergehenden Unterschlupf.

Die Hofgeistlichen sandten Soldaten zum Haus des Gelehrten und nahmen seinen erst zehnjährigen Sohn Abul-Khair gefangen, während sie gleichzeitig versuchten, die Flucht des Scheichs mit seinen älteren Söhnen, die sie alle verdächtigten, unorthodoxe Lehren zu verbreiten, als ein Indiz ihrer Schuld darzustellen. Akbar jedoch nahm ihre Anschuldigungen nicht an. Er befahl, den Knaben frei zu lassen und die Wachen von dem Haus Mubaraks abzuziehen. Die blosse Abwesenheit der Angeschuldigten sei kein Schuldbeweis, erklärte er, schliesslich komme es oft vor, dass der Scheich auf Erholungsreisen gehe. Ein Freispruch für Mubarak war das freilich noch nicht.

Die Odyssee der drei Flüchtlinge dauerte also an. Am Ende fanden sie keine andere Zuflucht mehr als einen Garten, dessen Hüter ihnen dort Unterschlupf gab. Die Gefahr für die Verfolgten war reell; wenn die beiden hohen Gottesgelehrten eine, auch nur mündliche, Zeugenaussage erhalten konnten, nach der Mubarak ein Ungläubiger, ein Mahdi-Anhänger oder ein heimlicher Schiite sei, konnten sie ihn hinrichten lassen. Akbar hätte freilich ein Todesurteil bestätigen müssen, bevor es vollstreckt worden wäre; es war jedoch auch schon vorgekommen, dass die hohen Geistlichen solche Bestätigungen umgingen.

Eine hohe Persönlichkeit bei Hof legte bei Akbar Fürsprache für den verfolgten Scheich ein, und Akbar ordnete an, eine Versammlung der Geistlichen solle zusammentreten und über den Fall entscheiden. Doch die drei Flüchtlinge hielten sich verborgen; sie wagten es nicht, sich zu stellen. Mubarak beschloss am Ende, nach Delhi zu reisen, während seine Freunde bei Hof indessen endgültig für eine bessere Stimmung sorgten. Er besuchte das Chishti-Heiligtum in Delhi und begann dort ein Interesse für Sama' zu entwickeln, das schon erwähnte Anhören von Musik zu mystischen Zwecken. In seinem späteren Lebensalter soll Mubarak selbst ein bedeutender Musiker geworden sein und seine Tage damit verbracht haben, der Musik – die natürlich einen geistlichen Zweck hatte – zu lauschen.

Abu'l-Fadl gibt in seiner autobiographischen Darstellung die Namen der verschiedenen Personen nicht, bei denen die drei Flüchtlinge Hilfe und Schutz suchten. Doch Bada'uni erzählt, sie seien zuerst zu dem erwähnten Chishti-Heiligen Salim gegangen, der in Sikri lebte. Dieser habe ihnen Geld gegeben und empfohlen, sie sollten sich nach Gujarat absetzen. Und der Adlige, der bei Hof Fürsprache für sie einlegte, sei der Milchbruder des Kaisers, Mirza Aziz Koka, gewesen.

Mubarak: «Der Kaiser steht über den Geistlichen»

Als Akbar 1573 von einem weiteren siegreichen Feldzug, der ihn nach Gujarat geführt hatte, nach Agra zurückkehrte, wurde Scheich Mubarak ihm vorgestellt. Dieser hielt bei der Gelegenheit eine kurze Ansprache, in der er andeutete, dass der Kaiser über dem Meinungsstreit der Geistlichen stehe. Er erklärte, dass zwar die Hofleute Akbar gratulierten, eigentlich sollte jedoch Akbar all jenen Glück wünschen, die seine ehrlichen Anhänger seien, denn Gott habe ihnen, um ihrer guten Handlungen und Gedanken willen, ein solch grosses Geschenk und solchen Segen gewährt, wie die heilige Persönlichkeit Seiner Majestät sie darstelle, sei sie doch in ihrem Adel und in ihrer vorbildlichen Herrschaft zur Führungspersönlichkeit der geistlichen Welt geworden. Aus diesem Grunde seien denn auch solch fruchtbare Siege (wie in Gujarat) zustande gekommen. (Rizvi p. 99).

In dieser Ansprache liegt schon der Kern dessen, was sechs Jahre später, 1579, Abu'l-Fadl mit Hilfe seines Vaters, für den Kaiser durchsetzen sollte, als das Dekret erschien, welches Akbar die Entscheidungsgewalt, auch in geistlichen Dingen, immer dann übertrug, wenn die Geistlichen untereinander differierten. Von diesem Dekret, das als Mahzar bekannt ist, wird weiter unten ebenfalls noch die Rede sein.

Gujarat und Bengalen: Feldzüge nach Süden und Osten

Nach der Unterwerfung Rajastans richteten sich im Aussenpolitischen die Blicke Akbars auf die weitere Ausdehnung des Reiches im Südwesten, darauf im Osten. Akbar begann mit dem Südwesten, mit Gujarat, einer blühenden Provinz, über deren Häfen der ertragreiche Handel mit Westasien, Arabien und Europa abgewickelt wurde.

Der Gujaratfeldzug kann als Fortsetzung jener von Mewar und Rajastan angesehen werden. Er hatte zum Ziel, das Moghul-Reich südwestlich bis zum Meer auszudehnen. In Gujarat herrschte Muzaffar Schah III. unter der Vormundschaft der Mirzas. So nannte man kollektiv die Adligen aus der Timuriden-Familie, die unter Babur und Humayun Lehen in Gujarat erhalten hatten. Ihre Herkunft machte sie zu Verwandten Akbars, der selbst von Timur Lenk abstammte.

Akbar zog im Juli 1572 von seiner neu gegründeten Hauptstadt Fathpur Sikri, die sich noch im Bau befand, nach Gujarat. Wie oft war seine Reise gleichzeitig als eine gross angelegte Jagd organisiert. Er erreichte Ahmedabad, die Hauptstadt, im November, und Muzaffar Shah wurde in einem Kornfeld entdeckt, wo er sich verborgen zu halten suchte. Er unterwarf sich und erhielt ein kleines Lehen. Mirza Aziz Koka, der liebste unter den Milchbrüdern Akbars, wurde zum Gouverneur der Provinz ernannt.

Während Akbar nach dem Hafen von Cambay reiste, um zum ersten Mal in seinem Leben das Meer zu sehen, vernahm er, dass einer der Mirzas Ibrahim Mirza, der in Baroda residierte, den Gouverneur der Stadt hatte umbringen lassen, weil dieser sich Akbar anschliessen wollte. Der wurde sehr zornig und beschloss, mit einer kleinen Truppe sofort auszuziehen, um den Mirza zu bestrafen. Er ritt mit 200 Mann die Nacht hindurch nach Süden.

Als er am Morgen den Fluss Mahi erreichte, erfuhr er, der Prinz stehe mit einem weit überlegenen Heer bei Sarnal auf der anderen Seite. Dennoch entschloss er sich, sofort über den Fluss zu setzen und ihn anzugreifen. Seine Rajput-Anverwandten, Man Singh und dessen Adoptivvater, Bhagwan Das, begleiteten ihn. Der Flecken Sarnal war von engen, durch Kakteen eingefassten Hohlwegen umsäumt. In einem derselben stiessen Akbar und seine Begleiter mit einer Abteilung des gegnerischen Heeres zusammen. Bhupat, ein Bruder von Bhagwan Das, fiel, Bhagwan Das konnte einen der Angreifer mit einem Speerstoss verwunden, während Akbar die beiden anderen niedermachte. Der Rest des Gefolges Akbars rückte nach und die Gegner flohen.

Später erhielt Bhagwan Das als erster Hindu, dem diese hohe Auszeichnung ausgesprochen innerasiatischer Militärtradition zuteil wurde, eine Pauke und eine Moghul-Standarte.

Nach dem Sieg von Sarnal nahm die Moghul-Armee Baroda ein, und zu Beginn des Jahres 1573 wurde die Festung und Hafenstadt Surat zwei Monate lang belagert. Eine portugiesische Expedition, die von Goa ausgesandt worden war, um Surat zu Hilfe zu kommen, erkannte, dass das Heer Akbars allzu überlegen war und beschloss, sich als Botschaft zu gebärden und mit Akbar freundlich zu verhandeln.

In der Tat erlag Surat der bewährten Belagerungstechnik der Moghuln; Laufgräben wurden bis zu den Mauern vorgeschoben und dann unter die Mauern Minen gelegt. Der Verteidiger von Surat, Hamzaban, der einst im Dienste Humayuns gestanden war, kam mit seinem Leben davon, doch wurde ihm die Zunge herausgeschnitten, weil er diese mit zuvielen Schmähreden gegen die Belagerer betätigt habe.

Akbar kehrte nach Fathpur Sikri zurück; doch musste er kurz darauf noch ein zweites Mal nach Gujarat ziehen, weil Ibrahim Mirza mit seinen Getreuen im weiter südlich gelegenen Staat Ahmadnagar Zuflucht gefunden hatte und mit einer neuen Armee zurückgekehrt war, um Ahmedabad zu belagern.

Akbar marschierte also ein zweites Mal nach Gujarat mit einer ausgewählten Truppe von 3000 Rajputen und so rasch, dass er seine Feinde überraschte. Für den Weg durch die Wüstengebiete hatte er sich Rajputana-Kamele kommen lassen. Er verliess Fathpur Sikri am 23. August 1573, legte in 10 Tagen 450 Meilen zurück und hatte die Mirzas bereits am 1. September endgültig geschlagen, so dass er tags darauf in die von ihren Belagerern befreite Stadt Ahmedabad einziehen konnte. Ibrahim wurde gefangengenommen, Gujarat war endgültig unterworfen. Am 5. Oktober war Akbar schon wieder in seiner Hauptstadt. Diese Expedition gilt zu Recht als der schnellste Feldzug der vormodernen Zeit.

Ein Waagschaleneffekt, den wir schon mehrmals beobachtet haben, bewirkte, dass nach Gujarat die östliche Fassade des Moghul-Reiches, Bihar und Bengalen, neuer Kriegsschauplatz wurde. Noch während Akbar in Gujarat beschäftigt war, wagte ein junger Fürst afghanischer Abstammung, Daud Khan Kararani, von Gaur aus, der damals wichtigsten Stadt Bengalens, in der Freitagspredigt seinen Namen als den des Sultans nennen zu lassen, was einer Unabhängigkeitserklärung gegenüber Akbar gleichkam. Daud beherrschte zu dieser Zeit das weite östliche Gebiet von Bihar, Bengalen und südlich des Gangesdeltas Orissa. Im Gegensatz zu seinem Vater vor ihm wollte er die Oberhoheit der Moghuln nicht weiter anerkennen.

Bihar und Bengalen hatten bisher nur nominell zum Herrschaftsgebiet Akbars gehört. Doch Akbar befahl nun seinem Statthalter in Jaunpur, Munim Khan, Vorbereitungen zur Bestrafung des Rebellen zu treffen. Munim Khan zog vor die Festung von Rhotas und verhandelte mit dem dortigen Gouverneur des Sultans, Ludi Khan. Dieser war bereit, den Abzug des Moghulnheeres mit einer bedeutenden Geldsumme zu erkaufen, doch Daud legte ihm dies als Verrat aus und liess ihn hinrichten.

Da die Regenzeit bevorstand, glaubte Daud, im weitverzweigten Flussystem Bengalens, das jederzeit durch den Monsum überflutet werden konnte, vor Angriffen aus Agra sicher zu sein. Doch Akbar entschloss sich zu einem weiteren Blitzkrieg. Er liess eine Flussflotte zusammenstellen, um den Jamuna und den Ganges hinab nach Osten zu fahren. Der Hof bediente sich dieser Flotte, die Truppen zogen die Ufer entlang. Am 15. Juni 1574 schiffte Akbar sich ein, und am 4. August erreichte er Patna, nach einer Reise, die wegen der Monsunregen stürmisch verlaufen war.

Der Kaiser liess sofort die Festung von Hajipur angreifen, die, am Ganges gegenüber Patna gelegen, die Stadt schützte. Zuvor hatte er noch Daud einen direkten Zweikampf auf Elefanten angeboten, den dieser jedoch nicht annahm. Die Festung wurde zu Wasser und zu Land bestürmt und in wenigen Stunden eingenommen. Die Köpfe der Verteidiger, darunter viele afghanische Truppen, wurden auf einem Boot nach Patna gesandt, damit Daud, der selbst in der Stadt stand, sie zu Gesicht bekäme. In der Tat verlor der Sultan seinen Mut und zog mit seinen Truppen und Elefanten fluchtartig ab. Akbar verfolgte ihn und eroberte grosse Beute, doch konnte er seiner Person nicht habhaft werden. Er legte eine Garnison in die Stadt Patna und zog selbst nach Jaunpur, wo der Hof und der Harem in Feststimmung das Ende der Regenzeit abwarteten. Munim Khan wurde zum Gouverneur

باین ترتیب نسق بود از دار الخلافه اگره که کوچ رایات اقبال شد در ساحت موضع مندآکر نزول اجلال
فرمودند و از انجا بفتحپور اتفاق منزل افتاد و از انجا از خانوه گذشته نزدیک به بچونه مضرب خیام

Abbildung 7

Akbar pilgert zu Fuss nach Ajmer

Als er die Belagerung der grossen Festung Chitor begann, hatte Akbar eine Pilgerfahrt zu Fuss nach Ajmer, dem Heiligtum der Chishtis, gelobt, wenn er die Festung besiege. Nach ihrem Fall machte er sich, am 28. Februar 1568, zu Fuss auf. Der Hof begleitete ihn ebenfalls zu Fuss, sogar einige der Damen kamen mit. Doch die heissen Winde hatten begonnen, und in Mandal, etwa 60 Kilometer von Chitor entfernt, trafen die kaiserlichen Pilger auf Boten der Chishtis, die ihnen vorschlugen, den Rest des Weges reitend zurückzulegen. Das Oberhaupt der Chishti-Gemeinschaft habe ein Traumgesicht gehabt, in dem dies geboten worden sei. Die Reisenden sassen daraufhin auf, nur die letzte Wegstrecke unmittelbar vor dem Heiligtum wurde nochmals zu Fuss zurückgelegt.

Im Zentrum des Bildes wandert der Kaiser, Diener halten einen Schirm als Symbol der Herrschaft über ihn. Eine Leibwache mit Schwertern (in Futteralen), Schilden und Flinten folgt. Alle Gefolgsleute sind auch abgesessen; ihre Pferde gehen mit leeren Sätteln. Nur zwei Elefanten am Rande des Bildes tragen ihre Mahut. Die Kamelsänfte und die Elefantensänfte, die rechts und links am unteren Bildrand erscheinen, sind wohl auch leer.

von Bengal ernannt und erhielt den Auftrag, den Rest der Provinz zu erobern. Einige der wichtigsten Heeresführer blieben mit ihren Einheiten bei ihm, während Akbar selbst nach seiner Hauptstadt zurückkehrte, die er im Januar 1575 erreichte. Tanda, die Hauptstadt Dauds, war schon im September in die Hand Munim Khans gefallen; und Daud floh weiter nach Orissa: Munim Khan schloss Frieden mit Daud und beliess ihm Orissa. Doch der Afghane brach den Vertrag und fiel erneut in Bengalen ein. Daraufhin kam es zu einem weiteren Feldzug gegen ihn. Daud verlor im Juli 1576 eine Entscheidungsschlacht und sein Leben. Der letzte Widerstand, der die Form von Guerilla-Kriegen annahm, wurde gebrochen, und Bengalen wurde endgültig dem Moghul-Reich einverleibt.

Erste Ansätze zu einer Verwaltungsreform

Das neue Vorgehen Akbars, blitzschnelle Schläge über grosse Entfernungen hinweg, dann Rückkehr ins Zentrum, während es Gefolgsleuten überlassen blieb, die Unterwerfung der Aussenprovinzen zu vollenden und dann ihre Verwaltung nach den Grundsätzen des Moghulreiches zu organisieren, macht deutlich, dass das Zentrum für Akbar an Gewicht gewann. Der nun über Dreissigjährige wuchs aus der Rolle eines Eroberers in jene eines Herrschers hinein.

In die knappe Zeit zwischen dem Feldzug nach Gujarat und jenem nach Bihar fiel der erste Versuch einer Reform der militärischen und finanziellen Verwaltungsstrukturen. Akbar griff dabei zurück auf die Grundlagen, die Sher Shah gelegt hatte, und dessen Verwaltungsgrundsätze lassen sich noch weiter zurückverfolgen auf frühere muslimische Herrscher wie Ala'ud-Din Khalji (1296–1316).

Allgemein ist festzuhalten, dass der orientalische Feudalismus, der in den islamischen Ländern im wesentlichen nach der Mongolenzeit aufkam, sich von dem, der in Europa entwickelt wurde (und dort auf die Völkerwanderung und ihre wirtschaftlichen und politischen Folgen zurückging) grundlegend unterscheidet. Dies so sehr, dass die Fachhistoriker der islamischen Geschichte es in vielen Fällen vermeiden, im Zusammenhang ihrer Disziplin von «Feudalismus» überhaupt zu sprechen und lieber vom «Iqta»» System im Nahen Osten oder in Indien vom «Mansabdari» System handeln. Die beiden Fremdwörter, das eine arabisch, das andere persisch bedeuten «Landkonzession». Sie bezeichnen die Gewährung von Ländereien, die der Gefolgsmann eines Herrschers an Stelle von Bargeldentlöhnung erhält und die dazu dienen soll, dass er sich und eine bestimmte Gruppe von diesem Land für den Kriegsdienst bereit hält und jederzeit in der Lage ist, mit «seinen» Soldaten zum Kriegsdienst aufzubrechen.

Das orientalische Lehenssystem hat den gleichen Grund wie das abendländische: die Zentralregierungen waren nicht in der Lage, grosse Gebiete über bedeutende Distanzen hinweg direkt zu verwalten und genügende Summen aus ihnen zu ziehen, um ein stehendes Heer in der von den Staaten benötigten Stärke auf Grund von Soldzahlungen zu unterhalten. Der grundlegende Unterschied zwischen den beiden Systemen liegt darin, dass im Orient die Lehenshalter nicht erblich waren und nicht, wie im Abendland, in die Lage gelangten, vom Lehensherrn «ihr Recht» auf das einmal verliehene Lehen einzufordern. Es gab deshalb im Abendland erbliche Grafschaften und kleinere Lehen, denen wiederum erbliche Kleinlehen unterstanden. Die jeweiligen Herrscher konnten sie nur unter besonders günstigen Umständen wieder an sich ziehen, etwa wenn ein erblicher Nachfolger fehlte, oder wenn der betreffende Lehensmann mit Gewalt hatte niedergekämpft werden müssen, weil ihm Verrat oder mangelnde Pflichterfüllung vorgeworfen worden war. Die Entwicklung lief daher in Europa während langer Zeit auf zunehmende Macht der grossen Lehensträger gegenüber ihrem Oberherren hinaus, und erst der noch unvollkommene Absolutismus in Spanien, sowie später der vollkommenere in Frankreich und dessen Nachahmungen in anderen Ländern, wo allerdings oft die früheren grossen Lehensträger zu «Souveränen» aufstiegen, hat eine Umkehr der Entwicklung zu Gunsten der eigentlichen Herrscher hervorgebracht. Die orientalischen Herren und übrigens auch die byzantinischen Kaiser liessen es nie soweit kommen, dass ihre Lehensleute ihnen gegenüber «Rechte» besassen.

Es gab zwei Wege, um einer allzugrossen Unabhängigkeit der Lehensträger vorzubeugen und beide wurden gleichzeitig begangen. Die Inhaber von Landkonzessionen wurden häufig versetzt, so dass sie sich nicht auf einem Gebiet einwurzeln konnten; und eine zentrale Bürokratie wurde geschaffen, deren Aufgabe war, das Tun und Lassen der Lehenshalter zu kontrollieren. Ihr oblag es, dafür zu sorgen, dass die Lehen nicht in Besitz übergingen und dass die Lehensträger in der Tat die Leistungen erbrachten, die mit ihren Landzuweisungen verbunden waren. Um diese Kontrollen durchzuführen, war es notwendig, dass die Lehensträger sich oft bei Hofe einstellten, wo sie der zentralen Bürokratie Rechenschaft ablegen mussten. Sowohl das Aufgebot zu Feldzügen wie auch die regelmässigen Neubesetzungen der Lehen und schliesslich auch die Berufung an die Höfe zur Erfüllung bestimmter Amtspflichten, die auch Ehrenämter sein konnten, dienten dazu, die Lehensträger immer neu der Kontrolle der zentralen Macht zu unterstellen.

Darüber hinaus pflegte ein jeder Herrscher sein Kronland zu halten, das direkt von seinen eigenen Verwaltern bewirtschaftet wurde. Dieses «Sonderland», Khassa oder Khalsa, genannt, – natürlich mit «seinen» Bauern – lag oft in besonders fruchtbaren und leicht zugänglichen Gebieten, die dem direkten Zugriff der Residenzstädte und ihrer Verwalter offen standen. Das Bestreben mächtiger Herrscher richtete sich natürlich immer darauf, einerseits grosse Kronländer unter ihre direkte Kontrolle zu bringen, andererseits die Lehensträger unter beständiger Aufsicht zu halten, sie immer wieder neu zu versetzen und sie zu häufigen und für den Herrscher nützlichen militärischen oder auch administrativen Dienstleistungen anzuhalten. Umgekehrt lag einem Lehensmann daran, sein Lehen möglichst lange Zeit zu erhalten, womöglich auszuweiten und es vielleicht sogar über seinen Tod hinaus für seine Familie und Nachfahren sicherzustellen. Doch ein Recht auf Dauerbesitz des Lehensgebietes weder auf Lebenszeit noch innerhalb einer Familie hat sich im Orient nie durchsetzen können.

Es gab allerdings eine wichtige Ausnahme in diesem System. Eroberer konnten mit unterlegenen Herrschern, oder mit solchen die eine künftige Niederlage befürchteten, Verträge abschliessen, die den Unterlegenen, die zu Gefolgsleuten des Eroberers wurden, ein Recht auf ihr bisheriges Land, Teile davon oder auch Hoheitsrechte in anderen Landstrichen zugestanden. In der Sprache der Moghuln handelte es sich bei solchem vertraglich zugestandenem Lehensbesitz um «vaterländische Landnahme» (jagir watani). Während ein Lehen, das stets widerrufen werden konnte, einfach «jagir», «Landnahme», hiess.

Soweit die Theorie. Die Praxis war natürlich dynamisch und komplex, weil es sich um ein beständiges Kräftespiel zwischen entgegengesetzten Interessen handelte. Jenen des Herrschers, dem an Kontrolle und Leistung seiner Belehnten lag, und jenen der Lehensträger, die dieser Kontrolle zu entschlüpfen und möglichst geringe Leistungen zu erbringen suchten – besonders im Fall eines Herrschers, der als «glücklos» galt (Akbar war sprichwörtlich «glücklich» in seinen Unternehmungen) und dessen Dienst keine erfolgreichen Kriegszüge, die Beute einbringen konnten, versprach.

Die Inhaber von weit entfernten und in den Aussenprovinzen meist grossen Landkonzessionen waren beständig der Versuchung ausgesetzt, sich selbständig zu machen und ihre «Landnahme» als eigenes Gebiet zu verwalten oder sie sogar in ein eigenes Herrschaftsgebiet umzuwandeln. Der Lehensherr musste solchen Entwicklungen vorbeugen. Reform bedeutete daher stets, dass er versuchte, die Lehensträger in die theoretisch bestehenden Regeln auch praktisch einzubinden. Doch gleichzeitig musste der Landesherr auch dafür sorgen, dass die Lehensträger in ihrem Bestreben, maximale Gelder und Güter aus ihren Landanweisungen zu ziehen, nicht soweit gingen, dass sie die ihnen vorübergehend zugewiesenen Ländereien so brutal auspressten, dass sie ihre Produktivität für künftige Tage verloren.

Weil die Lehen nicht an eine Person oder an eine Familie gebunden waren, konnte der Lehensherr für jeden seiner Soldaten oder Beamten eine Karriere aufstellen: ein jeder begann mit einem kleinen Lehen, das ihm nur gerade ein individuelles Auskommen erlaubte. Wenn er sich bewährte, konnte er zu grösseren und grösseren Lehensgebieten aufsteigen. Dies war ein weiteres Instrument des Herrschers, um seine Lehensträger unter Kontrolle zu halten, indem er Treue und Wirksamkeit belohnte.

Akbar hat zuerst mit einem offensichtlich allzu ehrgeizigen Reformsystem experimentiert, das sich nicht bewährte, wohl weil es allzu abstrakt ausgedacht war. Er versuchte, sein Land in lauter Einzelgebiete einzuteilen, die jedes ein Kror, das heisst 10 Millionen Tankas einbringen sollten. 40 Tanka bildeten eine Silber-Rupie, und für eine solche konnte man in normalen Zeiten 88 Kilo Weizen kaufen. Allerdings ist nicht sicher, dass die Tanka im ganzen Reich stets gleichviel Wert besass.

Das System scheint jedoch an der Habgier der Beamten gescheitert zu sein, die zur Verwaltung der «zehn-Millionen Gebiete» eingesetzt wurden. Offenbar versuchten sie einen möglichst grossen Überschuss, über die zehn Millionen, die sie abliefern mussten, hinaus, aus den ihnen unterstellten Gebieten herauszupressen.

Nach Abu'l-Fadl ging alles gut: «Die Leute wurden beruhigt und die Bebauung der Felder nahm zu, während der Pfad der Fälschung und des Betrugs geschlossen wurde» (AN III, 167), schreibt er. Doch Bada'uni ist anderer Meinung: «Beamte wurden ernannt (als Krori), doch sie führten die Regeln nicht durch, wie sie festgelegt waren und wie es hätte gemacht werden sollen. Ein grosser Teil des Landes wurde wegen der Habgier der Kroris verwüstet; die Frauen und Kinder der Untertanen wurden verkauft und verstreut; alles ging durcheinander.

Die Koris wurden dann von Raja Todar Mal zur Rechenschaft gezogen.» Todar Mal war ein Hindu-Fachmann für Steuerwesen, der zu den engsten Vertrauten Akbars gehörte und auch als General eingesetzt wurde. Er hat beim zweiten Ansatz zu den Reformen als «Diwan» d. h. Finanzminister zuerst in Gujarat ein wohl ausgewogenes Steuer- und Lehenssystem organisiert und später im ganzen Reich ein einheitliches Steuerwesen durchgesetzt; Bada'uni mochte ihn nicht, weil er als Befürworter der Orthodoxie der Ansicht war, Hindus dürften keine staatliche Autorität ausüben. Deshalb fährt der Chronist fort: «Viele gute Leute starben unter den strengen Schlägen die sie erhielten, auch von Foltern auf dem Rad und von Zangenbissen. So viele starben in langer Haft in den Gefängnissen der Steuerbeamten, dass kein Scharfrichter und kein Schwert benötigt wurden und niemand sich um ihre Gräber und Grabtücher kümmerte.» (Bada'uni II, 192).

Der Versuch der Zehn-Millionen-Landkonzessionen musste wieder aufgegeben werden.

Ein zweiter Ansatz begann mit einem, wie wir heute sagen würden, «Pilotprojekt» im neu unterworfenen Gujarat, mit dem Todar Mal betraut war. Er griff auf die Erfahrungen früherer Dynastien zurück, besonders auf die Regeln, die der grosse Gegner Humayuns, Sher Khan Sur, seinerzeit aufgestellt hatte.

Für die bebauten Landflächen wurde ein Durchschnittsertrag errechnet, der auf die Ernten über zehn Jahre zurückging. Die Ernten konnten je nach dem Regenfall sehr verschieden ausfallen. Auf Grund dieses Durchschnittsertrags wurden dann die Steuern berechnet, die Bauern oder Grundbesitzer dem Staat, im Fall der Staatsdomänen, oder dem Lehensherren im Fall von Landkonzessionen schuldeten; in der Regel war dies ein Drittel des Ernteertrags, doch konnte es Abweichungen von dieser Regel geben.

In Bewässerungsgebieten waren die Steuern höher, weil entweder der Staat oder der Lebensherr für die Bewässerungsanlagen, Erstellung und Instandhaltung, zuständig waren. In Notfällen, wie sie durch Ausfallen der Monsunregen oder durch Seuchen eintreten konnten, sollte der Staat Steuerreduktionen bewilligen.

Das Steuerwesen wurde dezentralisiert; jede Provinzhauptstadt erhielt ihre eigene Steuerverwaltung, welche die Organisation der zentralen Verwaltung widerspiegelte. Nur auf diesem Wege konnte der Vielfalt der konkreten Umstände, die sich in dem riesigen Gebiet ergaben, einigermassen Rechnung getragen werden. Zu diesen Provinzverwaltungen gehörten jeweils auch sowohl öffentliche wie auch geheime Berichterstatter, die ihre Einsichten und Beobachtungen dem Hof zukommen liessen. Die aktive Teilnahme Akbars an den Reformen kam unter anderem dadurch zum Ausdruck, dass ihm persönlich die Einführung von aneinandergeschraubten Stäben zur Landvermessung zugeschrieben wurde, die genauere Messungen zuliessen als die bisher von der Verwaltung gebrauchten Vermessungs-Seile. Akbar interessierte sich immer für die Handwerkstechniken der Handwerker und Kunsthandwerker seiner Hofmanufakturen, und verschiedene andere technische «Erfindungen» werden ihm zugeschrieben.

Die Landkonzessionen für Lehensleute dienten in erster Linie der Armee. Doch Hofbeamte konnten ebenfalls Landkonzessionen erhalten. Weil in der Armee die Reiter-Soldaten die weitaus wichtigste Truppe bildeten, die Pferde jedoch in Indien eine schwer erhältliche Mangelware darstellten, sie mussten aus Zentralasien über Afghanistan eingeführt werden oder kamen zur See aus den südlichen Teilen der arabischen Halbinsel, besonders dem grossen südarabischen Wadi von Hadramauth, wurden die Landkonzessionen in «Reitern» bemessen. Die kleinsten bestanden aus Ländereien, die 10 Reiter unterhalten konnten, die grössten aus solchen von 5000 Reitern. Diese waren normalerweise für Prinzen von Geblüt oder für ganz besonders verdiente Würdenträger des Hofes reserviert. Der Herrscher persönlich verfügte über die «Lehen» (Jagir), sie wurden auf seinen Befehl hin vergeben. Doch eine komplexe Bürokratie wachte darüber, dass der Gefolgsmann die Bedingungen einhielt, die mit der Landkonzession verknüpft waren. Zu diesen gehörte, dass er sich in Friedenszeiten einmal im Jahr mit seinen Reitern einer Musterung unterzog und dass er in Kriegszeiten den an ihn ergehenden Aufgeboten mit seinen voll ausgerüsteten Reitern Folge leistete.

Bada'uni, der im Gegensatz zu Abu'l-Fadl stets ein Auge für die negativen Entwicklungen besitzt, schildert in mehreren ausführlichen Passagen die Missbräuche, die offenbar nur zu leicht um sich griffen: «Das ganze Land, ausser den Gebieten die direkt von der Krone gehalten wurden, wurde den Kommandanten (Amirs) als Lehen (Jagir) überlassen. Weil diese jedoch schlecht und rebellisch waren, grosse Geldsummen für ihre eigenen Vorräte und Werkstätten, Ausgaben und Reichtum ansammelten, hatten sie wenig Zeit, sich um ihre Truppen zu kümmern». Bei den Werkstätten dürfte es sich um Hofmanufakturen gehandelt haben, die nach dem Modell des zentralen Hofes Luxus- und Kunstgegenstände für die Herrschaft herstellten. «Wenn es Not tat», so fährt der Chronist fort, «kamen sie selbst mit einigen ihrer Sklaven und Moghul-Bedienten zum Kriegsdienst, aber wirklich brauchbare Soldaten hatten sie keine». Bada'uni schildert dann wie die Befehlshaber, die zur Musterung aufgeboten wurden, sich Soldaten «ausgeliehen» hätten, vermutlich von anderen Kommandanten gegen ein Entgelt, und wie sie Handwerker und andere kleine Leute, auch ihre Diener und berittenen Gefolgsleute, in Soldatenkleider gesteckt hätten, um bei den Musterungen die Zahl ihrer angeblichen Reiter voll zu machen. Im Kriegsfalle hätten dann brauchbare Soldaten gefehlt.

Da die Pferde in Indien wertvoller waren als die Menschen, konzentrierten sich die Kontrollbemühungen der Verwaltung auf diese. Sie erhielten bei den Musterungen eine Brandmarke, die offenbar verhindern sollte, dass die gleichen Pferde von anderen Adligen bei ihren Musterungen wiederum vorgeführt wurden oder dass sie im Kriegsfall durch minderwertige Stuten und Hengste ersetzt würden, deren Verlust einen geringeren Schaden bedeutete. Die Brandmarken mussten zu diesem Zweck natürlich auch registriert werden. Dass dieses Verfahren wirksam war, zeigt die von den Chronisten mehrfach erwähnte Reaktion dagegen bei den Inhabern von Jagirs. Die Brandvorschriften und ihre genaue Durchführung werden sogar als das auslösende Moment beschrieben, das zum grossen Aufstand in Bengalen im Jahre 1580 führte, von dem noch die Rede sein wird ...

Wenn man Bada'uni Glauben schenkt, blieben freilich die Missbräuche durch die grossen Lehenshalter häufig. Akbar selbst habe darüber Bescheid gewusst und oft Nachsicht walten lassen, schreibt er. Aus den Chroniken geht auch hervor, dass es eher die Hofbeamten der Finanzverwaltung waren (sie hiess Diwan, und ihr Vorsteher trug den gleichen Namen), denen die undankbare Aufgabe zufiel, die Vorschriften möglichst weitgehend durchzusetzen, während der Kaiser von seiner Macht Gebrauch machte, um in bestimmten Fällen Gnade vor Recht ergehen zu lassen. Die Finanzbeamten standen natürlich unter Druck, den Thronschatz zu mehren und für eine schlagkräftige Armee zu sorgen. Die Finanzverwaltung war in Friedenszeiten für die Armee zuständig, im Falle von Kriegszügen gab es eine eigene Verwaltung, die für den Nachschub und die Organisation sorgte. Sie unterstand dem Mir Bakhshi. Neben den Lehenssoldaten, die unter ihren «feudalen» Befehlshabern in den Krieg zogen, gab es die «Ahadi», «Einzelsoldaten», die direkt vom Hofe abhingen und entweder aus dem kaiserlichen Schatz entlöhnt wurden oder ihrerseits kleine, «individuelle» Lehen erhielten. Die Artillerie als neue, hochtechnische Waffe, die stark von Fachleuten aus Indien und aus den westlichen Staaten wie der Türkei und Persien abhing, unterstand ebenfalls direkt der Zentralmacht.

Fathpur Sikri, eine eigene Hauptstadt

Mit den Bemühungen um die Reform der Zentralregierung des Reiches kann man auch den Wunsch Akbars verbinden, sich eine eigene Hauptstadt zu bauen. Zur alten Hauptstadt der muslimischen Sultane, Delhi, scheint Akbar stets ein gebrochenes Verhältnis gehabt zu haben, möglicherweise weil dort im Jahr 1564 ein Anschlag auf ihn verübt worden war. Ein freigelassener Sklave mit dem Namen Fulad schoss einen Pfeil auf den Kaiser von einer Terrasse aus, als dieser von einem Besuch eines der lokalen Heiligtümer zurückkehrte. Akbar wurde an der Schulter verletzt und konnte erst zwei Wochen später in einer Sänfte nach Agra gebracht werden. Der Attentäter wurde sofort getötet, sein Motiv blieb, vielleicht aus diesem Grunde, unklar. Es könnte sich um einen Racheakt gehandelt haben; Akbar hatte kurz zuvor die Frau eines Gottesgelehrten von Delhi heiraten wollen und ihren Gatten gezwungen, sie zu scheiden, um die Heirat vollziehen zu können.

Delhi war in der Zeit Akbars eine wichtige Pilgerstadt für Muslime, weil sehr viele heilige Männer, Sufis und Rechtsgelehrte, in ihr begraben waren. Die Stadt wurde zum Wohnort von Hamida Begum und anderen frommen Muslim-Frauen des Hofes, möglicherweise, weil diese nicht in einem Harem leben wollten, in dem die Hindu Religion eine wichtige Rolle spielte. Die Rajput Gemahlinnen Akbars hatten das Recht, in einem kleinen Tempel der im Harem-Bereich in Fathpur Sikri und wohl schon früher in der Festung von Agra stand, die Riten der Hindu-Religion zu begehen. Zu Beginn seiner Herrschaft hatte Akbar die Burg von Agra neu bauen lassen, die früher eine Hindu-Festung aus Backsteinen gewesen war. Im zehnten Jahr seiner Regierung (1564/5), dem Jahre des Anschlags auf ihn in Delhi, gab er Befehl, die ganze Burg aus gehauenen Steinen neu zu errichten; die Arbeit daran soll 14 Jahre gedauert haben. Die Festung ist jedoch später von Jahangir neu ausgebaut worden, so dass im Inneren wenig von den Wohngebäuden Akbars erhalten blieb.

Fünf Jahre später jedoch, 1570, nach der Geburt seines ersten Sohnes in der Wildnis, in der Scheich Salim Chishti seine Einsiedlerklause bewohnte, beschloss Akbar, dass dieser Ort für ihn günstig sei, und er liess dort eine grosse Palaststadt errichten. Dabei wurde ein Mischstil entwickelt, in dem sich Stilelemente der Hindukunst mit der muslimischen Bautradition zusammenfinden.

Für die Moschee, die um das Grab Scheich Salims herum errichtet wurde, kam eher der islamische Stil zur Anwendung, doch an Akbars Palästen und Empfangshallen haben offenbar indische Architekten, Handwerker und Steinmetze verantwortlich gearbeitet. Die Steinwände, Decken und Dachstützen sind jenen von Holzbauten nachgeahmt; diese Konstruktionen stehen in der indischen Tradition. Der daraufgelegte Mosaikschmuck, der die Steinoberflächen dicht überzieht und die in geometrischen Mustern durchbrochenen Wandschirme, die der Raumteilung dienen, gehören der islamischen Baukunst an, wobei die «Inder räumlich, die Muslime flächen-

آمدن حضرت بزیارت خواجه معین الدین چشتی
طرح بساون عمل اخلاص چهره نانها
488

Abbildung 8

Akbar besucht den Vorsteher des Chishti-Ordens in Ajmer

Akbar hat das Heiligtum der Chishti erreicht. Er begrüsst ehrfürchtig das Ordensoberhaupt im oberen Teil des Heiligtumes, während im darunter gelegenen Eingangshof seine Gefolgsleute mit Musik und dem Entrückungstanz der Derwische empfangen werden. Ein Wächter mit Stab sorgt dafür, dass das Tor, das in die oberen Teile des Heiligtums führt, geschlossen bleibt.

mässig denken» (Andreas Volwahsen: Islamisches Indien, Fribourg 1969). Die Gesamtkonzeption der Palastanlage jedoch ist weder indisch noch besonders muslimisch, sie gehört vielmehr in den Bereich türkischer Pavillon-Architektur, die ihrerseits auf die grossherrschaftlichen Zeltlager Innerasiens zurückgreift: Einzelne Pavillons werden da aufgestellt, wo man sie gerade benötigt. Sie werden verbunden durch Gänge und Höfe, die dem Kaiser unbeobachteten Durchgang von einem «Haus» zum anderen ermöglichen, und sie stehen alle in einem umfriedeten Garten, zu dem Wasserbecken als zentrale Schmuckstücke gehören.

Auch das grosse Aussentor, Buland Darwaza («Hohes Portal») genannt, das der Moschee vorgelagert wurde, war ein später angeschlossenes Bauelement. Akbar hat es 1573 zur Feier seiner Siege in Gujarat vor der bereits in den Jahren zuvor fertiggestellten Moschee auf der höchsten Stelle des Hügelrückens, der die ganze Palaststadt trägt, errichten lassen. Mit der von aussen her steil auf das «Hohe Portal» zuführenden Freitreppe zusammen erhebt sich das Tor, das die Funktion eines Triumphbogens erfüllt, mehr als 53 Meter über die Strasse, die nach Fathpur hineinführt. Insgesamt führten neun Tore in die Stadt, die auf drei Seiten durch starke Mauern geschützt war.

Der gesamte Stadtbau lag an einem mehrere Meilen weiten künstlichen See, der die vierte Seite der Stadt beschirmte und auch die Wasserversorgung garantierte. Er war einbezogen in die Park- und Gartenarchitektur, die Paläste und Moscheen, Archive, Ställe und Audienzhallen umfasste. Der Damm, der den See abstaute, brach im Jahr 1582. Dies scheint die Bewässerung der Stadt nicht sofort in Mitleidenschaft gezogen zu haben. Doch hat es wohl auf die Dauer den Grundwasserspiegel gesenkt.

Akbar verliess Fathpur, die «Siegesstadt», im September 1585, weil die aussenpolitische Lage seine Präsenz im Nordwesten seines Reiches notwendig machte. Akbar blieb 15 Jahre lang in Lahore, weil er von dort aus die bedrohlichen Entwicklungen in Zentralasien verfolgen konnte, wo der Usbeke Abdullah II. (regierte 1551–1598) ein bedeutendes Reich aufbaute. Fateh Pur Sikri erlitt das Schicksal anderer Palaststädte des Orients, die zerfielen, sobald der Hof sie verliess. Die Höfe konzentrierten den Reichtum ihrer Länder in einem solchen Masse, dass nur ein einziger Hof mit seiner jeweiligen Residenzstadt aufblühen konnte, während verlassene Residenzstädte rasch wieder zerfielen. Der Wassermangel nach dem Dammbruch dürfte in Fathpur Sikri diese Entwicklung noch beschleunigt haben. Akbar kehrte nur noch einmal in seinem Leben, im Jahr 1601, für einen kurzen Besuch nach seiner alten Hauptstadt zurück. Der englische Reisende Ralph Finch, der

Agra und Fathpur Sikri kurz vor der Abreise Akbars sah, beschreibt die 22 km lange Strasse zwischen beiden Orten als einen einzigen belebten Markt, der so dicht voller Menschen war, dass man nicht wusste, wo der eine Ort anfing und der andere endete. Heute sind von all dem nur die verlassenen Sandsteinruinen der kaiserlichen Gebäude erhalten.

Glanz und Reichtum des Moghulkaisers

Abu'l-Fadl beschreibt im Ain-e Akbari (dem Buch der Institutionen seines Kaisers) mit vielen Details statistischer Natur, wie der Hof des Herrschers aufgebaut war. Indem man seine Angaben zusammenfasst, kann man sich ein Bild von der Prachtentfaltung des kaiserlichen Hofes machen. Der Chronist betont bei vielen Gelegenheiten, dass Akbar selbst nicht viel an seiner Pracht und Herrlichkeit gelegen habe; diese sei, so versichert er, aus der Notwendigkeit hervorgegangen, dem Herrscher in den Augen seiner Adligen und Untergebenen aus dem Volke die ihm gebührende Hochachtung zu verschaffen. Nach Ansicht seines Anhängers und Apologeten war Akbar es seiner politischen Stellung als Oberherr über ganz Nordindien schuldig, ein Leben der Pracht und des Ansehens zu führen, so wie es einem König der Könige zustand.

Der Staatsschatz

Vom Staatsschatz sagt der Chronist, frühere Herrscher hätten nur einen Schatzmeister beschäftigt, um ihren Schatz zu hüten und zu mehren; Akbar aber beschäftige deren 12; neun für Barzahlungen und Bareinnahmen verschiedener Art und drei weitere für die Schätze an Edelsteinen, Gold und Schmuckstücken mit Einlegearbeit. Das Jahreseinkommen des Hofes habe im Jahr 1595 309 Millionen Dam ausgemacht, das heisst 7,25 Mio Rupien. Der kaiserlichen Manufakturen, „deren jede eine kleine Stadt bildete", habe es über 100 gegeben, und für sie hätten gesonderte Kassen bestanden.

Die Edelsteine habe Akbar in Klassen einteilen lassen: Rubine im Wert von über 1000 Muhr Goldstücken hätten die erste Klasse gebildet; die zwölfte und letzte bestand aus Rubinen im Werte von 3/4 Goldstücken bis zu 1/4 Rupien. Bei den Diamanten, Smaragden und Karbunkeln bestand die 1. Klasse aus Steinen im Wert über 30 Goldstücken; die 12. aus solchen von 1 3/4 Rupien bis zu 1/4 Rupien. Die Perlen wurden sogar in 16 Klassen eingeteilt; je zwanzig einer jeden wurden auf Schnüre aufgereiht. Die wertvollsten waren

30 Goldstücke wert, die billigsten 1/4 Rupie. Für das Durchbohren der Perlen habe ein Arbeiter 1/4 Rupie erhalten, wenn es sich um solche der obersten Klasse handelte, bis hinab zu 1/11 Dam bei der untersten Klasse.

Von Goldmünzen habe es 26 Arten gegeben, zwei davon seien für den normalen Zahlungsverkehr verwendet worden, die anderen waren besondere Prägungen, die für Geschenke bestimmt waren. Auf diese Sonderprägungen wurden oft Vierzeiler des Hofdichters *Fayzi* eingraviert, welcher der ältere Bruder unseres Berichterstatters war. Er zitiert einige davon:

Diese Münze soll eine Zierde der Hoffnung sein;
Sie trägt stets bleibende Schrift und ewigen Namen.
Als Zeichen des Glücks genügt es, dass einmal in aller Zeit
Der Sonne Blick auf sie niederfiel.

oder:

Diese Münze stammt aus dem kaiserlichen Schatz,
sie ist begleitet vom Stern des Glücks;
Sonne durchglänzt sie, weil sie auf immer
durch den Stempel Akbars veredelt ist.

Gold wurde zuerst an vielen Orten des Reiches geprägt, doch später nur noch an vieren, dem jeweiligen Sitz der Regierung (Lahore, Agra, Fatehpur Sikri), in Benalen, Ahmadabad und Kabul. Kupfer und Silber hingegen wurde noch an 10 weiteren Orten gemünzt.

Der Innenbereich des Harems

Der Harem stellte den innersten und intimsten Machtbereich des Hofes dar. Dort wohnten 5000 Frauen, eine jede in ihrer eigenen Wohnung; sie waren in Abteilungen unterteilt, von denen eine jede ihre eigene Aufseherin besass. Dieser stand stets eine Schreiberin zur Seite. – Die Frauen im 1. Rang erhielten zwischen 1610 und 1028 Rupien monatlich; Dienerinnen 51 bis 20 und solche niedrigeren Ranges von 40 bis 2. Wenn eine Frau Geld benötigte, habe sie es von dem Kassier des Harems gefordert. Dieser habe ein Memorandum an die Schreiberin ihrer Abteilung gesandt, die es prüfte, und der Generalschatzmeister sei dann zur Auszahlung geschritten. Checks für solche Forderungen seien nicht zulässig gewesen. Die Schreiberinnen hatten die jährlichen Ausgaben des Harems zu budgetieren und diese Aufstellungen seien dann von den zuständigen Ministern versiegelt und dazu noch mit einem besonderen Haremsiegel versehen worden.

Akbar habe fünf Meister der Kunst, Siegel zu schneiden, beschäftigt.

Der Haremsbezirk wurde streng bewacht: im Inneren durch bewaffnete Frauentruppen, im äusseren durch Eunuchen; an den Toren standen Wächter, noch weiter aussen Rajput-Getreue, dann Truppen von Vornehmen und „Ahadi"-Soldaten, das heisst solche, die direkt unter Akbar dienten, und in einem noch weiteren Aussenbezirk noch andere, gewöhnliche Truppen. Vornehme Damen und die Gemahlinnen der Adligen (wenn sie für ihre guten Sitten bekannt waren) konnten darum ersuchen, in den Harem zugelassen zu werden. Ihre Gesuche wurden geprüft, und wenn sie als würdig befunden wurden, konnten sie als Besucherinnen Einlass erlangen. Manche von ihnen seien dann bis zu einem Monat geblieben.

Zur Ergötzung der Haremsdamen liess Akbar jeden dritten Freitag im Monat einen Basar im Inneren des Harems durchführen, zu dem auch die Frauen seiner Vornehmen kamen und wo die wertvollsten Güter des Reiches feilgeboten wurden. Akbar habe dies angeordnet, um seinen Frauen Freude zu machen, sagt der Geschichtsschreiber, doch gleichzeitig habe es ihm auch dazu gedient, um Anschauung von den Preisen und der Qualität der Güter zu gewinnen, die es in seinem Reiche gab.

Akbar scheint den Harem auch benützt zu haben, um dort besonders wichtige Waffen, für die er sich persönlich interessierte, zu deponieren. Dies wird von den Kanonen und den Musketen berichtet, deren Herstellung und Entwicklung der Kaiser persönlich beaufsichtigte, wobei er gelegentlich eigene Ideen habe verwirklichen lassen, wie eine Kanone, die in Stücke zerlegt werden konnte, um sie leichter zu transportieren, und eine Vorrichtung, die es erlaubte, 17 Geschütze auf einmal, mit einer einzigen Lunte abzufeuern. Auch eine Maschine mit Rädern, um die Läufe von Kanonen und Musketen zu reinigen, gehörte zu Akbars Erfindungen. Er habe auch leichte Waffen entwickelt, die ein einziger Elephant tragen konnte, sowie ganz schwere, die 1000 Ochsen für ihren Transport benötigten. Diese, damals neuen Waffen wurden in den verschiedenen Stadien ihrer Herstellung in den Harem gebracht, wo Akbar sie persönlich prüfen konnte, und sie wurden schliesslich, nachdem sie mehrfach zur Prüfung abgefeuert worden waren, was auch innerhalb des Harembereiches geschah, im Harem gespeichert. Akbar wollte wohl diese neuen und offenbar in vielen Fällen kriegsentscheidenden Waffen unter seiner persönlichen Aufsicht halten.

Flinten und Kanonen, so schreibt der Chronist, seien treffliche Schlösser, um die Gebiete des erhabenen Reiches abzusperren, und gleichzeitig seien sie nützliche Schlüssel, die dazu dienten, das Tor der Eroberungen zu öffnen. Kanonen seien auch über das ganze Reich verteilt gewesen und in jeder Provinz (Suba) deponiert, soweit es ihrer bedurfte.

Die besonderen Kanonen des Kaisers begleiteten ihn auf einem jeden Marsch. Akbar soll ein guter Musketenschütze gewesen sein. Seine Gewehre waren so stark gearbeitet, dass sie nicht platzten, auch wenn sie bis zum Rande mit Pulver gefüllt worden seien. Der Kaiser selbst erfand eine Methode, um ihre Läufe zu verstärken. Eisenplatten wurden um sie herum geschmiedet. Auch die Herstellung der Läufe habe Akbar vom Harem aus persönlich beaufsichtigt.

Die Lager Akbars

Neben den festen Residenzstädten und -burgen verfügte der Kaiser über bewegliche Lager, die transportierbaren Städten glichen. Die Zelte und zerlegbaren Pavillons konnten mit einem riesigen Aufwand an Dienern, Vorhängen, Teppichen und Zeltbahnen aus wertvollen Stoffen zu gewaltigen Empfangshallen ausgebaut werden, in denen der Kaiser – wie in seinen festen Palästen – grosse Mengen von Adligen empfing, die ihm auch auf seinen Feldzügen und Jagdexpeditionen ihre tägliche Aufwartung machten. Solche Lager hätten nie weniger als 100 Quadratmeter gemessen.

Die kaiserlichen Zelte beschreibt der Chronist in einem besonderen Abschnitt; um das grösste von ihnen aufzustellen, das als Empfangsraum diente und über 10000 Menschen fassen konnte, mussten 1000 Diener eine Woche lang arbeiten, und sie gebrauchten Maschinen dazu. Der Boden sei ganz mit Teppichen ausgelegt worden.

Der Kaiser selbst wohnte in einem zweistöckigen transportierbaren Pavillon, der aus einer hölzernen Plattform bestand, die auf 18 sechs Meter hohen Säulen ruhte; darauf waren Pfeiler von vier Ellen angebracht, die das Obergeschoss trugen. Dort habe Akbar geschlafen, gebetet und sich des Morgens vom Fenster aus der unten versammelten Bevölkerung gezeigt; tagsüber habe man auch die Frauen dort zugelassen.

Musikkapellen

Auf Reisen und in den festen Palästen muss die Musik eine grosse Rolle gespielt haben. Nach Abu'l-Fadl bestanden die Kapellen des Kaisers aus acht verschiedenen Instrumenten, von denen immer mehrere gleicher Art gleichzeitig gespielt wurden, etwa 20 Naqara (Kesseltrommeln), vier Karna (Hörner, Trompeten), 18 Kuwarga „mit ihrer tiefen Stimme", 9 Surnas (Oboen), Trompeten indischer, europäischer und persischer Art, zwei Kuhhörner und drei Paar Cymbeln. Solche Orchester spielten um Mitternacht, dann wieder 24 Minuten vor der Morgendämmerung beginnend als sanftes Vorspiel von Oboen und Hörnern, ohne die Pauken, was etwa eine Stunde gedauert habe. Darauf in voller Lautstärke zum Gruss des Morgens. Dann seien sieben Stücke gefolgt, teils vom vollen Orchester, teils pianissimo; mit weiteren vier Musikstücken, die als Ikhlati, Ibtida'i, Shirazi und Qalandari bezeichnet werden; was etwa eine Stunde lang gedauert habe. Ein weiterer Teil der Morgenmusik habe aus alten khwarizmischen Melodien bestanden, von denen Akbar selbst über 100 komponiert habe und die Jung und Alt begeisterten. Khwarizm ist die alte Kulturregion am Unterlauf des Oxus und am Rande des Aral-Sees. Diesen Darbietungen folgte Cymbel-Musik, dann Bamiyan-Melodien, ein neues Pianissimo, sieben weitere Khwarizm-Melodien; Mursali-Stücke. Daraufhin folgten Rezitationen von Versen und Aussprüchen, was alles eine zweite Stunde ausgefüllt habe. Diesem sei eine Stunde lang Surna (Oboen)-Musik gefolgt. Akbar, so versichert sein Hofchronist, verstehe mehr von Musik als ein ausgebildeter Musiker, und er selbst beherrsche das Trommelspiel sehr gut.

Die 39 berühmten Musiker, wohl in erster Linie Sänger und Sängerinnen des Kaisers, erwähnt der Geschichtsschreiber an anderer Stelle. Sie seien Männer und Frauen, Hindu, Iraner, Turaner (aus Zentralasien) und Kaschmiri gewesen. Akbar habe sie in sieben Gruppen eingeteilt, eine jede für einen Wochentag. „Wenn Seine Majestät es befiehlt, lassen sie den Wein der Harmonie fliessen. Musik bewirkt, dass die schönen Kreaturen des Herzens auf der Zunge hervortreten. Dann wieder tritt sie in feierlichen Tönen durch Hand und Saite hervor. Die Melodien dringen ein durch das Fenster des Ohrs und kehren zurück zu ihrem früheren Sitz in den Herzen, dabei bringen sie Tausende von Geschenken mit sich. Die Hörer werden je nach ihrer Einsicht zu Freude oder Trauer bewegt. Deshalb ist die Musik nützlich für jene, die die Welt aufgegeben haben und auch für die, die ihr noch anhängen."

Trinkwasserversorgung

Wasser habe Akbar nur wenig getrunken, dennoch bestand eine besondere Organisation, die sich um sein Trinkwasser drehte. Er trank stets Ganges-

Wasser, dieses wurde von Vertrauensleuten in versiegelte Krüge geschöpft und durch Stafetten über Land gesandt. Zum Kochen wurde Regenwasser und solches aus dem Chenab-Fluss verwendet. Auf Jagden begleiteten erfahrene Leute den Kaiser, um sein Trinkwasser vor ihm zu kosten. Eis wurde mit Hilfe von Salpeter hergestellt. Es kam aber auch aus den Gebirgen zu Schiff und zu Land auf Wagen. Täglich langten Eisboote in der Hauptstadt an, die stets von vier Matrosen gesteuert wurden. Jedes transportierte 6 bis 12 Ser; die Karren konnten nur 2 Ser tragen. Sie legten 14 Tagereisen mit täglichen Pferdewechseln zurück; etappenweise wurden auch Elefanten für den Eistransport eingesetzt.

Die königliche Küche

In Küchendingen weiss Abu'l-Fadl besonders gut Bescheid, er selbst soll ein grosser Feinschmecker gewesen sein, und es gehörte zu seinen Pflichten, das Küchenwesen zu beaufsichtigen. Der Kaiser, so sagt er, habe nur einmal im Tag und zu unregelmässiger Stunde gespeist, und er habe zu essen aufgehört, bevor er ganz satt geworden sei. Alle Gerichte mussten für ihn stets bereit gehalten werden. In einer Stunde konnten über 100 Speisen zubereitet werden. Auch für die Frauen des Palastes sei die Küchenbedienung den ganzen Tag über bereit gestanden. Der Mir Bakawal (Oberproviantmeister) und Abu'l-Fadl zusammen übten die Oberaufsicht über die Küchen aus und erstellten gemeinsam das Budget für den täglichen und den monatlichen Verbrauch.

Vierteljährliche Vorräte von Ghee und allen verschiedenen Sorten von Reis seien angelegt worden. Schafe, Ziegen, Berberziegen, Enten und anderes Geflügel seien von den Köchen gemästet worden. Das Schlachthaus habe sich ausserhalb der Stadt in der Nähe von Flüssen und Teichen befunden. Dort wurde das Fleisch gewaschen und in versiegelten Säcken nach der Küche gesandt. Man habe es dort nochmals gewaschen und dann gekocht. Die Wasserträger füllten ihre Ledersäcke in Tonkrüge, die mit Stoff verdeckt und versiegelt wurden. Das Wasser musste sich setzen, bevor es verwendet wurde.

Der Mir Bakawal und Abu'l-Fadl bestimmten die Preise, die für eine jede Essware bezahlt wurden, was einer landesweiten Festsetzung der Preise gleichkam. Sie unterschrieben die täglichen Register, Schätzungen und Quittungen für Geldüberweisungen, auch die Lohnlisten der Diener, und überwachten alle Geschäfte. Leute mit schlechtem Leumund, Schwätzer und unbekannte Personen wurden nie eingestellt. „Niemand kann ohne persönliche Sicherheitsgarantie dienen; blosse Bekanntschaft genügt nicht." Serviert wurde auf Gold- und Silberplatten; auch in Porzellan und Steingut. Der Mir Bakawal versiegelte alle Gefässe. Die goldenen und silbernen wurden in rote Stoffe, die kupfernen und jene aus Ton in weisse Tücher eingebunden, damit sie nicht ausgewechselt werden konnten. Der Schreiber der Speisekammer stellte eine Liste aller Speisen auf, die zum Kaiser hineingesandt wurden. Die Köche und anderen Diener, die servierten, waren von Keulenträgern eingerahmt, damit niemand zu dicht herankommen könne. Auch die Brotbeutel und ähnliches waren versiegelt. Vorkoster kosteten die Gerichte; Diener breiteten ein Tuch auf dem Boden aus, die Platten wurden darauf gestellt, und Seine Majestät begann zu essen. Tischdiener sassen ihm gegenüber, um ihn zu bedienen. Der Mir Bakawal war immer zugegen. Anteile für die Derwische wurden zuerst beiseite gesetzt. Akbar begann meistens mit Joghurt und gegorener Milch. Nach dem Essen betete er. Die Kupfergeräte, die verwendet wurden, wurden zweimal im Monat neu verzinnt, die der Prinzen nur einmal im Monat.

Der Chronist führte dann Kochrezepte für je zehn fleischlose Gerichte an, zehn mit Fleisch und Reis und zehn mit Fleisch, Gemüse und Gewürzen. Er erwähnt die Namen, die Zutaten und ihre Mengen in Gewichten.

Der Herrscher, so sagt er, habe oft gefastet. Er hielt nicht viel vom Fleisch und habe gesagt, es komme von Unwissenheit oder Grausamkeit, dass die Menschen lebendige Geschöpfe misshandelten und sie töteten und ässen, wo es doch andere Esswaren gebe. „Keiner scheint zu begreifen, dass es schön ist, Grausamkeiten zu unterbinden, und alle machen sich selbst zu Gräbern von Tieren." – „Wenn Seine Majestät", so fügt der Chronist hinzu, „nicht die Last der Welt auf seinen Schultern trüge, würde er sofort Fleisch ganz aufgeben. Zur Zeit trägt er sich mit der Absicht, dies schrittweise zu tun, während er doch auch auf den Geist seiner Zeit Rücksicht nimmt. Zuerst ass er kein Fleisch an den Freitagen, dann an den Sonntagen, den Sonnen- und Mondfinsternissen sowie an Tagen zwischen zwei Fasten; an Montagen im Monat Rajab, an den Feiertagen eines jeden Sonnenmonats, den ganzen Monat Farwardin und auch während des Monates, in den sein Geburtstag fiel, dann auch während dem Adhar (dies sind der erste und der neunte Monat des persischen Sonnenjahres). All diese Tage werden jedes Jahr um fünf weitere vermehrt.

„Wenn die Fastentage enden, kommen die ersten Fleischgerichte aus der Küche von *Mariyam Makani* (das heisst der Mutter des Kaisers) und von anderen grossen Damen, sowie von den Prinzen, Grossen und Edlen." – Eine ausführliche Preisliste von Esswaren wird dann angeführt.

Die Versorgung mit Früchten

Akbar lag viel an Früchten. Er brachte Gärtner aus Persien und Zentralasien an seinen Hof. Die Baumkultur wurde dadurch in Indien zum Blühen gebracht. „Melonen und Trauben sind nun im Überfluss da und sehr gut geworden. Überall findet man Wassermelonen, Pfirsiche, Mandeln, Pistazien und Granaten. Die kommen alle aus Kabul und Kaschmir und sogar in Karawanen aus Badakhshan." – „Wenn Seine Majestät Wein oder Opium zu sich nimmt, bringen die Diener Stände von Früchten vor ihn. Er isst etwas davon, doch der Rest wird verteilt." Sogar die Melonen wurden nach Güte markiert; die erstklassigen erhielten einen Ring rund um ihren oberen Teil; die zweite Klasse zwei Ringe usw. Der Chronist gibt Preislisten für sie.

Die Mangos nehmen als indische Frucht seine besondere Aufmerksamkeit in Anspruch; er widmet ihnen eine ganze Seite. Ananas, Orangen, Zuckerrohr werden erwähnt. Aus Zuckerrohr gewinnt man alkoholische Getränke entweder durch Gärung oder durch Destillation ...

Wohlgerüche

Parfüm liebt Akbar „aus religiösen Gründen", auch dafür stellt der Chronist Listen und Preise zusammen. Er zählt auch die Blumen auf, die sich durch Wohlgerüche auszeichnen, und er berichtet von der Parfümzubereitung aus Amber, Laudanum und Kampfer oder aus Blumen. „Für einen Unwissenden wie mich ist es zu schwer, alle Blumen zu beschreiben. Früher pflanzten die Leute ihre Gärten ohne jegliche Ordnung an. Doch seit der Zeit *Baburs* werden besser geordnete Gärten angelegt. Reisende bewundern heute die Schönheit der Paläste und der murmelnden Brunnen."

Die Kleiderkammer

Kleider sind von grosser Bedeutung für den Hof. „Alle Artikel, die gekauft oder gewoben werden, bewahrt man sorgfältig auf. Sie werden in der Reihenfolge ihres Eintreffens wieder hervorgeholt, um inspiziert oder den Schneidern übergeben zu werden, damit diese sie zuschneiden, um Geschenke daraus herzustellen. Für eine jede Jahreszeit werden 1000 vollständige Anzüge für die kaiserliche Garderobe hergestellt; 120 davon in zwölf Bündeln stehen immer für seinen persönlichen Gebrauch bereit. Akbar zieht

Wolle vor (Seide ist vornehmer), weil die weltlichen Dinge ihm gleichgültig sind. Er mag besonders Shawls, und er fördert die Herstellung von Kaschmir-Shawls. In Lahore alleine gibt es über 1000 Werkstätten, wo sie gewoben werden. Eine besondere Art heisst Mayan, sie besteht aus gemischter Wolle und Seide. Als ein wundersames Glückszeichen erwähnt der Chronist, dass alle Kleider, die Akbar ablegt und verschenkt, jedermann passen, ob gross oder klein. „Viele sind darüber erstaunt."

Die Stoffe und Kleider werden nach ihren Farben, Preisen und Gewicht aufgestapelt, auch entsprechend den Tagen, Jahren und Monaten ihrer Einlieferung. Man hat Farben wie: rubinfarben oder gold, orange, messingfarben, mandelfarben, traubenfarbig, dunkelrot (wie gewisse Papageien), honigfarben, bräunlich lila, wie die Ratanjani-Blume, wie die Kasni-Blume, apfelfarbig, heufarbig, pistazienfarbig, bojupatra-farbig (eine Baumrinde, die man für Wasserpfeifenrohre gebraucht), rosa, leicht blau, wie Galgha-Blumen, wasserfarbig, ölfarbig, rotbraun, smaragd, bläulich wie chinesisches Porzellan, hellrosa, mangofarbig, muskatfarbig, von der Farbe der Takhtataube (dies ist die indische Turteltaube). Viele dieser Farben kann man heute noch auf den Miniaturen bewundern.

Kalligraphie

Schreiben und Malen sind Künste, die der Chronist zusammen erwähnt. Schreiben gilt ihm als wichtiger: „Buchstaben sind Portraits der Weisheit; Skizzen aus dem Reich der Ideen; schwarze Nacht, die Tag bringt; schwarze Wolken voll Weisheit; Zauberstäbe für die Schätze der Erkenntnis. Sie sprechen, obgleich sie stumm sind; sie stehen still, aber reisen doch; obwohl sie ausgestreckt auf dem Blatt liegen, erheben sie sich in die höchsten Sphären."

Akbar interessiert sich sehr für die Kalligraphen; als bester gilt *Muhammed Husain von Kaschmir,* der den Titel *Zarinkalam* (Goldfeder) erhielt. Mullah *Mir Ali* kommt ihm gleich. Über die Maler wird weiter unten in einem besonderen Kapitel berichtet.

Elefanten, Pferde und andere Tiere

Die Tiere spielen eine wichtige Rolle am Hof. Die Elefanten sind die edelsten. Die Inder sagen, ein Elefant sei im Krieg 500 Pferde wert, und wenn er Musketenschützen trage, nehme er es sogar mit 1000 Reitern auf. Elefanten können Melodien erkennen, wie Musikspezialisten, und sie bewegen ihre Glieder im Takt. Sie können auch Dinge vom Boden aufheben und sie ihren Wärtern reichen. Sie tragen Bogenschützen oder Musketenschützen in die Schlacht.

Akbar hat eine eigene Klassifikation für Elefanten aufgestellt; er teilt sie in sieben Klassen ein mit drei weiteren Unterteilungen: jeweilen gross, mittel und klein. Die sieben Klassen sind Vollblut, Tigergreifend, Normal, Mittelmässig, Kaha (eher schlechter), Phandurkiya (kleiner) und Mokal (noch kleiner). Die erste Klasse erhält fünfeinhalb Wärter und Diener, die sich um sie zu kümmern haben, die zweite fünf; die dritte viereinhalb; dann vier; dreieinhalb; zwei und die letzte fünf bis zwei je nach Grösse der Tiere. Der halbe Diener ist jeweilen für zwei Elefanten seiner Klasse da. Zu diesen Wärtern gehören der Mahut, der den Elefanten lenkt, und der Bhoi, der hinten aufsitzt. Die restlichen Wärter sorgen für Futter und Pflege sowie für das Elefantengeschirr. Für Elefantenweibchen gelten Sonderregeln. Für je 10 Elefanten gibt es einen Fawjdar, der für ihre Schulung verantwortlich ist. Sie müssen an den Lärm der Kanonen gewöhnt werden und lernen, kühn in die Schlacht zu ziehen. Der Fawjdar war für ihr Betragen verantwortlich. 31 Geräte, die alle aufgezählt werden, bildeten das Rüstzeug für Elefanten, dazu gehörten Ketten oder Riemen, die dem Tier um den Hals gelegt wurden und an denen sich der Mahut mit den Füssen festhielt. Es gab auch Augenblenden für unruhige Tiere, und Akbar habe diese verbessert, indem er an ihnen drei schwere Glocken anbringen liess, die sie unten hielten.

Die Tierhalter wurden gebüsst, wenn sie ihre Elefanten nicht gebührend pflegten. Ein Bhoi konnte hingerichtet werden, wenn er Drogen unter das Futter der Elefanten mischte und sie daran starben, oder er verlor seine Hand, oder konnte als Sklave verkauft werden. Wenn ihr Elefant starb, verloren die Tierhalter drei Monate Monatslohn.

Pferde hatte Akbar 12000 in seinen Ställen; Herde auf Herde von ihnen kamen aus Persien und aus Zentralasien, um jene zu ersetzen, die als Geschenke abgingen. Händler brachten sie auch aus dem Irak, aus Persien, der Türkei, Turkestan, Badakhshan, Shirwan, Kirgisistan, Tibet und Kaschmir. Sie wurden klassifiziert in Khassa, das heisst dem Herrscher gehörige, und nicht-khassa. Für die Khassa gab es 6 Ställe mit je 40 Elitepferden aus Arabien und Persien. Daneben gab es besondere Ställe der Prinzen, der türkischen Pferdepost und auch solche für die Pferde, die von den kaiserlichen Herden abstammten.

Die für die Pferde verantwortlichen Personen waren in 18 Klassen aufgeteilt. Zuoberst stand der Atabeg, der für die ganze Kavallerie verantwortlich war; unter ihm dienten Daroghas (Aufseher) für einen jeden Stall; ihnen stand je ein Mushrif (Rechnungsführer) zur Seite. Es gab weiter Inspektoren (Didarwar), Verantwortliche für Halfter und Sattelzeug, Chabuksuwar („Schnellreiter"), die das Zureiten besorgten; „Führer", die stets Rajputen waren und für die Schulung verantwortlich waren; Oberknechte, Viehärzte; Wächter, die über den Zustand eines jeden Stalles Bericht erstatteten; Pferdeknechte; Begleiter und Mitläufer; Futterbeschaffer, Sattelhalter; Wasserträger; Staubwischer; Verbrenner von Sipad (je einen pro Stall; Sipad ist ein langsam brennender Senfsamen, dessen Rauch gegen das Böse Auge wirken soll); die untersten in der Hierarchie waren die Feger.

Auch auf Kamele habe Akbar wert gelegt, weil sie grosse Geduld unter schweren Lasten zeigten und wenig Nahrung brauchten. Er habe ihre Rassen verbessert. Bei Hof wurden Kamelkämpfe veranstaltet, die nach dem Chronisten der Würde des Hofes und seiner Unterhaltung dienten. Auch für sie und ihre Stalldiener gab es eine Hierarchie.

Abu'l-Fadl erwähnt weiter die kaiserlichen Kuhställe, die Kühe von Gujarat seien die besten, und jene für Maultiere, Büffel sowie die Haltung von Falken. Die Preise für diese Jagdvögel werden mitgeteilt, ebenso die Löhne der Falkner.

Jagd, „mehr als blosse Töterei"

Die Jagd war eine bevorzugte Tätigkeit Akbars; nach der Darstellung seines Geschichtsschreibers betrieb er sie nicht nur zum Töten von Tieren, sondern vielmehr, um „Einsicht" zu erwerben. Sie bot ihm zum Beispiel Gelegenheit, die Lage der Bevölkerung und den Zustand der Armee zu beobachten, ohne vorher sein Kommen angekündigt zu haben. Er reiste als Unbekannter und erkundigte sich nach Dingen wie den Steuern, den Lehensländern oder nach anderen Angelegenheiten, die mit dem Hof in Verbindung standen. „Kurzsichtige Beobachter meinen, er habe nichts als die Jagd im Sinn. Doch die Erfahrenen wissen, dass er höhere Ziele verfolgt."

Tiger konnten gejagt werden, Elefanten, Leoparden; man verwendete Jagdhunde (und es gab Regeln für deren tägliche Ernährung), man konnte auch Rehe und Hirsche mit der Hilfe von zahmen Rehen einfangen.

Polo galt als ein beliebter Sport. Akbar habe sich darin hervorgetan. „Er konnte sogar den Ball in der Luft abfangen und schlagen." Polo wurde auch in finsteren Nächten gespielt. Man benützte dann einen Feuerball aus dem langsam brennenden, leichten Palas-Holz, den Akbar erfunden habe.

Noch mehr liebte der Kaiser den Tauben-Sport. Tauben wurden abgerichtet, „das Rad" zu fliegen oder „ein Spiel" (bazi) zu machen. Wobei sie sich im Flug vertikale Kreise schlugen oder sich um sich selbst drehten. Es habe über 20000 Tauben bei Hofe gegeben, davon seien 500 „Khassa", das heisst besondere Tauben des Kaisers gewesen. Es sei vorgekommen, dass Akbar über dem Kreisen seiner bevorzugten Tauben beinahe wie ein Derwish in Ekstase geriet. Er pries Gott angesichts des Schauspiels. Die Erste kaiserliche Taube hiess Mohana, und sie brachte Nachkommen hervor, die sich auch auszeichneten. Es gab Tauben, die in einem Flug bis zu 15 Räder schlagen und 70 Umdrehungen vollziehen konnten. Manchen wurde schwindlig dabei und stürzten ab, nur um sich im letzten Augenblick doch noch zu fangen. Jene, die auf den Boden fielen, galten als inferior. Frühere Fürsten, wie etwa Babur, hätten zwischen elf und 20 Tauben ihre Kunstflüge vorführen lassen, aber unter Akbar seien es manchmal 200 auf einmal gewesen. Die Tauben folgten den beweglichen Hoflagern in ihren eigenen transportierbaren Taubenschlägen. Man kannte 23 verschiedene Farben der Tauben, für die Akbar alle Namen erfand.

Zu den Ergötzungen des Hofes gehörten auch Brettspiele, deren Regeln mitgeteilt werden; dann werden die 60 Hofdichter und ihre Verse erwähnt, sowie die 39 berühmtesten Sänger und Solisten.

Aus derartigen Beschreibungen geht hervor, dass der Hof der Moghuln unter Akbar ein Zentrum gewesen sein muss, an dem sich nicht nur die militärische und politische Macht sammelte. Offensichtlich wurden auch die grossen Adligen, die wichtigsten Intellektuellen, Dichter und Musiker, die besten Handwerker und Künstler an den Hof gezogen. Die Finanzen des weiten Landes wurden von ihm aus gelenkt. Sein Reichtum floss dort zusammen, und die Kultur wurde offensichtlich auch weitgehend am Hof konzentriert und von ihm aus gesteuert. Akbar aber bildete seinerseits den Zentralpunkt des Hofes.

Kapitel 5
Diskussion um den Islam

Ein «Haus des Gottesdienstes»

In Fathpur Sikri liess Akbar ein besonderes Haus errichten, das Ibadat Khane genannt wurde, Haus des Gottesdienstes. Es war geplant als ein Ort der Zusammenkunft verschiedener Gruppen von Muslimen, die dort Diskussionen über Theologie abhalten sollten. Akbar war an solchen Fragen bekanntlich äusserst interessiert. Bada'uni zufolge hatte er auch davon gehört, dass einer der Kararani-Herrscher von Bengalen, Sulaiman, der Vater des aufständischen Daud, Gebete mit ihnen sprach und ihren Diskussionen und Predigten lauschte. Er selbst habe dann das Morgengebet gesprochen und sich darauf den Regierungsbelangen zugewandt. Auch der Umstand, dass Sulaiman Mirza, der zeitgenössische Herr von Kabul, ein Sufi (Mystiker) geworden war und Visionen erlebte sowie eigene Schüler unterrichtete, habe Akbar bewegt, dieses besondere Haus für Religionsdiskussionen zu bauen. (Bada'uni II, Übers., Lowe p. 204).

Drei Gruppen von Gelehrten sassen an drei verschiedenen Wänden der Halle, Rechtsgelehrte der Schari'a, Mystiker und Philosophen; an der vierten Wand nahmen jene unter den Hofleuten Platz, die sich für die Debatten interessierten. Akbar selbst sei von einer Gruppe zur anderen gegangen.

Zu Beginn wurden nur Sunniten zu den Diskussionen eingeladen. Doch von Beginn an scheinen Abu'l-Fadl und Bada'uni nicht nur dabei gewesen zu sein, sondern auch eine führende Rolle bei der Leitung und Abwicklung der Diskussionen gespielt zu haben. Bada'uni war, wie Abu'l-Fadl, dessen Sohn, ein Schüler von Scheich Mubarak. Beide noch junge Gelehrte waren im Jahr 1574 Akbar vorgestellt worden. Abu'l-Fadl konnte dabei auf die Hilfe von Faizi zählen. Sein älterer Bruder, der Dichter, gehörte bereits seit sieben Jahren zu den Mitgliedern des Hofes.

Akbar, der von Faizis Leistungen als Dichter gehört hatte, liess ihn im September 1567 zu sich rufen, als er sich in einem Heerlager ausserhalb der Hauptstadt Agra befand, wo er den Feldzug gegen vorbereitete. Die Familie fürchtete, der Ruf könnte auf den Einfluss der Feinde Scheich Mubaraks bei Hofe zurückgehen und verheisse deshalb nichts Gutes. Doch Faizi gab dann Nachricht, dass er in Wohlgefallen aufgenommen worden war. Er hatte ein formelles Gedicht, eine Qasida, für Akbar mitgebracht, das sein jüngerer Bruder voller Stolz im Akbar-Nameh zitiert. Faizi scheint später weitere Zusätze zu dieser Qasida verfasst zu haben, die als ein Meisterstück galt. S. A. A. Rizvi zitiert die folgenden Zeilen daraus:

> «Manchmal bin ich von Ungewissheit verfolgt, wenn ich nachdenke, durch welches Argument,
> Ich Unsicherheit und Zweifel verursachen kann
> Über geistige Dinge, die man als sicher sieht.
> Warum gibt es Unterschiede im Kult des Islams?
> Warum gibt es denn Allegorie im Koran?
> Warum öffnen sich Lippen in Falschheit und Stolz?
> – Wenn das wirklich Islam ist in dieser Welt,
> Kann der Unglauben tausendmal lächeln über Islam.»
> (Rizvi p. 89).

Als Abu'l-Fadl seinerseits an den Hof berufen wurde, überreichte er Akbar einen Kommentar, den er zum Thron-Vers des Korans verfasst hatte. Der Thron-Vers (2/255), der von Gottes Wissen handelt, ist einer der theologisch bedeutsamsten für den Islam.

Die Sunniten im «Haus des Gottesdienstes»

Die frühen Diskussionen in dem «Haus des Gottesdienstes» scheinen sich um die zahlreichen klassischen Fragen gedreht zu haben, die unter sunnitischen Gelehrten seit langer Zeit diskutiert wurden. Solche waren: der Unterschied zwischen Wahy (Offenbarung) und Ilham (Inspiration); oder wie die Himmelfahrt des Propheten (Miraj) zu verstehen sei, tatsächlich körperlich, als geistiges Erlebnis oder symbolisch? Was man von den im Koran oft erwähnten Jinns zu denken habe? Man sprach über die als «ausser Kraft gesetzt» geltenden Verse des Korans; über die gefälschten und die gesunden Traditionen und über Überlieferung; auch über die Vorschriften beim Schlachten und anderes mehr.

Für den Kaiser müssen viele dieser mehr oder minder subtilen Fragen neu gewesen sein. Das wichtigste an ihnen aber war gewiss, dass es sie gab und dass sie von verschiedenen Gelehrten leidenschaftlich und ganz verschieden beantwortet wurden. Woraus die Erfahrung resultierte, dass sich

٣٢٢
وزمان فرو گرفت و چون ساحت قصبه سکیت مخیم موکب و حضرت شد علی قلی خان که بر ساحل گنگ بلده قنوج
غبار بغی و عصیان انگیخته و بشقاق و عدوان او نحته بود باستماع صیت نهضت اقبال روی گریز بجانب مانکپور که برادر او بهادر خان در آن
2-1896(I.S.)
٦٢
۱۴۳
طرح جگن عمل نند گوالیاری

Abbildung 9

Akbar überquert den Ganges auf seinem Elefanten

Im Mai 1567 war Akbar mit 2000 Elefanten und einem Heer aus Aghra aufgebrochen, um die Rebellen Ali Quli Khan und Bahadur Khan zu bestrafen. Er war so schnell in einem Nachtmarsch vorausgeeilt, dass er vom Hauptheer getrennt worden war, als er Nachricht erhielt, die beiden Rebellen hätten oberhalb von Allahabad eine Brücke über den Ganges geschlagen und übergesetzt. «Er ging zu dem Dorf Shaikhan, das zu Manikpur gehört, und setzte dort über den Strom auf Elefanten. Es war der Beginn der Regenzeit, und der Strom flutete hoch. Seltsame Unruhe und ein Geschrei erhob sich unter der Bevölkerung, als er seinen Elefanten ins Wasser trieb. Denn einen dermassen gefährlichen Strom zu überqueren war ein Ding der Unmöglichkeit. Es war nur dank der wundersamen Macht des Schahinschah, dass dieser schwellende Ozean jenem Schacht der Heiligkeit Raum gewährte. Er zog hinüber ohne Hindernis, indem er den Strom durchwatete; die Zuschauer erkannten: dies war der Beweis des bevorstehenden Sieges. Nicht mehr als elf Personen waren bei ihm, als er den Strom überquerte ... (Abu'l-Fazl nennt die elf). Auch einige Elefanten waren dabei.» Die Aufständischen wurden überrascht, am nächsten Morgen mit Hilfe von nachgezogenen Truppen angegriffen, und beide Rebellen verloren ihr Leben.

Die Miniatur spiegelt die Stimmung der glorreichen Überquerung des Stroms, in der der Chronist bereits die Zeichen des bevorstehenden Sieges erkennt. Sein Bhoi leuchtet dem Kaiser als Fackelträger vor. Er wagt sich als erster mit seinem gewaltigen Elefanten in den Strom.

auf die Fragen der Religion, sogar wenn es nur um die Meinungsverschiedenheiten der Sunniten untereinander ging, keineswegs immer klare, feststehende und unbestrittene Antworten fanden.

Bada'uni und Abu'l-Fadl lenkten die Diskussionen so, dass die schwachen Stellen der mächtigen orthodoxen Religionsgelehrten, wie des Sadrus-Sudur Abdu-n-Nabi und des Scheich ul-Uslam, Makhdum ul-Mulk, hervortraten, was gewiss zu Beginn nicht ungefährlich war. Abu'l-Fadl selbst berichtet in seiner blumenreichen Hofsprache:

«Für einige Zeit tobte ein Kampf um den Vorrang der Vernunft in der ruhmreichen Versammlung des Herren der Welt. Ein täglicher Markt in Erforschung der Ideen und Prüfung der Beweise fand statt. Weil sie nichts von wissenschaftlichen Grundideen verstanden und jedes wahren Wissens entbehrten, gerieten die Schwätzer unserer Tage in Schwierigkeiten, obwohl sie ihres Hokus-Pokus und ihrer geschmeidigen Zungen wegen als Leute grosser Erleuchtung gegolten hatten. Manchmal versuchten sie es mit schlauen Schachzügen, indem sie schwiegen und ihre Augenbrauen hochzogen oder ihre Augen gen Himmel erhoben, und manchmal antworteten sie, indem sie in Rätseln redeten und gar Unsinn von sich gaben.

Dank des Himmels Gunst wurden sie so in eine Lage gebracht, in der ihr Talisman aus geringem Metall in Stücke zerbrach. Sie mussten ihre erste Haltung aufgeben und sie begannen sich auf Absurditäten zu stützen. Sie behaupteten nun, dass Vernunft den Glauben verletze und dass sie einige der einfachen Türkengemüter verführt habe. Indem sie sich auf einige närrische und ungebildete Personen stützten, gaben sie sich die Schwäche, hochmütig aufzutreten. Mit Hilfe eines glücklichen Sterns und scharfen Auges konnte ich sie von ihrem grossmächtigen Gehabe herunterbringen.

Sie begannen darauf, die feinsten Punkte traditioneller Theologie zu diskutieren. Ihre Taktik war nun, falsche Axiome aufzustellen und wertlose Argumente daraus abzuleiten. So kam es zu langen Diskussionen über Glaubenssätze und Sekten. Sie versuchten, die kritische Erforschung von zweifelhaften Einzelheiten als Fallenstellerei auf dem Weg zum Glauben darzustellen, und sie schalten dies Sünde. Manche der Teilnehmer verloren ihren Mut, wenn sie solche falschen Warnungen vernahmen. Alte Freunde und langzeitige Gefährten schürzten die Röcke der freundschaftlichen Zusammenarbeit; ich fand mich umgeben von einer *Mauer der Ausschliessung* aus meiner eigenen Stadt. Es geschah mir, dass ich ob meiner Einsamkeit inmitten der Versammlungen in Freudengesänge ausbrach. Ich wusste, sie war die Folge von richtigem Denken und steigerte deshalb mein Flehen zu Gott. Es geschah aber auch, dass ich aus Schwachheit und allzu geringer Fähigkeit zu mir selbst murmelte: ‹Ich breite den Teppich des richtigen Denkens und des guten Lebens vor den Menschen aus; ich kämpfe gegen mich selbst und erschwere mir meinen eigenen Erfolg; wie kommt es denn, dass die Leute gegen meine Person im Hinterhalt liegen?›»

Abu'l-Fadl dürfte seinen schliesslichen Erfolg gegen die grossen Hüter der Orthodoxie dank deren eigener Unfähigkeit, ihren Rivalitäten und Widersprüchen, dank der Hilfe seines überaus gelehrten Vaters, dank seiner eigenen philosophischen und theologischen Ausbildung und dank des Interesses Akbars an dieser theologischen Auseinandersetzung errungen haben. Der Kaiser selbst war es, der darauf achtete, dass die Debatte als geistige Debatte geführt wurde und dass die Argumente der Machtworte und der Gewaltandrohung ausser Spiel blieben.

Akbar überliess es seinen Generälen, den Kampf gegen Rana Partap weiterzuführen, den Sohn des einstigen Herrn von Chitor, der in der Wildnis von Mewar Zuflucht gesucht hatte. Die Kämpfe spielten sich rund um Udaipur ab, und Raja Man Singh, der alte Lehensmann Akbars, führte als Oberkommandant über andere Rajputen das Moghul-Heer an. Es kam zu einer grösseren Schlacht bei Haldighat (im Juni 1576), bei der die Moghuln nur knapp Sieger über das viel kleinere Heer Partaps blieben, jedoch ohne den Rana gefangennehmen zu können. Später entwickelte sich ein Guerillakrieg in den Hügeln, Wäldern und Steppen der Region, der bewirkte, dass Akbar selbst ein weiteres Heer in das südliche Rajastan führte, am Ende jedoch das Interesse an dem langwierigen Kleinkrieg verlor und ein kleines, de facto unabhängiges Mewar, eingeschlossen in das gewaltige Moghulreich auf sich beruhen liess.

Machtverlust der Orthodoxen

Im Januar 1578 erfuhr Akbar, dass Abd un-Nabi einen Brahmanen von Mathura, dem vorgeworfen wurde, er habe den Islam gelästert, ohne des Kaisers vorherige ausdrückliche Zustimmung hatte hinrichten lassen. Der Kaiser liess die Geistlichen zusammenrufen und befahl in heftigem Zorn – Bada'uni sagt, sein Schnurrbart habe sich gesträubt wie der eines Tigers (iii, p. 80) –, dass die Angelegenheit untersucht werde. Als deutlich wurde, dass Abd un-Nabi in der Tat seine Macht missbraucht hatte, beschloss Akbar, die Befugnisse des Sadr us-Sudur dadurch zu beschneiden, dass für eine jede Provinz ein besonderer Sadr bestimmt wurde, und der Kaiser selbst sie ernannte, während der Sadr as-Sudur nur noch die Oberaufsicht über sie ausübte.

Zwei Jahre später, zu Beginn des Jahres 1580, gab Akbar den beiden Gottesgelehrten, Makhdum ul-Mulk und Abd un-Nabi, «Erlaubnis», nach Mekka zu pilgern; die Erlaubnis kam einem Gebot gleich. Die beiden durften zurückkehren, doch Makhdum al-Mulk starb in Ahmadabad zwei Jahre später. Er hinterliess grossen Reichtum, doch dieser wurde vom Staat eingezogen. Die Söhne des Würdenträgers scheinen gefoltert worden zu sein, um ihn herauszugeben. Abd un-Nabi wurde 1584 ermordet, möglicherweise mit Billigung der Regierung.

Unsere beiden Chronisten gehen nicht ausdrücklich auf die Gründe der Absetzung der beiden hohen Gottesgelehrten ein. Andere Quellen fehlen. Akbar und seine Berater konnten in aller Öffentlichkeit gegen hohe Staatsbeamte vorgehen und diese öffentlich hinrichten lassen, wenn ihnen Verrat vorgeworfen wurde. Doch Geistliche, deren Loyalität suspekt war, wurden eher diskret beseitigt. Das Prestige der beiden religiösen Würdenträger war offensichtlich durch die Religionsdiskussionen, die nicht zu ihren Gunsten verliefen, angeschlagen. Gleichzeitig hatten Akbar und seine Berater auch die Erfahrungen gemacht, dass dem Hof entfremdete Geistliche politisch gefährlich werden konnten.

1580 und 81 waren die Jahre des gefährlichen Aufstandes in Bengalen, von dem noch die Rede sein wird. Politische und religiöse Beweggründe hatten zu ihm beigetragen; und die beiden einflussreichen orthodoxen Geistlichen dürften entweder als Drahtzieher auf der religiösen Seite gegolten haben oder als potentielle Unruhestifter.

Akbar hat ein Gesicht

Im Jahr 1578 erlebte Akbar eine religiöse Krise. Wir wissen darüber nur, was die beiden Geschichtsschreiber berichtet haben. Bada'uni schildert die Krise anschaulich, gewissermassen als objektiver Aussenseiter, Abu'l-Fadl verhüllt sie eher in einer Wolke von Rhetorik.

Akbar hatte eine grosse Treibjagd am Jelhum-Fluss im Panjab organisiert. Der weite Ring von Treibern hatte sich schon seit 10 Tagen immer enger zusammengezogen, als Akbar plötzlich alle Aktivität beenden liess. «Befehl erging, und es wurde auch energisch für seine Befolgung gesorgt, dass niemand auch nur die Feder eines Spatzen berühren sollte und dass alle Tiere den Ring verlassen könnten, ein jedes nach seiner Gewohnheit», so Abu'l-Fadl. Darauf, während Akbar, wie einst Buddha, unter einem Baum sass, «leuchtete die Lampe der Vision auf. Unermessliche Freude erfüllte seinen

Leib. Die Anziehungskraft der Erkenntnis Gottes entsandte ihren Strahl» (AN III, 346f).

Bada'uni blickt kühler:

«Plötzlich überkam ein Zustand starker Erregung den Kaiser, und eine ungewöhnliche Veränderung erschien in seinem Betragen, so stark, dass man es nicht erklären kann. Jedermann führte es auf die eine oder die andere Ursache zurück; doch Gott allein kennt das Geheime. Er ordnete sofort an, dass die Jagd aufgegeben werde.» Bada'uni fügt dann nach seiner Gewohnheit zwei Verse hinzu:

«Sei bedacht; Gottes Gnade fällt plötzlich ein;
Plötzlich kommt sie, und sie kommt zu der Weisen Geist.»

«Am Fuss eines Baumes, der damals voll Früchte stand,» so geht der Bericht Bada'unis weiter, «verteilte er viel Gold an Derwische und Arme und er legte dasselbst den Grundriss aus für ein hohes Gebäude mit weiten Gärten. Er schnitt sich die Haare vom Haupt, und die meisten seiner Höflinge folgten seinem Vorbild».

Bada'uni fährt fort, indem er auf die Rebellion Bezug nimmt, die bald darauf in Bengalen ausbrechen sollte. «Als die Berichte darüber im östlichen Teil Indiens umliefen, verwandelten sie sich in seltsame Gerüchte und unglaubwürdige Lügen, die unter den einfachen Leuten umgingen. Das führte zu einigen Rebellionen unter den Untertanen, die aber bald niedergeschlagen wurden.» (Bada'uni, Übers. Lowe II, 261).

Akbar gab dann seinen Verwaltern in Fathpur Sikri Befehl, einen weiten Wasserbehälter in seiner Palaststadt mit Geld anzufüllen, Kupfer-, Silber und Goldmünzen. Die fabelhafte Summe von 344 846 000 Dam (ein Bauer verdiente einen Dam im Tag, ein Handwerker bis zu sechs) kam so zusammen, und nach seiner Heimkehr verteilte der Kaiser das Geld an alle bei Hof und an die Armen, indem er seinen Gefolgsleuten persönlich je ein Kupfer-, ein Silber- und ein Goldstück aushändigte. Die Verteilungen an die Armen fanden einmal pro Woche statt, und der Wasserbehälter wurde erst nach drei Jahren leer. (Bada'uni III, 272–3).

Alle Religionen erscheinen im «Haus des Gottesdienstes»

Die Diskussionen in dem «Haus des Gottesdienstes» wurden neu aufgenommen, doch diesmal blieben sie nicht mehr auf die Muslime beschränkt.

Alle Religionen Indiens wurden jetzt zugelassen. Der Kaiser war sogar darum bemüht, sich über jene Europas, über das Christentum, zu informieren. Er schrieb an die portugiesischen Jesuiten, die in Goa und Diu Mission trieben und forderte sie auf, Vertreter an den Hof zu entsenden, damit sie ihren Glauben darlegen könnten. Auch Hindus, Jains, indische Philosophen, Parsis (d. h. Zarathustrianer) durften ihre Religionen vertreten. Als erster kam 1578 der Parsenpriester Mahyarji Rana auf ein Jahr nach Fathpur Sikri; 1580–82 weilte die erste christliche Delegation aus Goa in der Hauptstadt (zwei weitere folgten ihr 1591 und 1595–1605, dem Todesjahr Akbars), und auch die Jains schickten dreimal Abgesandte (1582–84, 1592-93 und 1593–95). Mit Hindugelehrten war der Kaiser schon vor diesen Einladungen in Kontakt gestanden.

Für Bada'uni ging dies zu weit. Hatte er bisher dem Kaiser Grösse und echte Religiosität zugestanden, musste er nun mit ansehen, wie Akbar sich, so glaubte er, von allen möglichen Ungläubigen verführen und verleiten liess. Aus seiner langen und empörten Darstellung dessen, was nun vor sich ging, seien hier einige Auszüge vorgelegt.

«Später kam der Kaiser nach Fathpur (Sikri). Dort verbrachte er viel Zeit in der Ibadat Khane (dem Haus des Gottesdienstes) in Gesellschaft von Gelehrten und Scheichs. Besonders Donnerstagnachts sass er die ganze Nacht hindurch dort und war immer damit beschäftigt, Fragen der Religion zu diskutieren, sowohl grundsätzliche wie sekundäre. Die Gelehrten pflegten auf dem Schlachtfeld ihrer gegenseitigen Widersprüche und Gegensätze das Schwert ihrer Zunge zu zücken, und der Kampf unter den Sekten wurde so heftig, dass sie einander Narren und Ketzer schalten. Die Polemik überstieg die Unterschiede zwischen Sunniten und Schiiten, oder zwischen Hanafi- und Shafi'i-Rechtsgelehrten und Theologen (dies sind die beiden in Indien häufigsten unter den vier einander als orthodoxe anerkennenden Rechtsschulen) und griff über auf die eigentlichen Grundlagen des Glaubens.

Makhdum ul-Mulk verfasste eine Schrift, die besagte, Scheich Abd'un-Nabi habe zu Unrecht Khizr Khan Sarwani hinrichten lassen, welcher verdächtigt wurde, den Propheten, Friede sei mit ihm, gelästert zu haben, sowie Mir Habsh, der angeklagt wurde, ein Shiite zu sein, und in der auch stand, es sei verfehlt, ihn zum Vorbeter zu wählen, weil er seinen Vater nicht gebührend behandle und weil er selbst unter Hämorrhoiden leide ...

Worauf Scheich Abd'un-Nabi ihm antwortete, er sei ein Narr und ein Ketzer. Daraufhin teilten die Geistlichen sich in zwei Fronten, jeder ergriff Partei für den einen oder den anderen, und sie hassten einander wie die Juden und die Ägypter. Dies erlaubte Leuten mit falschen oder verrückten

Ideen oder unvernünftigen Zweifeln, aus dem Hinterhalt hervorzustürzen und das Falsche mit dem Mantel der Wahrheit zu bedecken, das Unrecht mit Recht zu bekleiden und so den Kaiser in Verwirrung zu bringen, obgleich er die besten Anlagen hatte und ernsthaft nach der Wahrheit suchte. Allerdings war er sehr unwissend und ein rechter Beginner, auch gewöhnt an die Gesellschaft von Ungläubigen und Niedrigen, bis sich schliesslich Zweifel auf Zweifel häufte und er jede eindeutige Richtung verlor. Die feste Mauer und das klare Gesetz festgefügter Religion zerbrachen, so dass nach fünf oder sechs Jahren nicht eine Spur von Islam in ihm übrig blieb und alles durcheinander gewirbelt wurde. (...)

Scharen von Gelehrten aller Völker und von Weisen der verschiedensten Religionen und Sekten kamen an den Hof und erhielten die Ehre von privaten Audienzen. Nach Forschungen und Untersuchungen, die Tag und Nacht ihre einzigen Obliegenheiten waren, redeten sie über tiefschürfende Fragen der Religionswissenschaften und Feinheiten der Offenbarung, Seltsamkeiten der Geschichte, Wunder der Natur, Gegenstände, über die dicke Bände höchstens einen Auszug und eine Zusammenfassung geben könnten. Wie die Rede geht: ‹Drei Dinge sind gefährlich: Habsucht, der Genüge geschieht; Lust, die befriedigt wird, und ein Mensch, der sich selbst gefällt.›

So wählte er denn von jedermann, nur nicht von den Muslimen, alles aus und nahm alles an, was ihm passte, während er sich als berechtigt ansah, alles das, was ihm zuwider war und seinen Wünschen entgegen lief, abzuweisen und von sich zu tun.»

Bada'uni geht sogar auf die Psychologie Akbars ein: «Von Kindheit zur Mannheit und von der Mannheit bis zu den Jahren seines Zerfalls hatte der Kaiser in sich verschiedene Phasen von unterschiedlichen Religionen und widersprüchlichen Sekten vereint, und durch einen besonderen Assimilationswillen und ein Talent für Auswahl, wie es selten vorkommt, hatte er alles in sich aufgenommen, was gesehen und in Büchern gelesen werden kann. So wurde ein an die Natur gebundener Glauben auf den Spiegel seines Geistes und das Schatzhaus seiner Vorstellungskraft gemalt. Aus diesen allgemeinen Eindrücken ging eine Grundüberzeugung hervor, wie eingeschnitten in einen Stein, dass weise Männer in allen Religionen vorhanden seien und gefunden werden könnten, dass es Asketen, Besitzer von Offenbarungen und Wunderwirker in allen Völkern gebe und dass die Wahrheit überall weile. Folglich, so fragte er, wie könne es richtig sein, die Wahrheit als auf eine Religion und einen Glauben beschränkt aufzufassen und dazu noch auf einen, der erst vor kurzem erschienen sei und noch nicht einmal tausend Jahre gedauert habe.

Warum, fragte er, ein Ding für wahr halten und nicht ein anderes; und warum den Vorrang für eines fordern, das nicht notwendigerweise vorrangig sei?» (Bada'uni II, Text: 254 ff.; Übers. Lowe 262 ff.)

Das «Mahzar»: Attest der Entscheidungsbefugnis für Akbar

Bei den Diskussionen, die sich um die oben erwähnte Affäre der Hinrichtung eines Brahmanen durch den Sadrus-Sudur Abdun-Nabi drehten, wurde deutlich, dass es keine volle Rechtssicherheit für die Untertanen des Moghulreiches geben könne, solange die Geistlichen sich auf unterschiedliche Rechtsquellen und Interpretationen dieser Quellen beriefen, die sie alle in dem vielschichtigen Gebäude der Schari'a vorzufinden behaupteten. Notwendigerweise musste dieser Zustand zu unterschiedlichen Resultaten in der Rechtssprechung führen.

Der über die Hinrichtung offensichtlich aufgebrachte Kaiser befragte seine Vertrauten unter den Gottesgelehrten über das Thema des *Ijtihad,* das heisst der Rechtsfindung der Gottesgelehrten in jenen Fällen, in denen die Grundtexte, auf denen das Gottesgesetz aufbaut, keine klaren Anweisungen geben und der Richter von sich aus das Urteil zu finden hat, das nach seiner Ansicht dem Willen Gottes entspricht.

Dabei wurde ein zweiter Begriff in die Diskussion eingeführt, jener des *Imam al-Adil,* womit der gerechte Vorsteher, Lenker oder Herrscher der Gemeinschaft der Gläubigen gemeint ist. Scheich Mubarak, der systematische Widersacher der engen Gesetzesgelehrten, versicherte Akbar, dass er selbst sowohl ein Mujtahid wie auch der Imam al-Adil sei, und er riet ihm, sich ein Attest dieser Tatsache zu verschaffen. Unter Mujtahid versteht die theologische Fachsprache den Gelehrten, der Kraft seiner Studien und Bildung in der Lage ist, Ijtihad zu üben, eben Rechtsregeln in den Fällen zu finden, in denen die zur Verfügung stehenden Rechtsquellen des Gottesrechtes keine klare Antwort erteilen.

Das Attest, Bada'uni nennt es *Mahzar,* ein Wort, das in der heutigen Rechtssprache «Protokoll» bedeutet, dürfte Mubarak selbst verfasst haben. Bada'uni und ein anderer Geschichtsschreiber, Nizam ud-Din, geben es uns wörtlich. Abu'l-Fadl hingegen fasst es so zusammen, dass es eher unbestimmt bleibt; der Grund wird noch zu erklären sein.

Das «Attest», das mit dem Namen «Mahzar» in die Geschichte eingegangen ist, wurde von den grossen Religionsgelehrten des Reiches unterzeichnet. Abd un-Nabi und Makhdum ul-Mulk taten dies offenbar unter

Druck, doch von Mubarak sagt Bada'uni, er habe zu seiner Unterschrift zusätzlich angemerkt, dass er gerne unterzeichne und eine derartige Regelung seit mehreren Jahren eifrig angestrebt habe.

Bada'uni schreibt: «In jener Zeit (im September 1579) erschien ein Dokument, das die Unterschriften von Makhdum ul-Mulk trug, von Scheich Abd un-Nabi, dem Sadr us-Sudur, dem obersten Richter Jalal ud-Din von Multan, von Sadr Jahan, dem Mufti des Reiches, und von Scheich Mubarak, dem tiefsten Gelehrten unserer Zeit, sowie von Ghazi Khan von Badakhshan, der keine Rivalen in den metaphysischen Wissenschaften kannte. Der Inhalt dieses Dokumentes war, dass es den absoluten Vorrang des Imam al-Adil vor dem Mujtahid festlegte sowie die Gründe für seine Überlegenheit. Dabei wurden einige unsichere Überlieferungen (Hadith), die umstrittene Fragen beinhalteten, als richtig anerkannt, so dass niemand mehr behaupten kann, er wisse nicht, was der Unterschied sei zwischen religiöser und politischer Autorität, ohne zugeben zu müssen, er sei selbst an dieser Unwissenheit schuld.»

Die Diskussionen über diese Angelegenheit wurden sehr ausführlich geführt. Fragen wurden diskutiert wie: «Auf wen sind die Wörter Mujtahid und Ijthihad anwendbar?» Und: «Ob die Pflicht des Imam al-Adil, der politische Erfahrung besitze und einen höheren Rang als der Mujtahid einnehme, darin liege, Entscheidungen entsprechend den Notwendigkeiten der Zeit und der Bedürfnisse der Epoche zu treffen in all den Fragen, in denen Meinungsverschiedenheiten (unter den Gesetzesgelehrten) bestehen?» Schlussendlich unterschrieben alle das Dokument, manche freiwillig und die anderen gegen ihre eigene Überzeugung. Ich gebe das «Mahzar» hier im Wortlaut wieder:

«Mahzar»

«Da Hindustan nun ein Zentrum von Frieden und Sicherheit wurde, das Land von Gerechtigkeit und Wohltätigkeit, sind zahlreiche Leute, besonders Gelehrte und Juristen, hierher gewandert und haben dieses Land zu ihrer Heimat gemacht. Wir nun, die wichtigsten Gelehrten, die nicht alleine in den verschiedenen Sparten des Gesetzes und seiner Anwendung wohl bewandert sind und nicht alleine über die Dekrete Bescheid wissen, die auf Verstandesanwendung beruhen und auf Gewohnheitsrecht, sondern auch für unsere Frömmigkeit und ehrlichen Absichten bekannt sind, haben

erstens, gebührend den Vers des Korans bedacht, der sagt: ‹Gehorchet

Abbildung 10

Die Festung Ranthambor wird belagert

Die Belagerung der Festung von Ranthambor begann im Februar 1569 und endete am 22. März des gleichen Jahres mit der friedlichen Übergabe der Burg, wobei Raja Man von Amber, der ein Verwandter des Königs geworden war, die friedliche Übergabe bewerkstelligte. Die Miniatur zeigt die Burg hoch oben auf einem Felsen und die Artilleriestellungen der Belagerer auf einem zweiten Felsklotz in gleicher Höhe. Akbar kommandiert den Einsatz seiner Kanonen, die durch Schutzwände abgedeckt sind. Bauarbeiter sind damit beschäftigt, den Weg auf den Berg hinauf auszubauen, damit noch mehr Kanonen hinaufgeschleppt werden können. Im Heerlager am Fuss der beiden Felsberge, das ebenfalls durch Schutzwände gegen die Geschosse der Belagerten abgedeckt ist, sind Zelte errichtet worden, von denen aus die Belagerungsarbeiten gelenkt werden.

Gott und gehorchet dem Propheten und denen unter Euch, die Autorität über Euch besitzen› (4, 72),

und zweitens auch die echte Überlieferung: ‹Sicherlich, der Mensch, der am Tage des Gerichts Gott am nächsten steht, ist der Imam al-Adil; und wer immer dem Befehlshaber (amir) gehorcht, gehorcht Dir, wer immer sich jedoch gegen den Befehlshaber auflehnt, lehnt sich gegen Dich auf›, sowie

drittens verschiedene andere Beweise, die auf Vernunftgründen und Gewohnheitsrecht beruhen, und wir sind übereingekommen, dass:

in den Augen Gottes der Rang eines gerechten Herrschers (Imam al-Adil) höher steht als jener des Mujtahid.

Wir erklären auch, dass der König des Islams, Befehlshaber der Gläubigen, Schatten Gottes über die Welt, Abu'l-Fath Jalal ud-Din Muhammad Akbar Padeschah Ghazi (dessen Herrschaft Gott verlängern möge), ein höchst gerechter, höchst weiser und höchst gottesfürchtiger König ist.

Sollte deshalb in der Zukunft eine Frage der Religion zur Entscheidung kommen, über die die Mujtahids verschiedener Ansicht sind, und sollte Seine Majestät in seinem tiefgreifenden Verständnis und seiner klaren Weisheit geneigt sein, eine dieser sich in diesem Punkt widersprechenden Meinungen zum Wohl des Volkes und als politisch wünschenswert anzunehmen, und sollte er ein Dekret in diesem Sinne erlassen, so sind wir uns hiermit einig, dass ein solches Dekret für uns und das ganze Volk bindend sein soll.

Auch erklären wir: für den Fall, dass Seine Majestät einen neuen Befehl erteilen sollte, sind wir und das Volk ebenfalls an ihn gebunden, stets vorausgesetzt, dass solch ein Befehl sowohl übereinstimme mit einem der Verse des Korans wie auch zum echten Wohl der Gemeinschaft gereiche; und wir erklären weiter, dass jeder Widerstand gegen einen derartigen Befehl Seiner Majestät von Seiten der Untertanen Verdammung in der kommenden Welt mit sich bringt sowie Verlust des Vermögens und des religiösen Vorranges in dieser.

Diese Urkunde wurde in ehrlicher Absicht verfasst, zum Ruhme Gottes und der Ausbreitung des Islams, sie ist unterschrieben von uns, den wichtigsten Gelehrten und Rechtsfachleuten, im Monat Rajab des Jahres neunhundert und siebenundachtzig.» (entspricht dem September 1579).

All dies besagt im wesentlichen, dass Akbar ermächtigt wurde, Urteile in den Fällen zu treffen, in denen unterschiedliche Meinungen unter den Gelehrten bestanden, und dass seine Urteile sich nach dem Gemeinwohl zu richten hatten. Es handelt sich nicht, wie oft fälschlich behauptet wurde, um ein «Unfehlbarkeitsdekret», weil es den Imam al-Adil, Akbar, nur befähigte, zwischen verschiedenen Meinungen der Gottesgelehrten zu entscheiden, ihm also kein freies Arbitrium gewährte. Allerdings dürfte es in der Praxis Akbar und seinen Beratern nie schwer gefallen sein, einer Meinung eines Gottesgelehrten, die ihnen nicht passte, die Gegenmeinung eines anderen entgegenzustellen, die ihren Wünschen entsprach. Gelehrte, die seinen Wünschen entsprechend urteilten, konnte ein mächtiger Fürst wie Akbar zweifellos leicht ausfindig machen, ja «mobilisieren». Insofern erhielt Akbar in der Praxis alle Entscheidungsgewalt, die er sich wünschen konnte.

Akbar als der «Vollkommene Mensch»

Abu'l-Fadl jedoch vertrat eine andere Theorie vom geistigen Rang Akbars; seiner Ansicht nach war der Kaiser nicht nur der «gerechte Imam» und «der gerechte Herrscher», sondern mehr als das: al-Insan al-Kamil, der «Vollkommene Mensch». Dieser ursprünglich antike Begriff war von den muslimischen Mystikern übernommen und in ihrem Sinne umgeformt worden. Für sie bedeutete er «der Mensch, insofern sich Gott in ihm spiegelt». Muhammed wird damit zur ersten und grössten Verkörperung des «Vollkommenen Menschen». Doch viele Mystiker glaubten, jede Zeit habe ihren «Vollkommenen Menschen», und er wird deshalb als der Pol angesprochen, um den die Welt sich dreht und um dessentwillen die Welt fortbesteht (ausführlicheres über diesen komplexen Begriff gibt ECI2 unter «Insan Kamil»).

Der so verstandene Insan al-Kamil ist bedeutend mehr als der Imam al-Adil (Gerechter Vorsteher der Gemeinde). Während dieser sich für den Begriff «Gerechtigkeit» auf das Gottesgesetz zu beziehen hat, steht der Vollendete Mensch darüber, weil er Gottes Spiegelung selbst ist. So ist es zu erklären, dass Abu'l-Fadl nicht daran interessiert war, das Attest, das Akbar eindeutig nur für den Fall Entscheidungsfreiheit gewährt, dass die Gelehrten untereinander uneinig sind, genau zu zitieren. Er fasst es lieber in unbestimmter Form zusammen, um seine Sicht Akbars als des Vollkommenen Menschen aufrecht zu erhalten.

Akbar als der «Vollkommene Mensch» kann namentlich die göttliche Essenz, den Funken der Wahrheit in einer jeden Religion, erkennen. Solange er als «Gerechter Imam» auf die Meinungen der muslimischen Gottesgelehrten angewiesen bleibt und nur unter diesen Meinungen eine auswählen darf, muss er sich auch an eine, nämlich seine angestammte Religion, den Islam, halten.

Kapitel 6
Der Islam und die anderen Religionen

Die anderen Religionen neben dem Islam

Die anderen Religionen erhielten im Geiste des Kaisers und bei Hof immer grösseres Gewicht. Abu'l-Fadl sagt über sich in der Autobiographie, die er am Ende seines grossen Buches über Akbars Institutionen anfügt, dass er selbst eine Periode durchmachte, in der er allen Religionen nachgehen wollte:

«Ich war gefangen in den Schluchten der verworrenen Unruhe wegen der widersprüchlichen Meinungen der oberflächlich Gelehrten und der formalistischen Traditionalisten, die damals Geltung besassen. Ich vermochte weder zu schweigen noch hatte ich die Kraft, laut aus mir herauszurufen. Die Ermahnungen meines verehrten Vaters bewahrten mich zwar vor der Wüste der Geistesgestörtheit, doch keine heilbringende Arznei erreichte die leidende Zone meiner Seele. Mein Herz fühlte sich manchmal angezogen von den Weisen des Landes Cathay (China), manchmal neigte es sich den Einsiedlern des Libanonberges zu (Drusen oder Maroniten), andere Male störte ein Wunsch nach Gesprächen mit den Lamas von Tibet meine Ruhe, und es kam vor, dass ein Begehren, mit den Padres von Portugal zu verkehren, meinen Rocksaum ergriff. Manchmal beraubte mich die Sucht, mit dem Mobeds (Priester der Religion Zarathustras, «Parsi») Irans zu sprechen, und manchmal der Durst nach dem Wissen der Zendavesta (Heilige Schrift der Parsi) meiner Gelassenheit, denn mein Geist hatte sich von der Gemeinschaft mit den Leuten der Nüchternheit und jenen der Trunkenheit (d. h. den Rechtsgelehrten und den Mystikern) meines eigenen Landes entfernt.» Am Ende, so schliesst Abu'l-Fadl, sei er zu Akbar gekommen und habe bei ihm Führung gefunden (AN III, p. 84, Übers. III, p. 117).

Das Interesse an den verschiedenen Religionen teilte Abu'l-Fadl mit Akbar selbst. Als Akbar sich bereit fand, die Diskussionen im «Haus des Gottesdienstes» über die Muslime hinaus auf die anderen religiösen Gemeinschaften auszudehnen, fand er in Abu'l-Fadl einen Mitstreiter und Mitforscher. Bei beiden dürfte dabei im Hintergrund die Vermutung, die sich schrittweise zur Erkenntnis verdichtete, gestanden haben, dass hinter allen Religionen der gleiche Eine stehe, den sie in verschiedener Form verehrten und unter verschiedenen Bildern und Gesichtern erkannten.

Abu'l-Fadl hat ein Vorwort zur Sammlung seiner verschiedenen Schriften und Sendschreiben verfasst, die unter dem Titel «Munajât» («Publikationen») bekannt ist. Er beginnt dieses Vorwort mit der Anrufung Gottes, wie es in allen Vorworten muslimischer Autoren üblich ist, doch er legt Wert darauf, seine eigene Sicht Gottes klar zu machen:

«O Gott, in welcher Richtung immer ich mich wende, finde ich Dich offenbart; welche Einzelheit ich immer beschaue, finde ich Dein Licht. Der Lehm der Kaaba zeigt in eine Richtung, doch die Gebetsrichtung des Herzens weist überall hin.» (Munajât p. 1, Rizvi p. 353).

Dies lässt sich auf die physische Umgebung des Einzelnen anwenden, was wir «die Natur» nennen; es gilt aber auch von seiner geistigen Umgebung, in Indien ganz besonders von den vielen Religionen, die den Einzelnen umgeben: «Die Gebetsrichtung des Herzens weist überall hin».

Hindus, Parsis, Christen, Jains waren die Hauptgruppen, die nun zu den Diskussionen zugezogen wurden. Abu'l-Fadl gibt in seinem Werk vier verschiedene Listen von grossen Gelehrten in seiner Zeit; die erste umfasst 21 Personen, von denen der Autor sagt; «sie verstanden die Geheimnisse beider Welten». Unter diesen befindet sich sein Vater, Scheich Mubarak, zusammen mit elf anderen Muslimen; auf die selbe Liste setzt er auch die Namen von neun Hindus, wie aus den Namensformen hervorgeht.

Die zweite Liste umfasst die «Leute, welche die Geheimnisse des Herzens verstehen». Sie umfasst 15 Namen, von denen zwei solche von Hindus sind. Die dritte Liste gibt 22 Namen von Philosophen; von ihnen sind 15 Hindu-Namen. Die vierte schliesslich nennt 40 Personen, «welche die Wissenschaften auf Grund von überliefertem Wissen (manqul) beherrschten». Hier findet man die Namen von Abdu n-Nabi und Makhdum ul-Mulk. Neben 38 Muslimen stehen zwei Hindus.

Man kann vermuten, dass die meisten der Hindus, die Abu'l-Fadl in seiner Auflistung erwähnt, bei den Diskussionen im «Haus des Gottesdienstes» mitgewirkt haben.

Bada'uni erwähnt zwei weitere Hindus, von denen er sagt, sie hätten bedeutenden Einfluss auf Akbar ausgeübt. Einen von ihnen, Purukhotam Rai, den Akbar zu seinem Mir Bakhshi (zum Verantwortlichen für Transportwesen und Nachschub) machen sollte, der aber dann im Krieg fiel, habe der Kaiser gebeten, ihm die Sanskrit Namen «aller Dinge, die existieren», zu nennen. Der andere, der Brahmane Debi, «der einer der Übersetzer des Mahabharata war (über diese Übersetzung, die Akbar anordnete, weiter unten), wurde auf einem Ruhebett (Cheharpay) an Stricken emporgezogen, bis er auf die Höhe des Balkons gelangte, den der Kaiser als Bettgemach benützte, und so aufgehängt lehrte er Akbar die Geheimnisse und Legenden des Hinduismus, wie sie Feuer verehren, die Sonne und die Sterne, und die wichtigsten Götter dieser Ungläubigen wie Brahma, Mahadev, Bishn, Kishn, Ram und Mahama. (Dass diese als Menschenkinder existiert haben könnten, ist denkbar; aber dass sie als Götter nicht existieren, ist gewiss, obgleich es Menschen gibt, die in ihrem wertlosen Glauben einige davon als Götter und andere als Engel ansehen).

Als seine Majestät auch vernahm, wie sehr die Kinder dieses Landes ihre Glaubenseinrichtungen hochhielten, begann er seinerseits, mit Gunst auf sie zu blicken. Er liess sich besonders von der Lehre der Seelenwanderung überzeugen, und er billigte sie, indem er sagte: ‹Es gilt keine Religion, in der nicht die Lehre von der Seelenwanderung eine feste Stellung einnimmt›. Es gab falsche Schmeichler, die Schriften verfassten, um unbestreitbare Thesen zugunsten dieser Lehre vorzulegen.

Da er so begonnen hatte, sich mit den Hindu-Ungläubigen zu befassen und ihre Lehren zu erforschen, von denen es eine unzählbare Menge gibt und die auch zahlreiche Heilige Bücher besitzen, aber doch nicht zu den ‹Leuten des Buches› (Koran 29/46) gehören, fand er soviel Wohlgefallen an derartigen Diskussionen, dass kein Tag verging, ohne dass nicht eine neue Frucht dieses verabscheuenswürdigen Baums zum Vorschein gekommen wäre.» (Bada'uni, II, Übers. Lowe, p. 265).

Der kritische Historiker vermerkt auch, dass die Frauen Akbars, unter denen es mehrere Hinduprinzessinnen gab, bei alledem eine wichtige Rolle spielten:

«Von früher Jugend an hatte er, um seinen Frauen, den Töchtern von Hindu-Rajas, zu willen zu sein, Hom im Harem verbrennen lassen, was ein Ritus ist, der mit der Feueranbetung zusammenhängt. (Hom ist eine Pflanze mit blauen Blüten, die der Neophyte, der sich in die Geheimnisse der altpersischen Religion einführen liess, zu tragen hatte. Welches diese Pflanze war, wird von den Gelehrten diskutiert. Sie wurde nicht verbrannt, wie Bada'uni behauptet. Da die Pflanze in Indien nicht oder nur schwer zu finden war, gebrauchten die indischen Parsi eine künstliche Imitation.) Doch im 25. Jahr seiner Herrschaft verneigte er (Akbar) sich vor dem Feuer und vor der Sonne in der Öffentlichkeit, und des Abends musste der ganze Hof sich respektvoll erheben, wenn die Lampen oder Kerzen angezündet wurden.

Am Festtag, der auf den achten Tag nach dem Eintritt der Sonne in das Haus der Jungfrau stattfindet, erschien er in der öffentlichen Audienz mit

Markierungen auf seiner Stirne wie ein Hindu und mit Juwelenschnüren, die Brahmanen als Segen an seine Handgelenke gebunden hatten. Es wurde (bei Hof) zur Sitte, Rakhis (Rakshiká) an den Handgelenken zu tragen, das heisst ein Amulett, das aus gezöpften Leinenstreifen besteht.

Alle Vorschriften, welche die Gelehrten anderer Religionen gaben, behandelte er als richtig und bindend, im Gegensatz zu dieser, unserer Religion, deren Lehren er alle als sinnlos und viel zu jung ansah und deren Gründer ihm nur als arme Araber galten und eine Bande von Strassenräubern, so wie alle Gründer des Islams als verdammt. Am Ende kam freilich die verborgene Wahrheit des Verses zum Vorschein, der sagt: ‹Sie wollten das Licht Gottes mit ihren Mündern ausblasen, Gott wird jedoch sein Licht vollkommen machen, wenn es auch den Ungläubigen missfällt› (Koran 61/8).

Schritt für Schritt ging die Sache so weit, dass Beweise als unnötig galten, wenn es darum ging, die Vorschriften des Islams abzuschaffen. Ich erinnere mich, dass ich in den ersten Tagen der Diskussionen ein Gespräch mit Abu'l-Fadl in der Halle für Privataudienzen von Fathpur führte. Er sagte: ‹Mir scheint, man kann allen Verfassern mit guten Gründen den Vorwurf machen, dass sie keine ausführlichen Berichte über die alten Propheten verfasst haben, so wie sie es für ihren eigenen Propheten taten (möge Gott ihn und seine Familie segnen und ihnen Frieden gewähren).› Ich antwortete: ‹Die Geschichten der Propheten sind ehrlich gesagt zahlreich genug.› Doch er meinte: ‹Nein, sie sind viel zu kurz, sie hätten mit viel mehr Einzelheiten geschrieben werden müssen.›

Doch ich antwortete: ‹All jene, die es heute gibt, sind wohl in der Vergangenheit von den Kritikern und Geschichtsschreibern genau gesiebt worden, und der Rest erwies sich als ungewiss.› Er sagte: ‹Das ist keine genügende Antwort. Denke auch daran: Es gibt kaum eine Art von (niedrigen) Handwerkern, die nicht in der ‹Erinnerung an die Freunde Gottes› und in den ‹Atemzügen der Menschheit› aufgeführt würden (zwei berühmte Bücher mit Biographien von grossen Mystikern). Doch die Leute aus der eigenen Familie des Propheten, was haben sie Schlechtes getan, dass sie nicht darin erwähnt werden? Mir scheint das sehr seltsam.› Über diesen Gegenstand sprachen wir, so lange es die Zeit erlaubte. Es lohnt sich nicht, das hier zu wiederholen. Darauf fragte ich ihn: ‹Wer wird je mehr Vorliebe für all diese wohlbekannten Irrlehren zeigen als Du›, und er antwortete: ‹Mir gefällt es, für einige Zeit zu meinem Vergnügen im Tal der Ungläubigen zu wandeln.› Ich sagte ihm: ‹Es wird nicht schlecht sein, wenn Du schlussendlich das Joch der Vermählung (mit der Orthodoxie) auf dich nimmst, wie der Vers sagt:

2-1896 (I.S.) 78/117
طرح کیسو کلان عمل دهرمداس

Abbildung 11

Die Geburt des Prinzen Selim

Auch im Jahr 1569, kurz nach der Übergabe von Ranthambor, wurde Prinz Selim, der künftige König Jahangir, geboren. Seine Mutter war «Mariyam-e Zamani», die Tochter des Rajputenherrschers von Amber, die Akbar auf seiner Heimreise von seinem ersten Besuch bei den Chishtis in Ajmer geheiratet hatte. Er liess sie zur Entbindung in die Einsiedelei des Chishti-Heiligen, Selim, bringen. Später sollte dort Fathpur Sikri gebaut werden. Die Miniatur zeigt jedoch nicht eine Einsiedelei, sondern ein hohes Schloss, in dessen Obergeschoss die Wöchnerin liegt. Der soeben geborene Prinz wird als Wickelkind von den Hofdamen vorgezeigt. Darunter, im Schlosshof, ertönen Posaunen und Pauken, während das Volk – noch weiter unten – vor dem Torhüter in den Jubel einstimmt.

Der Miniatur ist eine zweite, hier nicht wiedergegebene gegenübergestellt, die den Männerteil des Schlosses abbildet, wo Akbar die Glückwünsche seiner Getreuen entgegennimmt, während Tanzmädchen sich vor ihnen produzieren.

gehörte; über die *andere Richtung* der Digambara vermochte er kein Material zu erhalten.

Die Parsi in der Religionsdiskussion

Auch die Lehren der Parsi haben Akbar stark beeindruckt und beeinflusst. Die Parsi sind nicht «Feueranbeter», wie man oft sagt, sie verehren ein heiliges, nie erlöschendes Feuer als ein Symbol ihrer Religion, weil es Eigenschaften wie «Licht», «Aufwärtsstreben» und «Reinheit» besitzt. Ihre Religion geht auf Zarathustra zurück, der wahrscheinlich im 7. Jahrhundert vor Christus in Asarbaijan oder dem heutigen Usbekistan gewirkt hatte. Er verehrte den Lichtgott Ahuramazda, Verkörperung des Guten, der das Prinzip des Bösen, Ahriman, bekämpft und besiegt. Die anderen früheren Gottheiten Irans stellt Zarathustra zurück. Die frühesten Teile der Avesta, der Heiligen Schrift der Parsi, enthalten die Gatha, Lobgesänge, in denen Zarathustra zu seinem Lichtgott betet und ihn befragt. Spätere Teile der Avesta enthalten die Yasht, Hymnen an die alten, vor-Zarathustrianischen Götter Irans, die später in den Glauben der Parsi wiedereingeführt wurden, besonders der Sonnengott Mithra, der als Mithras im ganzen Römischen Reich Verehrung fand.

Um weder die Erde noch das Wasser mit den Leichen der Verstorbenen zu beschmutzen, setzten die Parsi sie auf den «Türmen des Schweigens» den Geiern aus. Viele Parsi waren unter dem Druck des Islams nach Indien ausgewandert, sie lebten in Gujarat und heute vor allem in Bombay. In Iran nennt man sie «Geber»; kleinere Gemeinden von ihnen gibt es bis heute in Yazd und in Kerman, sowie in Teheran. Akbar lernte 1573 auf seiner Expedition nach Gujarat und Surat einen führenden Mobed (Priester) der Zarathustrianer kennen, den erwähnten Dastur Meherji Rana von Nausari, das damals das wichtigste Zentrum der Parsis in Gujarat war. Schon damals war sein Interesse an allen Religionen stark genug, dass er ihn ausführlich über die seine befragte. Später befand sich der Mobed bei Hof und nahm an den Diskussionen von 1578 und 1579 teil. Akbar schenkte ihm ein Landgut von 200 bighas (ungefähr 4000 m^2), und als später sein Sohn ebenfalls an den Hof kam, wurde das Landgut um die Hälfte vergrössert.

Der Kaiser gab Befehl, dass ein ewiges Feuer in den Frauengemächern seines Harems unterhalten werde, und Abu'l-Fadl erhielt den Auftrag, dafür zu sorgen, dass es nie erlösche. «Dies, weil es eines der Zeichen Gottes sei und ein Licht unter den vielen Lichtern Seiner Schöpfung» (Bada'uni II, Übers. 269).

Das Feuer war auch den Hindus heilig und es liess sich als Licht mit der islamischen Lichtmystik in Verbindung bringen, die von «Erleuchtung» (Ishraq) handelt. Die Sonne, von der alles Leben stammt, war auch ein Symbol des Königtumes, und all diese symbolischen und religiösen Funktionen des Lichts rückten die Sonne und das Feuer in den Mittelpunkt der «kombinatorischen» Religiosität Akbars.

Der Einfluss Birbals

Es war sein Vertrauter, Hofdichter und Unterhalter, Birbal, der Akbar den Sonnen- und Lichtkult nahebrachte. Birbal war ein Hindu, der ursprünglich in Diensten des Raja Bhagwan Das gestanden hatte. Schon früh hatte der Rajpute ihn Akbar zur Verfügung gestellt. Seine Begabung als Musiker, als Dichter (in der Hindi-Sprache, die als gesprochene Sprache neben dem offiziellen Persischen gebraucht wurde), und als Geschichtenerzähler sowie seine witzige Konversation machten ihn zu einem hochgeschätzten Gefährten des Kaisers. Er muss Akbar ähnlich vertraut gewesen sein wie Abu'l-Fadl. Wie Abu'l-Fadl gehört er zu der kleinen Gruppe, die sich dem Orden des «Tawhid-e-Ilahi» anschloss, den Akbar einführen sollte. Auch davon wird noch die Rede sein. Bada'uni hasste Birbal noch mehr als Abu'l-Fadl, wohl weil er nie ein Muslim gewesen ist, und weil er ihn als eine der wichtigsten Personen erkannte, die Akbar vom Islam weg und auf die Religionen Indiens hin gelenkt haben.

«Der verfluchte Birbal versuchte den Kaiser zu überzeugen, dass die Sonne ein Gegenstand der Verehrung und des Kultes sein sollte, weil sie allen Licht gibt und alles Korn zur Reife bringt, alle Früchte und Produkte der Erde; dass man sein Gesicht der aufgehenden Sonne zukehren sollte, nicht der untergehenden nach Westen (wo für die Inder Mekka liegt), dass man Feuer, Wasser, Steine, Bäume und alle naturgegebenen Dinge verehren solle bis hinab zu den Kühen und ihrem Dünger, auch dass er die Sektenmarkierung (der Hindus) und den (heiligen Schulter)-Faden der Brahmanen verwenden solle.

Mehrere der Gelehrten bestätigten, was er sagte, indem sie die Sonne als das ‹grössere Licht› der Erde bezeichneten, als Wohltäter ihrer Bewohner und Beschützer der Könige; auch dass die Könige nur ihre Vizeregenten seien. Dies wurde der Grund für die Verehrung der Sonne am ‹Jahrestag der Majestät› (Nowruz-e-Jalali) und dafür, dass Akbar an jenem Fest seine Thronerhebung feierte. Jeden Tag zog er Kleider von der besonderen Farbe an, die dem Planeten zukam, der den Tag regierte. Er begann auch damit, um Mitternacht und im Morgengrauen die Zauberformeln (Mantras) zu murmeln, die die Hindus ihm beigebracht hatten und die dazu dienen sollten, die Sonne seinen Wünschen gefügig zu machen. Er verbot es, Kühe zu schlachten und ihr Fleisch zu verzehren, weil die Hindus diese fromm verehren und auch ihren Dünger für heilig halten. Statt Kühen opfern sie schöne Menschen. Es wurde allerdings auch behauptet, dass die Ärzte das Kuhfleisch für verschiedene Krankheiten verantwortlich machten und dass es schwer zu verdauen sei.»

Birbal, der ursprünglich ein armer Brahmane aus Kalpi mit Namen Mahesh Das gewesen und 14 Jahre älter war als Akbar, hatte ein Leben von 2000 (Reitern) inne. Eines der schönsten Häuser, das in Fathpur Sikri noch steht, wird als sein Haus bezeichnet und ist in einem eher indischen Stil gehalten. Er war ein Feind der damals neu aufgekommenen Religion der Sikhs, im Gegensatz zu Akbar, der die Sikhs schätzte, und diese sehen Birbals kläglichen Tod im Kampf gegen die Yussefzai-Afghanen als eine Strafe dafür an, dass er ihren zweiten Guru, Arjun Singh, mit Gewalt bedroht habe.

Birbal und Abu'l-Fadl bewarben sich beide um die Führung eines Heeres, das Akbar 1586 gegen die Yussufzai-Afghanen aussandte. Akbar liess das Los entscheiden und Birbal war der Begünstigte. Doch die Expedition der Moghultruppen schlug kläglich fehl. Sie drangen bis ins Swat-Tal vor, wurden jedoch bei ihrem Rückzug über den Malandarai-Pass von den Afghanen abgeschnitten und weitgehend niedergemacht. Birbal verlor dabei sein Leben, und seine Leiche wurde nicht wiedergefunden.

Es dürfte für die Hofbeamten, die Akbar beständig um sich hielt und die manchmal aus wenig mächtigen Familien stammten, stets ein dringender Wunsch gewesen sein, auch als Heerführer wirken zu dürfen, wie es normalerweise die grossen Adligen und Lehensherren taten. Erfolgreiche Feldzüge hätten ihre Position im Reiche jenen der grossen Adligen und der Prinzen von Geblüt angenähert. Als Günstlinge und «Technokraten» Akbars waren sie allein auf das Wohlwollen des Kaisers angewiesen, um sich gegenüber den stolzen Baronen und Adligen des Reiches durchzusetzen. Abu'l-Fadl bestätigt dies für seine Person ausdrücklich:

> «Da der Kopf dieses Verwirrten und Ehrgeizigen (ich selbst) voller Gedanken an Schlachten war, legte er Seiner Majestät als Gesuch vor, dass zwar in Seiner Präsenz zu dienen das grösste Glück überhaupt bedeute, er aber dennoch begehre, einen Dienst fern von seiner Präsenz zu leisten, weil dies der Prüfstein der Loyalität und Tatkraft eines Mannes sei.

Da er von Seiner Majestät aus der Gasse der Niedrigkeit zu hohem Rang in der Welt aufgehoben worden sei, wünsche er von der Schulter seiner Beschämung die Last seiner schlecht informierten Kritiker aufzuheben und weitere Beweise für den Tiefblick des Oberherren der Welt zu erbringen. In diesem Wunsch werde er bestärkt durch den Gedanken, dass er gute Dienste zu leisten vermöge und jene Tore des Ungehörigen, die Münder seiner Neider, zu schliessen. Sollte er jedoch dieses kurze Leben verlieren, werde er ewigen Ruhm erwerben.» (AN III, p. 477f, Übers. Bev. III, p. 890).

Die Jesuiten vertreten das Christentum

Über die Rolle der Christen am Hof von Akbar weiss man viel mehr als über jene anderer Religionen, weil die Jesuiten grosse Brief- und Memoirenschreiber waren und ausführlich über ihre Besuche bei Akbar berichtet haben. Die Portugiesen hatten seit Beginn des 16. Jahrhunderts ihre Handelsniederlassungen und Marinestützpunkte in Diu, Daman und Goa. Sie waren für Akbar politisch wichtig, weil das Moghulreich, dessen militärische Macht auf Pferden ruhte, nur Schiffahrt auf den Flüssen kannte, keine eigene Hochsee-Flotte besass und auch keinerlei maritime Tradition. Die Portugiesen beherrschten den Indischen Ozean seit der Zeit vor den Moghuln. Die einzige Seemacht, die versucht hatte, die portugiesische Seeherrschaft zu unterbinden, waren die ägyptischen Mamluken und ihre Nachfolger, die *Osmanen,* gewesen. Die Mamluken waren 1509 vor Diu von Francisco d'Almeida entscheidend geschlagen worden.

Es gab drei Missionen der Jesuiten aus Goa an den Hof Akbars; alle drei kamen, wie oben erwähnt, auf Ersuchen des Kaisers zustande. Die ersten Kontakte Akbars mit den Portugiesen waren militärisch-diplomatischer Art gewesen, als der Kaiser im Jahr 1573 auf seinem Feldzug gegen die muslimischen Herrscher von Gujarat die Festung von Surat belagerte. Eine portugiesische Flotte kam von Goa nach Daman, wahrscheinlich um festzustellen, welche Vorteile Portugal aus den Kämpfen unter indischen Herrschern ziehen könne. Dies hatten die Portugiesen bei früheren Gelegenheiten mehrfach getan. Doch die damaligen Flottenkommandanten stellten fest, dass die Truppen Akbars allzu stark waren, und sie nahmen deshalb diplomatische Verbindungen mit dem Kaiser auf, statt seine Feinde in Surat zu unterstützen. Akbar interessierte sich für die fremde Gesandtschaft und «fragte sie aus nach den Wundern Portugals und den Gebräuchen Europas» (AN. III, 37).

Er nahm das Joch des Gesetzes auf seinen Nacken mit Hilfe von Gott.
Hob es vom Nacken der Welt: Frieden sei einer
Erinnerung.› – Er lächelte nur und ging weg.»

Jain-Gelehrte und -Heilige

Die Jains haben bedeutenden Einfluss auf Akbar ausgeübt. Die Lehre des Jina, der die Jain folgen, stellt, ähnlich wie der Buddhismus, mehr eine Philosophie dar denn eine eigentliche Religion. Sie sieht die Seele und den Körper als Gegensätze. Alle Wesen entstehen dadurch, dass Materie in die Seele einfliesst. Es entsteht eine «klebrige», befleckte Substanz, und die Befreiung der Seele aus diesem Konglomerat, dem sogenannten Feinkörper, ist das Ziel der Lehre. Der Feinkörper durchläuft den Weltenkreislauf bis zur Befreiung der Seele. Nach der Lehre des Jina sind alle Körper belebt, nicht nur jene der Lebenwesen. Alle Handlungen die aus Wünschen hervorgehen, beflecken die Seele weiter; um sie zu befreien, müssen alle Leidenschaften streng kontrolliert werden und alle Verhaltensregeln der Lehre genau befolgt. Töten, Lügen, Stehlen, Geschlechtsverkehr und Besitz müssen absolut vermieden werden. Askese in all ihren Formen ist dem Ziel förderlich, besonders das Fasten, das bis zum Tod gehen kann. Eine befreite Seele erhebt sich zur höchsten Stelle des Universums und verweilt dort ohne Beziehung zur Welt.

Die Jaina Nonnen und Mönche sind eher in der Lage, diesen Weg zu begehen, als die in die Welt eingesponnen Laien. Doch auch diese können Fortschritte auf dem Weg der Befreiung der Seele erreichen, oder Rückschläge erleiden. Laien und Mönche müssen das Töten von aller Art Lebewesen unbedingt vermeiden. Kein Jain kann ein Bauer sein, der beim Pflügen und Ernten Lebewesen in der Erde zerstört. Sie sind deshalb gerne Händler. Es gibt zwei Arten Mönche, die «Weissgekleideten» und die «Luftgekleideten» (das heisst nackten). Die zweite Art kommt heute in Südindien vor. Die meisten der heutigen Jains (es gibt etwa anderthalb Millionen) leben in Gujarat.

Vardamana Mahavira, «der Jina» (das Wort bedeutet «Sieger, Überwinder») der Gründer der Lehre, ist möglicherweise 477 vor Christus gestorben. Er soll als 30jähriger sein Haus verlassen und 42 Jahre lang umherziehend seine Lehre verkündet haben. Für die Jains ist er jedoch nur der letzte einer langen Reihe von 24 «Furtbereitern», die in sehr ferne Zeiten (Aeonen) zurückreichen.

Einflüsse aus dem Hinduismus haben bewirkt, dass die Jains Tempel gebaut haben und auch Götter verehren. Diese gelten jedoch nur als Mittel, um sich die Lehre vor Augen zu halten. Die Götter selbst sind «befleckte Seelen»; für Jene, die sich aus dem menschlichen Leben zu lösen beginnen, werden sie irrelevant. Akbar hatte von dem berühmten Gelehrten und Heiligen Hiravijaya gehört, der in Gujarat lebte, und er befahl dem Gouverneur der Provinz 1582, den Heiligen nach Fathpur Sikri zu senden. Dieser erreichte den Hof begleitet von 16 Mönchen im Juni 1583. Er wurde gebeten, sich bei Abu'l-Fadl aufzuhalten, bis der Kaiser ihn empfangen könne. Er blieb zwei Jahre lang bei Hofe und erhielt den Titel eines Jagat Guru oder Welt-Lehrers. Als er nach Gujarat zurückkehrte, liess er einen anderen Gelehrten bei Akbar zurück, und 1587 sandte Hiravijaya einen weiteren Jain-Gelehrten, Bhanu Chandra, nach Lahore an Akbars dortigen Hof. Er lebte dort bis 1592. Er scheint Abu'l-Fadl in der indischen Philosophie unterrichtet zu haben.

Hiravijaya wurde von Abu'l-Fadl unter der Bezeichnung «Hariji Sur» auf die erwähnte Liste jener gesetzt, welche die Geheimnisse beider Welten kannten. Bhanu Chandra erscheint auf der Liste jener, die in den überlieferten Wissenschaften Bescheid wussten.

Abu'l-Fadl war bekannt, wie sehr die Hindus und die Jains einander verabscheuten. «Die Brahmanen verehren Krishna als einen Gott. Für die Jains gehört er unter die Diener der Hölle. Die Brahmanen begegnen lieber einem wütenden Elefanten oder einem reissenden Löwen als einem Menschen jenes Glaubens.» Er sieht es daher als eine Leistung Akbars an, dass Vertreter beider Religionen gemeinsam am Hof leben und wirken konnten. «Seine Majestät», so schreibt er, «hat es jedoch vermocht die Finsternis unserer Zeit durch das Licht allgemeiner Duldung zu zerstreuen, und die verschiedenen Glaubensschulen verzichteten auf ihre gegenseitige Abneigung und lebten in friedlicher Harmonie.» (A'in III, 87; Übers. Jarrett III, 222).

Hiravijaya überzeugte Akbar von der Notwendigkeit, Gefangene und Vögel, die in Käfigen lebten, frei zu lassen und an bestimmten Tagen, die alle zusammen fast die Hälfte des Jahres ausmachten, keine Tiere zu schlachten oder zu jagen. Dies wurde sogar ein kaiserlicher Befehl im Jahr 1583, für dessen Übertretung die Todesstrafe angedroht wurde. Akbar gab sogar seinen geliebten Zeitvertreib die Jagd auf und gebot, die Fischerei einzuschränken.

Abu'l-Fadl beschrieb die Besonderheiten des Jain-Glaubens in seinem Buch (A'in. III, 210); allerdings hatte er nur Gelegenheit, sich über die Lehre der Swetambara («Weissgekleideten») zu unterrichten, der sein Gast an-

Vier Jahre später, 1577, kam ein Portugiese, Pedro Tavares, der den Hafen von Satgaon (Chittagong) in Bengalen kommandierte, an den Hof Akbars. Er empfahl Akbar einen Priester, Julian Perreira, aus Satgaon, der dann in der Tat von Akbar eingeladen wurde und im März 1578, also im selben Jahr wie der Parse Meherji Rana, am Hofe von Fathpur Sikri eintraf. Dieser Kontakt mit einem christlichen Sprecher machte Akbar nur umso neugieriger auf die christliche Religion, und er wandte sich an den Vizekönig von Goa mit der Bitte, qualifizierte Gelehrte und den Text der Bibel an ihn zu senden.

Das Schreiben des Kaisers ist erhalten, mehrere portugiesische Quellen zitieren es mit nur ganz geringen Abweichungen. Es lautete:

> «Im Namen Gottes, des Allbarmherzigen Brief von Jalaluddin Muhammad Akbar, König von Gottes Gnaden auf seinem Thron an die Hauptpriester des Ordens von Sankt Paulus (eine Bezeichnung der Jesuiten): Mögen sie wissen, dass ich ein grosser Freund für sie bin. Ich habe Abdullah, meinen Botschafter, dorthin zu euch gesandt sowie Doménico Pérez, um euch einzuladen, zwei eurer Gelehrten mit ihm zurückzusenden. Sie sollten die Gesetzesbücher und vor allem das Evangelium mitbringen, denn ich möchte wahrhaft und ernstlich ihre Vorzüge kennen lernen; mit grosser Eile fordere ich erneut, sie mögen kommen, mit meinem erwähnten Botschafter und ihren Büchern. Ich werde grosse Tröstung aus ihrem Kommen schöpfen. Sie werden mir lieb sein, und ich werde sie mit allen nur denkbaren Ehren empfangen. Sobald ich in ihrem Gesetz voll instruiert bin und seine Vorzüge erfasst habe, können sie, wenn sie es wollen, unbeschwert zurückkehren, ich werde sie in grossen Ehren und mit angemessener Entlohnung zurücksenden. Sie sollen mich nicht im geringsten fürchten, denn ich empfange sie unter Zusage meiner Aufrichtigkeit und versichere sie der Gunst meiner Person.»

Ähnliche Schreiben gingen an den portugiesischen Vizekönig und an den Erzbischof von Goa.

Der Vizekönig kam der Aufforderung nach einigem Zögern nach. Er hatte zuerst befürchtet, die Jesuiten könnten als Geiseln genommen werden. Doch auf zureden des Erzbischofs und der Jesuiten selbst sandte er zwei Jesuiten und einen Übersetzer. Die Delegation stand unter der Führung von *Rodolfo Acquaviva,* «der 29 Jahre alt war, aber aus guter Familie und von grosser Heiligkeit». *Antonio Monserrate,* ein Katalane von 43 Jahren, begleitete ihn. Monserrate war offiziell zum Chronisten der Gesandtschaft ernannt worden, und er führte ein lateinisches Tagebuch, das er später ausgearbeitet hat, als er zu einem neuen Einsatz nach Äthiopien geschickt wurde, die Araber des Roten Meeres ihn jedoch festnahmen und sechseinhalb Jahre lang gefangen hielten, bevor er ausgelöst werden konnte. Sein *«Mongolicae Legationis Commentarius»* stellt die wichtigste Quelle für den Besuch dar. Das dritte Mitglied der Delegation war Francis Henríquez. Ursprünglich ein Armenier aus Hormuz, der zum Katholizismus übergetreten war und der als Dolmetscher diente.

Acquaviva und Henríquez gelangten am 27. oder 28. Februar 1580 in Fathpur Sikri an, nachdem sie drei Monate und 10 Tage lang unterwegs gewesen waren. Monserrate, der auf der Reise erkrankt war, kam sechs Tage später. Die Jesuiten dürften ursprünglich gehofft haben, Akbar zum Christentum zu bekehren und mit ihm das ganze «Volk der Moghuln». Die Bekehrung eines Königs hatte leicht die Bekehrung seines ganzen Volkes zur Folge. Doch Akbar lag nicht daran, sich zu bekehren oder umgekehrt die Vorrangstellung des Islams zu beweisen, vielmehr wollte er genaueres über die Religion der Christen in Erfahrung bringen.

Monserrate gibt eine Rede des Kaisers wider, aus der dies recht deutlich wird. Akbar, so schreibt er, habe ihm gesagt:

> «Ich stelle fest, dass es verschiedene Gebräuche und Glaubenssätze sowie unterschiedliche Wege der Religionen gibt. Die Lehren der Hindus, der Muslime, der Jazdini (Parsis), der Juden und der Christen sind schliesslich alle verschieden. Die Gläubigen einer Religion erachten die Einrichtungen der ihrigen als besser denn jene aller anderen. Nicht nur das, sie bemühen sich auch, die anderen zu ihrem eigenen Glauben zu bekehren. Wenn sie das nicht wollen, verachten sie sie und betrachten sie sogar, nur aus diesem Grunde, als Feinde. Dies hat mir viele ernsthafte Zweifel und Unruhe verursacht. Ich wünsche deshalb, dass an einem bestimmten Tag alle Bücher und alle religiösen Gesetze vorgelegt werden und dass die Gelehrten sich treffen und Diskussionen durchführen, so dass ich sie anhören kann und dass jeder klarzustellen versuche, welches die wahrhaftigste und die machtvollste Religion sei.» (Antonio Monserrate: The commentary of father Monserrate, engl. translation by J. S. Hoyland and S. N. Banerjee, Oxford 1992, p. 182).

Die Jesuiten brachten den Druck einer polyglotten Prachtbibel mit, die aus sieben fein gebundenen Bänden bestand und für Philipp II. in Antwerpen hergestellt worden war. Akbar wusste das Geschenk zu schätzen, er legte jeden Band einzeln auf sein Haupt, um es zu ehren, und küsste ihn; er liess einen eigenen Holzkoffer herstellen, um die Bücher darin aufzubewahren, und brachte das Ganze in einem leeren Zimmer seines Palastes unter. Er befahl auch seinen Künstlern, das Marienbild und die Bilder von Christus, die die Missionare mitgebracht hatten, zu kopieren. Das Marienbild gefiel ihm so gut, dass er die Väter bat, es ausleihen zu dürfen, um es den Damen im Harem zu zeigen. Die Bibel und andere europäische Bücher gab Akbar später (1595) den Jesuiten der 3. Gesandtschaft zurück. Unter den Büchern befanden sich neben einer Reihe von theologischen Schriften «die Gesetze Portugals», und «die Königlichen Commentare» von Alfonso de Albuquerque, einem Klassiker der portugiesischen Geschichtsschreibung, der sich mit der Entstehung des portugiesischen Überseereiches befasst hat.

Die Jesuiten erhielten volle Freiheit, zu predigen und zu bekehren was in einem muslimischen Land bis heute selten gestattet ist. Sie richteten sich eine Kapelle ein, die Akbar selbst ehrfurchtsvoll besuchen kam. Er bat auch Vater Monserrate, den Kronprinzen Salim (den späteren Kaiser Jahangir) portugiesisch zu lehren, und er beauftragte Abu'l-Fadl, das Neue Testament ins Persische zu übersetzen.

Abu'l-Fadl wurde mit der besonderen Fürsorge für die christlichen Gäste betraut, und er nahm auch in den Diskussionen mehrmals Partei für sie, was bewirkte, dass die Missionare Vertrauen zu ihm fassten und ihn konsultierten, bevor die Streitgespräche stattfanden.

Sie gebrauchten allerdings gelegentlich eine dermassen unverhüllte Sprache, wenn sie ihrer Überzeugung Ausdruck gaben, der Islam sei eine «abominatio» und Muhammed ein falscher Prophet, dass der Kaiser mit ihnen sprechen und ihnen grössere Vorsicht und eine angemessenere Sprache nahelegen musste.

Als die Versuche beider Seiten, der christlichen wie der muslimischen, die Wahrheit der eigenen Schriften zu beweisen und die der anderen als gefälscht darzustellen, auf die unvermeidliche Klippe des Glaubens an die Wahrheit der eigenen und die Fälschung der fremden Tradition aufliefen, kam es mehrmals dazu, dass die muslimische Seite Feuerproben vorschlug. Jede Seite solle ihre Heiligen Bücher in die Hand nehmen und über einen Flammenherd schreiten. Akbar war eigentlich dafür, doch die Jesuiten lehnten es ab, «Gott zu versuchen.»

Den Jesuiten wurde allmählich klar, dass Akbar nicht leicht zu bekehren sein würde. «Wir sind der Ansicht», schrieb Acquaviva schon bald nach Hause, «dass der König grosse Schwierigkeiten hat *zu glauben* (Hervorhebung A. H.); aber wir haben nicht alle Hoffnung aufgegeben, denn es ist kein geringer Erfolg, dass wir bereits den halben Weg zurückgelegt haben, nämlich dass er den Glauben an seine eigene Religion verloren hat ...

Der König ist auch sehr gütig in seiner Art, ich will sagen wohlgesinnt, umsichtig, vernünftig; er tut gute Werke und zeigt grosse Verehrung für Christus unseren Herrn wie auch für die Heilige Jungfrau und für ihre Bilder.» (Brief an Rui Vicente, 20. Juli 1580, nach Louis Frédéric, Akbar le Grand Moghol, Paris 1986, p. 259; Briefsammlungen der Jesuiten: John Correia-Afonso: Jesuit Letters and Indian History, Oxford 1969, und: Letters from the Mughal Court (1580–1593), Heras Inst. of Indian Hist. and Culture, Bombay 1980).

Die Politik wirkte sich ebenfalls auf die Mission aus. Akbar hatte seinem Vertrauten und Milchbruder, Aziz Koka, der damals als Statthalter in Gujarat wirkte, geboten, die portugiesischen Besitztümer Daman und Diu anzugreifen, während die Jesuiten sich an seinem Hofe befanden. Er hatte dies im April 1582 getan, war aber abgewiesen worden. Schon 1581 schrieb Acquaviva an seinen Oberen, Everard Mercurian: «Wir wissen nicht, ob er ein Feind oder ein Freund Portugals ist; aber wir haben Dinge bemerkt, die uns nicht gefallen. Er hat den Ehrgeiz, der grössere Herrscher zu sein und kann offensichtlich nicht ertragen, dass der König von Portugal die Herrschaft über die Meere besitzt und dass seine eigenen Schiffe in den Häfen des Königs von Portugal (gemeint sind die indischen Häfen in portugiesischem Besitz) Zoll bezahlen müssen. Wir fürchten, der Krieg könnte von einem Tag zum anderen ausbrechen.»

Wegen dieser Spannungen fand der Provinzial der Jesuiten, seine Missionare sollten nach Goa zurückkehren; doch diese wollten noch bleiben, besonders da Akbar sie aufgefordert hatte, ihn auf seinen bevorstehenden Feldzug nach Kabul zu begleiten.

Die Jesuiten begleiteten Akbar tatsächlich auf seinem afghanischen Feldzug, von dem noch die Rede sein wird, und Monserrate hat eine sehr lebendige Beschreibung des grossen Heerzuges des Kaisers hinterlassen. Doch nach ihrer Rückkehr im Dezember 1581 wurde das «Haus des Gottesdienstes» nur noch selten benutzt. Die muslimischen Gelehrten fürchteten sich, den Jesuiten zu scharf zu widersprechen, da sie sahen, dass sie bei Akbar in Gunst standen. Sie zogen es vor, nicht mehr zu den Diskussionen zu erscheinen. Die Jesuiten fanden sich manchmal alleine dort.

Kurz darauf, zu Beginn des Jahres 1582, schrieb Papst Gregor XIII. einen lateinischen Brief an Akbar, wahrscheinlich hatten die Jesuiten ihn dazu veranlasst:

کوی چند که از زبان هندوی گویند بطرز خاص کنند و چند قلاده چیته اینجا شکار کرده موکب اقبال بجانب دهلی
منصرف ساختند اگرچه در سرکار عالی پیش ازین چیتهٔ بسیار جمع آمده بود اما آنکه چیته را بحضور اقدس صید فرمودند
درین مرتبه روز پانزدهم آذرماه الهی موافق شنبه چهارم ربیع الاول نهصد و شصت و شش هلالی دار الملک دهلی
مستقر رایات دولت گشت و اردوی بزرگ بشرف ساحت دلگشا نزول سعادت نموده
سرمایهٔ آسایش جهانیان شده بود
چیته گرفتن بندگان حضرت مرتبه اول

Abbildung 12

Akbar hilft, Cheetas zu fangen

Cheetas wurden gezähmt und ähnlich wie Jagdfalken für die Jagd verwendet. Man fing sie in Fanggruben, zähmte sie und brachte sie mit verbundenen Augen in tragbaren Käfigen in die Jagdgebiete. Die noch ungezähmten Raubtiere aus den Gruben hinauszuheben, war natürlich eine gefahrvolle. Arbeit. Die Miniatur zeigt, wie der junge Akbar persönlich mit der Hilfe seiner Jäger einen gefangenen, wilden Cheeta aus der Grube hebt. Der Käfig, in den er gebracht werden soll, steht bereit. Der Cheeta-Träger im Vordergrund hebt seine Finger an den Mund in einer Geste des Staunens. Am unteren Rand nehmen Jäger eine weitere Fallgrube in Augenschein, in der sich vielleicht noch ein gefangener Cheeta befindet.

«Der Bischof Gregorius, Diener unter den Dienern des Herrn, an Akbar, den illustren König von Mogor (wie die Portugiesen das Moghul-Reich nannten).

Möge der Gott des Erbarmens, der geruht hat Euch einzugeben, den Lehren der Doktrin des Evangeliums Gehör zu verleihen, Euch so rasch wie möglich von der Dunkelheit zum Licht führen. Wir hoffen dies wegen des Interesses, das Ihr, wie man Uns berichtet, der christlichen Religion gezeigt habt... Ihre Majestät sollte auf eine Schale der Waage Sein Königreich, Seine Macht, Seine Söhne, Seine unzähligen Untertanen, alle Reichtümer und Güter dieser Welt legen, und auf die andere die Würde Seiner Seele und das Heil, das Christus jenen verspricht, die an Ihn glauben ...» (datiert 18. Februar 1582).

Ob und wie Akbar auf dieses Schreiben reagiert hat, wissen wir nicht. Doch Acquaviva, an Ort und Stelle, erkannte die Lage genauer:

«Ich fürchte», schrieb er am 27. September 1582, «dass Akbar und einige seiner Leute Gebrauch von mir machen, um mich der muslimischen Religion entgegenzustellen ..., dies jedoch nicht zum Vorteil unserer Religion, sondern in einer anderen Absicht, denn gewisse Personen glauben, dass der König etwas neues zu tun gedenkt ...» (Louis Frédéric, Akbar, p. 260).

In der Tat hatte Akbar schon zu Beginn des Jahres 1582 für seine engsten Staatsdiener seinen eigenen religiösen Orden, Tawhid-e Ilahi, gegründet, wovon ebenfalls noch die Rede sein wird.

Nun war Acquaviva selbst bereit, nach Goa zurückzukehren. Im Februar 1583 trat er die Rückreise an. Akbar gab ihm einen Begleitbrief an den Provinzial in Goa mit, der diesmal mehr im Stil eines offiziellen Hofschreibens verfasst war. Akbar wird darin bezeichnet als:

«Jalal ad-Din Muhammad Akbar, Padeschah, Ghazi, Meister der Wissenschaften aller Bücher des Gesetzes und ihrer Auslegung, dem nichts, was zum Gesetz Christi gehört, verborgen bleibt und dem das göttliche Geheimnis sich offenbart hat.» Das Schreiben macht klar, dass Akbar «den Bruder Rudolfo» nur ungern ziehen liess, «denn ich wünsche ihn jeden Tag für Gespräche bei mir zu haben». Der Provinzial wird aufgefordert, «sich seinerseits darum zu bemühen, dass unsere Freundschaft jeden Tag mehr zunehme, insbesondere, indem er den Vater Rudolf mit anderen Vätern wieder zurücksende.» (Louis Frédéric, op. cit. p. 261).

Sieben Jahre später, im April 1590, kam Leo Grimon an den Hof, der sich damals in Lahore befand. Er soll ein griechisch-orthodoxer Unterdiakon gewesen sein. Akbar forderte ihn auf, die Evangelien aus dem Griechischen ins Persische zu übersetzen und stellte ihm persische Gelehrte als Hilfskräfte zur Verfügung. Der vorausgegangene Auftrag an Abu'l-Fadl, eine Übersetzung herzustellen, scheint also nicht die erhofften Resultate gezeigt zu haben.

Grimon wollte dann nach Goa weiterreisen, und Akbar stellte ihm einen Pass aus und gab ihm ein Schreiben an den Jesuitenprovinzial mit. In dem Pass macht er seine Provinzgouverneure darauf aufmerksam, dass ihm viel an der Person Grimons liege und dass sie verantwortlich für sein Wohlergehen seien:

> «Gebt ihnen alles, dessen sie bedürfen für sich selbst und für ihre Tiere. Ihr seid verantwortlich für ihre unversehrte Ankunft und dafür, dass sie nichts verlieren, was ihnen gehört. Wenn sie Grund haben, sich zu beklagen, werdet ihr streng bestraft werden und euer Kopf wird in Gefahr schweben ...»

In seinem Schreiben an den Provinzial macht der Kaiser auch klar, dass er sich selbst nun nicht mehr als möglichen Kandidaten zur Bekehrung zum Christentum ansieht. Er wünscht dennoch, dass gelehrte Jesuiten wieder an seinen Hof gelangen.

> «Ich kenne alle Religionen der Welt und der verschiedenen Gruppen von Ungläubigen und Muslimen ausser jener von Jesus Christus, welches der Glauben an Gott ist, der von vielen Gläubigen anerkannt und befolgt wird. Da ich eine grosse Neigung verspüre, den Vätern Freundschaft zu zeigen, möchte ich, dass sie mich ihre Religion lehren ...»
> Der Kaiser möchte, dass die Jesuiten mit «meinen Gelehrten disputieren, so dass ich ihre Charaktere und ihr Wissen vergleichen kann und so die Überlegenheit der Väter über die Gelehrten erkenne, die wir Mullahs nennen, und die sie die Wahrheit lehren können ...» (Briefwechsel nach den Jesuitischen Quellen, ausführlich in V. A. Smith, Akbar, p. 180ff).

In der Tat entschlossen sich die Jesuiten von Goa, noch einmal zwei Väter und begleitendes Personal an den Hof, diesmal nach Lahore, zu entsenden.

Die Väter Eduardus Leitanos (Leitâo) und Christopherus de Vega trafen 1591 in Lahore ein. Sie wurden wohl empfangen und sie eröffneten dort eine Schule, um vornehme Moghul-Söhne portugiesisch zu lehren; des Kaisers eigener Sohn und Enkel waren unter den Schülern. Doch die Mission wurde 1592 eher abrupt abgebrochen, indem die Väter nach Goa zurückgerufen wurden. Die genauen Gründe sind nicht bekannt.

Die dritte Mission der Jesuiten kam 1594 an den Hof, der immer noch in Lahore residierte. Wiederum hatte Akbar darum gebeten, dass gelehrte Jesuiten entsandt würden. Erneut war der Provinzial nicht besonders interessiert, weil er aus den früheren Versuchen schloss, dass Akbar schwerlich bekehrt werden könne. Doch der Vizekönig war, wohl aus politischen Gründen, eifrig dafür. Hervorragende Väter waren ausgewählt worden: *Jerome Xavier,* ein Grossneffe des Heiligen Franciscus Xavier, *Benedikt von Goes* und *Emmanuel Pinheiro.* Jerome Xavier sollte 23 Jahre lang am Moghul-Hof bleiben; er hat dort 13 Jahre unter Jahangir gedient, längere Zeit als unter Akbar.

Benedikt von Goes blieb acht Jahre in Indien, doch vermied er es, sich am Hof aufzuhalten. Seine Oberen sandten ihn 1603 nach Tibet, und er erreichte die chinesische Grenze; dort starb er 1607. Vater Pinheiro lebte meistens in Lahore und baute dort eine kleine christliche Gemeinde unter den einfachen Leuten auf.

Kapitel 7
Erhaltung und Erweiterung des Reiches

Parallel zu all diesen Fragen der Religion und der Religionspolitik gingen beständige militärische Kampagnen; sie waren entweder auf Aufstände zurückzuführen, die ausbrachen oder auszubrechen drohten, oder es handelte sich um Feldzüge zur Erweiterung des Reiches, die auch dazu dienten, das Heer beschäftigt zu halten, ihm Beute zu verschaffen und dadurch den Aufstandstendenzen der grossen Adligen vorzubeugen.

Grosserhebung in Bengalen

Der Aufstand, der sich in Bengalen zu Beginn des Jahres 1580 abspielte und das ganze folgende Jahr hindurch dauerte, war wohl die gefährlichste Rebellion, die Akbar erlebte. Sie begann mit Manifestationen der Unzufriedenheit der grossen Lehensträger in den östlichen Hauptprovinzen Bihar und Bengalen. Die meisten der dortigen Grossen waren Afghanen, die früher eigenen afghanischen Königen gedient hatten und in den Dienst Akbars übernommen worden waren, als er seine Herrschaft im Osten aufrichtete.

Shah Mansur Schirasi, der damals als Finanzminister (Diwan) bei Hofe wirkte, hatte Befehle ausgegeben, dass die Provinzgouverneure die Lehensvorschriften, welche Abgaben sowie das Bränden von Pferden und Bereithalten von Soldaten betrafen, strenger durchführen und beaufsichtigen sollten. In Jaunpur war ein neuer Gouverneur eingesetzt worden, Muzaffar Khan, nachdem der bisherige, Khan-e-Jahan, gestorben war. Als er versuchte, die Schraube der Vorschriften anzuziehen, empörten sich einige der grossen Lehenshalter, an ihrer Spitze Mansum Khan und Arab Bahadur, beide Afghanen.

Akbar hatte kurz zuvor beschlossen, den im Falle grösserer Strenge zu erwartenden Klagen der Lehenshalter zuvorzukommen, indem er ihre Gehälter aufbessern liess. Doch der Finanzminister war seinerseits der Ansicht, diese Gehaltsaufstockungen seien zu hoch, und er forderte ohne Akbar darüber zu informieren, die Provinzgouverneure auf, die Hälfte der zusätzlichen Bezüge wieder zurückzunehmen. Dies scheint der Funken gewesen zu sein, der den Ausbruch einer vollen Revolte auslöste.

Einer der Lehensträger, der die Rückzahlung verweigerte, wurde vom Gouverneur eingekerkert. Daraufhin erhoben sich die Soldaten des Gefangenen und griffen den Gouverneurssitz in Gaur an, wo Muzaffar Khan sich verteidigte, aber schon rasch zu Verhandlungen schritt und den Aufständischen versprach, sie in ihren Lehen zu bestätigen. Er gab ihnen sogar zwei der wichtigsten Steuereinzieher als Geiseln.

Zur gleichen Zeit veröffentlichte der Qadi von Jaunpur eine Fatwa, das heisst ein Rechtsgutachten nach der Schari'a, in dem es hiess, sich gegen Akbar zu erheben sei erlaubt, weil der Kaiser gottlos sei. Der Qadi, Mullah Yazdi, war vom Hof verstossen und in die Provinz versetzt worden, weil er ein bitterer Feind der Religionspolitik Akbars war. Die Fatwa bewirkte, dass alle jene Elemente, die aus religiösen Gründen mit Akbar nicht übereinstimmten, nun mit den unzufriedenen afghanischen Lehensträgern gemeinsame Sache machten. Später als die Rebellion niedergeschlagen war, liess Akbar den Qadi von Jaunpur und jenen von Bengalen, der ihm zugestimmt hatte, nach Agra kommen. Doch bevor sie mit einem Flussboot die Hauptstadt erreichten, erging ein Befehl an die Matrosen, das Boot mit den Geistlichen zu versenken, was auch geschah.

Muzaffar Khan entschloss sich, eine kleine Truppe gegen den wichtigsten der Aufständischen, Arab Bahadur, zu senden. Doch die Soldaten kämpften ohne grossen Einsatz gegen ihre eigenen Kollegen und liessen sich leicht zurückschlagen. Der Gouverneur nahm Zuflucht in der Festung von Tanda, bei Gaur, und schritt wiederum zu Verhandlung. Als er jedoch die Festung verliess, geriet er im April 1580 in einen Hinterhalt und wurde von den Aufständischen erschlagen.

Daraufhin breitete sich die Revolte schnell aus, und die Rebellen nahmen Gaur und die Festung von Tanda ein. In Gaur liessen sie das Freitagsgebet im Namen von Muhammed Hakim Mirza sprechen, dem Halbbruder Akbars, der im fernen Kabul regierte und nun seinerseits mit einer Armee in den Panjab hinabstieg.

Akbar entsandte eine erste grosse Armee unter einem seiner engsten administrativen und militärischen Mitarbeiter, dem Hindu *Todar Mal,* und zwei weiteren Generälen. Die Aufständischen hatten in der Zwischenzeit 30 000 Soldaten und 50 Elefanten zusammengebracht. Doch sie waren untereinander nicht einig. Als ihr kommandierender General krank wurde, stritten sich die anderen Würdenträger. Todar Mal griff sofort einen ihrer Führer, Mansum Khan, an und konnte dessen Truppen zerstreuen. Doch die anderen brachten ein neues Heer zusammen. Akbar entsandte ein zweites Heer unter Shahbaz Khan, das in Mewar gestanden war, um den dortigen Raja Partap Singh, der, wie bekannt, einen permanenten Guerilla-Krieg gegen die Moghuln führte, in Schranken zu halten.

Die Gegenseite erhielt jedoch auch Verstärkung durch die Desertion eines weiteren Grossen des Reiches, Farrakhundi, der die Leitung des Aufstandes in Jaunpur und Ayodhya übernahm. Die beiden Moghul-Armeen gingen darauf zur Belagerung der beiden Städte Jaunpur und Ayodhya über. Eine Entscheidungsschlacht wurde bei Ayodhya geschlagen (Januar 1581), und bald darauf fielen beide Städte erneut den Moghuln zu. Arab Bahadur, der die Rebellion ausgelöst hatte, kam in den Kämpfen um, andere der Lehensfürsten mussten ausser Landes fliehen.

Feldzug nach Kabul

Nachdem sich die Dinge im Osten beruhigt hatten, beschloss Akbar, persönlich nach dem Nordwesten zu ziehen, um seinen rebellischen Halbbruder Muhammed Hakim in die Schranken zu weisen. Dieser war inzwischen mit seiner Armee bis vor Lahore vorgedrungen, doch konnte er die Stadt nicht einnehmen, und die Moghul-Gouverneure hatten ihrerseits Befehl aus Fathpur Sikri erhalten, ihm keine Feldschlacht zu liefern, bevor der Kaiser mit seiner Streitmacht angelangt sei.

Im Februar 1581 erhielt Hakim vor Lahore Nachricht vom Nahen des Kaisers, und er beschloss sofort abzuziehen, ohne einen Angriff auf die Stadt zu wagen. Akbar konnte kampflos in Lahore einziehen.

Die Geschichtsschreiber deuten an, dass Muhammed Hakim mit verschiedenen Hofbeamten Akbars in Verbindung stand und dass er gehofft hatte, Lahore werde ihm ausgeliefert werden, wenn er sich nur mit seinem Heer vor der Stadt zeige. Der Finanzminister, der ursprünglich für die Auslösung der Unruhen in Bengalen verantwortlich war, *Khawaja Shah Mansur Shirasi*, und den Akbar nach dem Beginn dieser Unruhen seines Amtes enthoben hatte, wurde angeklagt, geheime Briefe mit Hakim ausgetauscht zu haben. Angeblich waren sogar Schriftstücke entdeckt worden, die dies bewiesen, doch später tauchten Zweifel auf, dass sie möglicherweise gefälscht waren. Akbar jedenfalls liess seinen früheren Finanzminister hinrichten, während er sich unterwegs nach Kabul befand.

Nach Monserrate erhielt Abu'l-Fadl den Auftrag, vor der Hinrichtung eine Rede zu halten, in welcher er alle die Wohltaten aufzählte, die der Kaiser seinem einstigen Diener erwiesen habe. Dieser war in der Tat aus geringer Stellung zu jener eines Ministers erhoben worden. Abu'l-Fadl soll auch erklärt haben, die Hinrichtung finde zu Recht statt, da Briefe in der Handschrift des Rebellen Hakim Mirza und des früheren Diwans gefunden worden seien. Die anderen Grossen des Reiches, so endete er seine Ansprache, hätten keinen Grund, ihrerseits Verfolgung zu fürchten, solange sie sich rechtschaffen zeigten. (Monserrate, Commentarius, p. 535f.)

Akbar sandte Botschafter an seinen Halbbruder, die ihm vorschlugen, er solle sich erneut unterwerfen. Doch er weigerte sich, sei es aus Furcht oder aus Starrsinn und zog weiter Richtung Kabul. Akbar sandte ihm Man Singh mit dem Befehl nach, den Indus zu überqueren und Peschawar einzunehmen. Er selbst begab sich zuerst mit seinem Heer in die Festung von Rohtas am Ravi-Fluss und überschritt später, im Juli, den Indus bei Attok, wo er eine zweite grosse Festungsanlage hatte bauen lassen. Er hatte seinen zweiten Sohn Murad, der damals elf Jahre alt war, begleitet von einigen tüchtigen Rajput Generälen vorausgeschickt, um Hakim zu verfolgen. Diese Vorhut kam in Kontakt mit der Armee Hakims, scheint sie jedoch leicht in die Flucht geschlagen zu haben.

Die Hauptheere unter Akbar und Man Singh vereinigten sich auf dem Weg nach Kabul, wo sie im August 1581 kampflos einziehen konnten. Hakim war in die Berge geflohen. Doch Akbar konnte seine Söhne in Kabul als Geiseln festhalten. Ihr Vater starb 1585.

Akbar blieb nur sechs Tage in der alten Hauptstadt, wo er seine Kindheit verbracht hatte. Auf dem Rückweg kam sein älterer Sohn Salim seinem Vater bis nach Jalalabad entgegen; der damals zwölfjährige war in der Hauptstadt zurückgeblieben, um dort die Stelle des Kaisers zu vertreten.

Das rückkehrende Heer überschritt den Indus auf einer grossen Schiffsbrücke, die der Hauptingenieur Akbars, Qassim Khan, vorbereitet hatte. Qassim Khan erhielt auch den Auftrag, die Strasse durch die Khayberschlucht bis nach Kabul auszubauen.

Die Marschordnung Akbars

Der Jesuit Monserrate, der den Kaiser auf seinem Feldzug nach Kabul begleitete, hat eine Beschreibung des kaiserlichen Heerlagers und der Marschordnung Akbars geliefert, die zitiert zu werden verdient:

> «Die zurückgelegte Distanz wurde täglich mit einem zehn Fuss langen Stab gemessen und in ein Tagebuch eingetragen ... Die königlichen Wächter marschierten hinter dem König in einer Halbmond-Formation.

١٦٩
عمل مهیس چهره نامی کیسو
٢٣

Abbildung 13

Akbar erschöpft in der Wüste von Rajastan

Akbar hatte sich in der Wüste von Rajastan auf die Jagd nach Wildeseln begeben. «Er war nur begleitet von drei oder vier Jägern. Als er zur Ebene kam, stieg er ab und ging zu Fuss weiter. Zuerst schoss er und traf eine Esel, doch die übrige Herde floh weiter weg, als sie den Schuss vernahm. Der gottgeweihte Weltenheld nahm sein Gewehr in die Hand und verfolgte sie rasch über den brennenden Sand hinweg, nur drei oder vier Jäger waren bei ihm. Er hatte die Ebene bald durchquert, stiess wiederum auf die Herde und tötete ein Tier nach dem anderen mit seinem Gewehr. Er folgte ihnen immer weiter und schoss an jenem Tag 13 Wildesel. Sooft er einen erlegte, rannten die anderen noch weiter davon. Schliesslich begann er unter Durst zu leiden. Nirgends war eine Spur von Wasser. Weil er beschlossen hatte, die Jagd zu Fuss weiterzuführen, nahmen seine Begleiter, die bei der Jagd dabei waren, an, der Kaiser werde sich nicht weit entfernen. Sie blieben deshalb in der Nähe der erlegten Tiere und bewegten sich nicht von der Stelle. Nachdem der Herr der Welt mehrere Kos weit gewandert war, konnten seine Begleiter die Wasserträger nicht finden, obwohl sie nach ihnen suchten, und auch keine Spur von Wasser.

Akbars Schwäche nahm so sehr zu, dass er nicht mehr zu sprechen vermochte. Aber der Mut seiner Begleiter wurde zu Wasser, und okkulte Kräfte geleiteten die Wasserträger durch die Weite der Wüste. Gott wurde Dank gezollt und die Herzen der Getreuen wurden froh. Es scheint, dass (daraufhin) eine göttliche Weisung in mystischer Sprache das Herz des Kaisers berührte und im nahelegte, er solle seine geheiligte Person nicht gefährden; denn er war bestimmt, über alle Menschen zu wachen, war er doch eine Gabe der göttlichen Gunst und Bewahrung der Gnade des Herrn.» So Abu'l-Fazl (AN II, S. 522 der Übersetzung), indem er die Rettung des Kaisers zu einer Manifestation der Gunst Gottes hochstilisiert.

Die Miniatur zeigt die erlegten Wildesel, Akbar erschöpft mit seinem Gewehr unter einem blühenden Baum, um ihn herum seine drei ratlosen Begleiter, im Hintergrund das suchende Gefolge sowie die Stadt und die Berge, von denen die Jagd ausgegangen war. Am unteren Bildrand die erlösende Ankunft der Wasserträger. Das Ereignis lässt sich auf den Herbst des Jahrs 1570 datieren.

Wenn der König halt macht, erwarten ihn seine Wachen, indem sie sich in einer ununterbrochenen Reihe zweihundert Schritte weit auf beiden Seiten des Eingangs zum königlichen Quartier aufstellen. Auf der einen Flanke stehen die Elefanten, die durch Panzer sorgfältig vor Verletzungen durch Geschosse geschützt sind. Auf der anderen Flanke stehen die berittenen Bogenschützen, die Hellebardenträger und die leicht bewaffneten Truppen. Die Moghuln haben keine schwere Reiterei. Wenn der König vorbei kommt, wird er von jedem Mann, der bereit steht, gegrüsst.

Wenn er sich auf dem Marsch befindet, folgt ihm zuerst die Reiterei, dann die Elefanten. Voraus ziehen Trommler und Trompeter, die auf Elefanten reiten. Sie sind *alle still,* ausser einem, der seine Trommel in langsamen, feierlichen Rhythmen ungefähr alle zehn Schritte schlägt. Vorreiter ziehen voran und treiben jedermann fort, dem sie begegnen. Die Königinnen reiten auf Elefantenweibchen unsichtbar in ihren bunt geschmückten Sänften. 500 alte Männer höchst würdiger und verehrenswerter Erscheinung bewachen und geleiten sie. Grosser Wert wird darauf gelegt, alle jene, die sich auf der Marschroute der Königin befinden, in weite Distanz zu vertreiben. Je höher der Rang und die Würden dieser Leute sind, desto genauer und sorgfältiger erfüllen sie ihre Aufgaben. Die begleitenden Damen folgen den Königinnen auf Kamelen unter weissen Sonnenschirmen. Auch der Staatsschatz hat seine eigene Wache. Er wird von Elefanten und Kamelen getragen. Das übrige Gepäck, Munition und so weiter wird auf zweirädigen Karren transportiert, die Möbel des Königs und seine Gebrauchsgegenstände auf Maultieren.» (Commentarius, engl. Übers. von J. S. Holyland, Oxford Univ. Press 1922, p. 78 f.).

Abu'l-Fadl ergänzt: «Es gab alles Nötige für zwei vollständige Lager. Eines wurde immer vorausgesandt und für den nächsten Halteplatz der königlichen Reise vorbereitet. Ein jedes Lager benötigte für seinen Transport 100 Elefanten, 400 Karren und 100 Träger. 100 Soldaten und Offiziere begleiteten es. 1000 Diener sorgten für die Bedienung und 500 Wegbereiter und Pioniere, 100 Wasserträger, 50 Zimmerleute, Zeltmacher und Fackelträger, sowie 30 Lederfachleute und 150 Putzer gehörten zu einem jeden» (Ai'n, p. 49).

Im Dezember des Jahres 1581 war Akbar nach Fathpur Sikri zurückgekehrt. Nach diesen Kämpfen im Osten und im Westen dehnte sich sein Herrschaftsbereich von Bengalen bis nach Afghanistan aus.

Neben den kriegerischen Aktionen gingen Verwaltungsmassnahmen einher, die eine grössere Gerechtigkeit bei den Steuern anstrebten, welche die Untertanen des Reiches zu entrichten hatten. Akbar war sich der Tatsache sehr bewusst, dass der Zusammenhalt des Reiches auf Gerechtigkeit beruhe, und er tat viel, um eine gerechte und gleichmässige Behandlung all seiner Untertanen zu erreichen. Sein wichtigstes Instrument dabei war *Todar Mal,* ein besonders begabter Kshatriya (Mitglieder indischen Kriegerkaste) aus der Region von Lahore, der auch als General und gelegentlich als Provinzgouverneur diente, jedoch in erster Linie als Finanz- und Steuerfachmann wirkte.

Der erste Versuch einer umfassenden Finanzreform von 1574–5 mit der Einteilung aller Gebiete in lauter je ein Kror, das heisst 10 Millionen Tankas, einbringende Provinzen, war unbefriedigend verlaufen. Dieses System war offensichtlich eingeführt worden, um das Bareinkommen des Staatsschatzes zu maximalisieren und die Armee möglichst direkt daraus zu bezahlen, während umgekehrt die Lehen (Jagir) so weit wie möglich reduziert werden sollten. Die Jagirs hatten den Nachteil, dass ihre Inhaber danach trachteten – wie das im europäischen Feudalismus in sehr viel stärkerem Masse der Fall war –, permanente Inhaber ihres Lehensgebietes und damit eigenständige Fürsten zu werden. Das System mit den 10 Millionen Tanka-Steuerkreisen brach jedoch zusammen, in erster Linie offensichtlich, weil die Steuerpächter und Eintreiber, die als «Kroris» bekannt waren (die «10 Millionler»), allzu gierig sich selbst bedienten.

Die Periode des Zusammenbruchs des «Krori»-Systems fiel in eine Zeit (1575–79), in der Todar Mal als General und Provinzgouverneur anderweitig beschäftigt war, vor allem in Gujarat; der, wie oben erwähnt, später wegen angeblichen Verrats hingerichtete Khawaja Shah Mansur Schirasi leitete das Finanzministerium (Diwan) in der Hauptstadt. Nach seiner Rückkehr ergriff Todar Mal scharfe Massnahmen, um die Kroris zu zwingen, das Geld, das sie für sich behalten hatten, wieder herauszurücken (Echo davon oben bei Bada'uni).

In den Jahren darauf, zwischen 1579 und 1580, wurde beschlossen, ein neues System einzuführen, das auf dem Durchschnittsertrag der Ländereien während 10 Jahren beruhte. Die Erträge der letzten fünf Jahre waren dem Ministerium bekannt, für die vorausgehenden fünf wurden Schätzungen eingeführt. Die Durchschnittszahl wurde jedes Jahr, unter Berücksichtigung der Erträge des letzten Jahres natürlich, neu berechnet. Die geschuldeten

Steuern wurden nun in Geld ausgedrückt, früher waren sie in Natura festgelegt (rund ein Drittel der Ernten). Für Gebiete, in denen die Ernten ganz oder teilweise ausblieben, waren Ausnahmen vorgesehen.

Todar Mal erhielt einen anderen Fachmann zur Seite gestellt, Fathallah Shirasi aus Bijapur, und die beiden legten schrittweise das endgültige System fest, das in den späteren Jahren weiter ausgebaut und verbessert wurde. Dabei war Todar Mal offensichtlich die treibende Kraft. Er galt als unbestechlich. (AN III, 569; Übers. III, 862).

Wenn die Bauern es vorzogen, konnten sie auch nach den älteren, früher geltenden Systemen Steuern bezahlen, die vor allem solche gewesen sein dürften, in denen Gruppen unter bestimmten Stammeschefs, Dorfvorstehern etc. kollektiv besteuert wurden. Todar Mal führte sogar die Möglichkeit staatlicher Anleihen ein, welche die Bauern in Anspruch nehmen konnten.

Die *Pargana* war seit langer Zeit (wohl schon vor Sher Shah Sur, dessen Vater zwei Parganas verwaltet hatte) die kleinste Steuerregion. Sie bestand aus mehreren Dörfern, und ihre Grenzen konnten sich je nach den wechselnden Siedlungsbedingungen verschieben. Jede Pargana hatte mindestens drei Beamte, die für das Steuerwesen zuständig waren: den *Kanungo*, den *Amin* und den *Shikdar*. Sie waren verantwortlich für die Buchführung, die Steuersätze, die Landvermessung und Ernteeinschätzung; sie sollten auch die Rechte der Bauern «verteidigen». Jedes einzelne Dorf hatte ausserdem seinen *Patwari* oder Dorfbuchhalter.

Massnahmen wurden getroffen, um die bestellte Landfläche auszudehnen und den Wert der Produktion zu steigern. Die Patwari konnten 2,5% der Wertsteigerung, die sie in ihren Dörfern erzielten, für sich in Anspruch nehmen. Brachliegendes Land wurde besteuert, im ersten Jahr mit nur einem Bruchteil der Steuern für Bebautes; dieser Bruchteil nahm jedoch zu mit jedem Jahr, in dem das Landstück unbestellt blieb.

Die Parganas waren zu *Sarkars,* Distrikten, zusammengefasst und diese seit Akbar zu 12 (später 15) *Subas* oder Provinzen. Auf den Ebenen der Distrikte und der Provinzen wiederholten sich die Ämter für Buchführung, Steuersätze und Landvermessungen, doch die Distrikte hatten auch einen Richter; und ein *Fawjdar,* dessen Amtsbereich nicht immer mit einem Distrikt zusammenfiel, war für Ruhe und Ordnung verantwortlich. Auch der Provinzgouverneur, den der Kaiser ernannte, erhielt Provinzbeamte zur Seite gestellt, die direkt den Zentralen Verwaltungen für Finanzen, Justiz oder Heerwesen bei Hof unterstanden.

Dieses Steuersystem bestand in seiner reinen Form wohl nur in den Staatsdomänen (Khalsa); wie weit es in den Lehensgebieten ebenfalls zur Anwendung kam, ist ungewiss und dürfte auch von Region zu Region verschieden gewesen sein.

Für die Lehensgebiete (Jagir) bestanden andere Regeln. Der Lehensherr bezog die Steuern zumeist direkt aus seinem Lehen, wobei er jedoch die allgemein geltenden Steuersätze nicht übertreten sollte. Er erhielt auch einen Sold, wenn er Kriegsdienst leistete. Ein wichtiger Grundsatz war, dass die Lehen sehr oft ausgewechselt und neu verteilt wurden, was stets auf Befehl des Kaisers geschah, jedoch auch bürokratische Massnahmen wie Registrierung, Kontrollen und Urkunden erforderte. In Ausnahmefällen, wenn zuvor unabhängige Fürsten in den Dienst Akbars traten, besonders die Rajputen, erhielten sie ihr bisheriges Fürstentum oder Teile davon als permanente Lehen, diese wurden als *Watan Jagir* bezeichnet («Heimat-Lehen») und waren in der Regel erblich.

In den Registern (es sind nur solche aus der Zeit nach Akbar erhalten) werden die Lehenshalter mit zweierlei Zahlen aufgeführt, entweder nur mit *Dhat* oder mit *Dhat* und *Suwar*. Dhat bezieht sich auf Geldsummen, die der Lehenshalter entweder direkt aus seinem Lehen zog oder, besonders im Falle von kleineren Summen, aus dem Staatsschutz erhielt. Die Dhat gingen von einem Minimum von 20 zu einem Maximum von 7000.

Daneben konnte ein Lehensmann, der Kriegsdienste leistete, einen Suwar-Rang einnehmen; das Wort bedeutet Reiter (im Plural); die Hierarchie reichte von 10 bis 5000 «Reitern». Doch dies bedeutete nicht, dass der Lehensinhaber gehalten war, gleichviele Reiter, wie sein Rang sie anzeigte, ins Feld zu führen. Ursprünglich war das wohl der Fall, doch später gab es komplexe Regeln für das Verhältnis zwischen der Rangzahl und den tatsächlichen Reitern, die ein Lehensträger stellen musste.

Ein Lehensherr, der Dhat- und Suwar-Rang besass, erhielt ein zusätzliches Gehalt für seine «Reiter».

Die Lehensträger (Jagirdar, Mansabdar) stellten die eigentliche militärische und administrative Elite des Reiches dar. Akbar entschied direkt und persönlich, welchen Rang sie erhalten sollten. Wer neu in den Staatsdienst trat, begann mit einem niedrigen Rang und stieg je nach Verdienst auf, doch konnte er auch zurückgesetzt werden. Der Kaiser ordnete auch die Versetzungen und Neuanweisungen von Lehen an, die häufig durchgeführt wurden. Es kam vor, dass militärischen Führern im voraus Lehen in Regionen zugeteilt wurden, die sie selbst zu erobern beauftragt waren.

In der zentralen Verwaltung achtete Akbar seit seiner Befreiung von der Vormundschaft des Khan-e Khanan Bayram Khan darauf, dass ein Gleichgewicht zwischen den hohen Ämtern geschaffen wurde. Der Titel Khan-e

Khanan bestand zwar weiter, doch seine Machtbefugnisse wurden eingeschränkt, indem der *Diwan* (Finanzminister), dem mit seinen Gehilfen die gesamte Finanzverwaltung unterstand, neben ihn trat, und immer mehr an Bedeutung gewann. Es gab weiter einen *Mir Bakhshi,* der sich mit allem offiziellen Transport-, Vorrats- und Nachschubwesen des Hofes und des Heeres zu befassen hatte und auf den Kriegszügen auch die Soldaten entlöhnte, während dies in Friedenszeiten Sache des Diwans war. Man könnte ihn modern ausgedrückt als Generalquartiermeister bezeichnen. Der *Mir Saman* war zuständig für die Hofmanufakturen, Vorratshäuser und Werkstätten der zentralen Regierung. Der *Sadr'us-Sudur* war das Oberhaupt aller Geistlichen und Richter (Qadis); er beaufsichtigte auch die frommen Stiftungen und empfahl verdiente Gelehrte und Geistliche für Landkonzessionen (Madade Ma'ash), die dazu bestimmt waren, ihren Unterhalt zu garantieren. Nach 1581 reduzierte Akbar, wie schon erwähnt, seine Macht, indem er festlegte, dass eine jede Provinz ihren eigenen Sadr erhalte, die er alle selbst bestimmte.

Auch die Provinzgouverneure und die kommandierenden Generäle wurden von Akbar direkt ernannt. Grössere Heere erhielten oft mehrere Kommandanten. In jeder der Provinzen sass ein «Nachrichtenschreiber» (Wakaiye Nawis), der an den Hof übermittelte, was in der Provinz vorging. Neben ihm gab es noch einen Geheimdienstschreiber, und dessen Berichte wurden weiter ergänzt durch Spione oder geheime Informatoren des Hofes.

Berühmt war das Post- und Nachrichtenwesen der Moghuln, das aus Stafettenläufern bestand. Der Reisende aus Nordafrika Ibn Battuta (1304–77), der Indien zur Zeit des Sultanats von Delhi besuchte, beschreibt diese Post, deren wesentliche Züge auch unter Akbar fortdauerten:

> «Der Dienst der Läufer zu Fuss hat drei Ablösungsstationen pro Meile. Sie nennen sie *Dawa,* weil ein Dawa ein Drittel einer Meile ausmacht. Die Meile selbst nennen sie *Kuruh.* Jedes Drittel Meile gibt es einen bewohnten Flecken, an dessen Peripherie drei Pavillons stehen. Dort sitzen Leute gegürtet und bereit aufzubrechen. Jeder von ihnen hat einen kurzen Stab, etwa zwei Ellen lang, an dessen Ende kupferne Glocken befestigt sind. Wenn ein Kurier die Stadt verlässt, nimmt er den Brief in die eine Hand und den Stab mit den Glocken in die andere. Er rennt so schnell er nur kann. Die Leute in den Pavillons, die den Ton der Glocken hören, machen sich bereit, ihm zu begegnen, und wenn er einen von ihnen erreicht, nimmt er den Brief in seine Hand, geht weiter, rennend, so schnell er kann, und seinen Stab schüttelnd, bis er die näch-

ste ‹Dawa› erreicht; und so geht es fort, bis der Brief sein Ziel erreicht. Diese Post ist schneller als die Pferdepost, und sie wird oft gebraucht, um Früchte aus Khorasan (Ostpersien) zu bringen, die ihnen als ein grosser Luxus gelten. Die Läufer legen sie auf geflochtene Tabletts und bringen sie mit grosser Geschwindigkeit zum Sultan. In der gleichen Art bringen sie auch die grossen Verbrecher; sie legen jeden Mann auf eine Bahre und laufen, indem sie die Bahre auf ihren Köpfen tragen.» (Travels of Ibn Battuta, Transl. Gibb,p. 594).

Festigung des erworbenen Reiches

Nach der Niederschlagung der Rebellionen von Bengalen und Kabul, der Erneuerung der inneren Strukturen des Reiches und der Einschränkung der Macht der orthodoxen Gottesgelehrten durch den Erlass des «Mahzars» kann man Akbar, der damals kurz vor seinem 40. Lebensjahr stand, als auf dem Höhepunkt seiner Macht angelangt ansehen. Der Kaiser hat zwar in den späteren Jahren weitere Provinzen Indiens erobert, wie Kaschmir (1586), Sind (1591), Beluchistan (1595) und im selben Jahr die Stadt Kandahar, und er hat Expeditionen in weite Gebiete des Südens und des Ostens entsandt, die mehr oder weniger dauerhafte Eroberungen mit sich brachten, namentlich im Dekkan (1591 und später), in Orissa (1592), nach Berar (1596) und Bijapur (1600). Von einigen davon wird noch die Rede sein. Doch die Grenzen der Expansionsfähigkeit seines Reiches schienen grundsätzlich erreicht.

Dies hatte einerseits mit den Distanzen und den natürlichen Bedingungen zu tun, die auf dem Plateau des Dekkans und in den Dschungeln von Orissa, Gondwara und Golkonda bestanden, andererseits aber auch mit der Frage der Nachfolge des Kaisers, die seine ganzen späteren Jahre überschattete.

Die Nachfolgefrage

Sein Sohn Salim, der spätere Kaiser Jahangir, war nicht bereit, sich in Person weiteren Eroberungsplänen Akbars zur Verfügung zu stellen. Er weigerte sich mehrmals, grössere Kriegsexpeditionen zu leiten, zu denen Akbar ihn anregen wollte. Akbar hatte ihm z. B. vorgeschlagen, mit einem Heer nach Transoxanien zu ziehen, um zu versuchen, den alten Traum Baburs wiederaufleben zu lassen: die Eroberung von Samarkand. Doch Salim lehnte ab. Später hat er ihm befohlen, nach dem Süden zu ziehen und dort die Eroberung des Dekkans zu fördern, doch Salim tat es nicht.

Seine Haltung war wahrscheinlich primär eine Frage der Nachfolgestrategie; er musste sich in der Nähe des Hofes befinden, wenn der Kaiser sterben sollte, und er musste seine beiden anderen Brüder im Auge behalten; er liess sie in der Tat durch Spione überwachen, um gewiss sein zu können, dass nicht einer von ihnen unbemerkt seinen Vater überredete, ihm die Nachfolge zu versprechen oder gar zu übergeben.

Die beiden jüngeren Brüder, die die Tage der Kindheit überlebten, *Murad* (1570–1599) und *Daniyal* (1572–1605), waren dem Alkohol und Drogengenuss ergeben; Murad im besonderen scheint ein schwieriger Charakter gewesen zu sein, der mit den Mitarbeitern nicht auskam, die ihm Akbar zur Seite stellte, dem Kaiser selbst aus dem Weg ging und schliesslich an einem Übermass von Alkohol starb.

Daniyal (dies ist die arabische Form für Daniel, der auch im Islam zu den Propheten gerechnet wird) erwies sich ebenfalls als wenig tüchtig im Krieg und als grosser Trinker; er hatte sich einen kleinen Hof in Burhanpur, weit im Süden, eingerichtet und vermied es, sich an den Hof zu begeben.

Sein Halbbruder Salim beschreibt den Tod des damals 33jährigen im Jahr 1604 in seinen Memoiren. Er dürfte ihn eher als einen Feind und Rivalen denn als einen Bruder angesehen haben:

> «Er liebte es, mit Flinten zu jagen und er besass eine, die er ‹nahe am Grab› nannte; auf ihren Lauf hatte er die Verse eingravieren lassen:
>
> Froh auf der Jagd mit dir, ist mein Herz heiter und frisch.
> Wer deine tödliche Kugel erhält, der ist nahe am Grab.
>
> Er trank aber auch so viel, dass dies Akbar berichtet wurde, und der Herrscher schrieb an (den General) Abdur-Rahim Khan-e Khanan, machte ihm Vorwürfe und bat ihn, alles zu tun, damit der Prinz nicht wieder zu trinken beginne. Der Khan-e Khanan (dieser war der Sohn von Bayram Khan und bei dessen Tod 4 Jahre alt gewesen. Akbar hatte ihn bei Hofe erziehen lassen, und er wurde später einer seiner grössten Heerführer) verbot dem Prinzen den Wein und umgab ihn mit Leuten, die ihn bewachen sollten.
>
> Als ihm aller Zugang zum Wein gänzlich abgeschnitten war, fing er an zu seufzen und einige seiner Diener anzuflehen: ‹Bringt mir doch Wein, koste es was es wolle.› Dann sagte er zu Murshid Quli Khan, einem seiner Gefolgsleute: ‹Bring mir doch Wein in der ‹Nahe am Grab›-Flinte.› Der Mann tat es, weil er auf Belohnung hoffte; er füllte doppelt ge-

brannten Alkohol in das Rohr der Flinte, welches noch Reste von Pulver enthielt und brachte es ihm. Der Rost und Russ im Inneren des Rohrs löste sich in dem Alkohol und mischte sich damit. Kaum hatte der Prinz von dieser Mischung getrunken, wurde er krank, und er starb nach einem Todeskampf, der 40 Tage dauerte». (Tuzuk-i Jahangiri, p. 35f.).

Die grössten Probleme sollten dem Kaiser aber nicht der frühe Tod seiner jüngeren Söhne, sondern die Ränkespiele seines Ältesten bereiten. Salims Verlangen nach der Macht, das in dem geschilderten Verhalten gegenüber seinem Vater und seinen Brüdern schon zum Ausdruck kam, gipfelte schliesslich in offener Rebellion. Davon wird noch zu sprechen sein.

Kapitel 8
Tawhid-e Ilahi, die endgültige Religionspolitik Akbars

Auf dem Höhepunkt seiner Macht angekommen, schritt Akbar dazu, auch seine Religionspolitik in Einklang mit seinen theoretischen religiösen Erkenntnissen zu bringen.

Als junger Mann schon war er darauf bedacht gewesen, seine Untertanen aller Religionen gleich zu behandeln. Wir haben davon schon gesprochen: Er hatte 1562, als er 20 Jahre alt war, verboten, Hindus zu versklaven; er hatte im Jahre darauf die Sondersteuern, die auf Hindu-Pilgerfahrten lasteten, aufgehoben, und im folgenden Jahr sogar die *Jizya* abgeschafft, die Sondersteuer, die alle Nicht-Muslime in den islamischen Ländern zu bezahlen hatten und die den orthodoxen Geistlichen als ein Teil des islamischen Gottesgesetzes, der Shari'a, galt. Er hatte sich dann, wie ebenfalls beschrieben, 15 Jahre später, von Scheich Mubarak und dessen Sohn Abu'l-Fadl angeregt, mit dem *Mahzar* bescheinigen lassen, dass ihm selbst das Recht auf Entscheidung zukomme, wenn die Gottesgelehrten in Fragen des Gottesgesetzes nicht übereinstimmten.

Er tat diesen Schritt im Jahr 1579, nachdem er sich im Verlauf der Diskussionen der Gottesgelehrten im «Hause des Gottesdienstes» überzeugt hatte, dass diese ohne einen Schiedsrichter nicht auskommen konnten und dass vielen von ihnen mehr an ihrem Prestige und Reichtum lag als an der Suche nach Wahrheit.

Er ging dann dazu über, die verschiedenen Religionen, über die er sich informieren konnte, miteinander zu vergleichen und gewissermassen probeweise einzelne Riten von ihnen für seine Person zu übernehmen. Schliesslich entschloss er sich zu Beginn des Jahres 1582, als er vor seinem 40. Lebensjahr stand, zweifellos auch wieder mit Hilfe von Abu'l-Fadl, seinen eigenen Religionsorden zu proklamieren, den er *Tawhid-e Ilahi* nannte.

Dieses Tawhid-e Ilahi ist oft missverstanden worden. Schon die kritischen Zeitgenossen des Kaisers, wie Bada'uni, sprachen von einem angeblichen *Din-e Ilahi*, das er gegründet habe, das heisst einer «göttlichen Religion», als ob er sich selbst als einen neuen Propheten gesehen habe. V. A. Smith hat diesen Ausdruck in seine weit verbreitete Akbar-Biographie (zuerst 1917 erschienen) übernommen und stellt den Kaiser als einen Verblendeten dar, der sich in seinem Hochmut als Religionsgründer aufgespielt habe.

Tawhid, ein zentraler Begriff der muslimischen Theologie

Tawhid ist in der Tat ein schwer zu übersetzender Begriff. Das Wort gehört zu der arabischen Wurzel, die «eins» bedeutet; von ihr ist eine Kausativform abgeleitet «eins machen», «zu einem machen», «ver-einigen». Aus diesem Kausativ ist sodann ein Substantiv abgeleitet, das eben «Tawhid» lautet mit der Bedeutung: «Das-zu-einem-Machen», also je nach Zusammenhang «Als Einheit sehen», «Zur Einheit erklären» und damit zusammenhängend «Das die Einheit (Gottes) Erklären», was dann bedeuten kann, «das islamische Glaubensbekenntnis aussprechen» und auch einfach «das Glaubensbekenntnis (des Islams)». Man sagt auf arabisch: «Wahhadu-l-Lah!», wörtlich: «Macht Gott zu Einem!», was bedeutet: «Sprecht das Glaubensbekenntnis aus!», welches seinerseits beginnt «Es gibt keinen Gott ausser Gott ...».

Tawhid («Das Eins-Machen») ist *der* zentrale Begriff der islamischen Theologie, Ausdruck dessen, was die vergleichenden Religionswissenschaftler als «extremen Monismus» bezeichnen: Es gibt nur «einen» Gott, Gott ist «einzig», was weiter gesteigert werden kann in: Gott ist das einzig Reale; nur Er existiert.

In diesem Zusammenhang gehört der Begriff Tawhid auch in die islamische Mystik; er ist schon im Koran vorgegeben, besonders deutlich in den Versen 59–64 der 27. Sura, mit der fünfmal wiederholten Frage: «Gibt es denn neben Gott einen anderen Gott?», oder wie Jacques Berque genauer nachformt: «Avec Dieu peut-il y avoir un dieu?»

Die Mystiker verstehen «Tawhid» so, dass nur Gott Realität hat, es gibt nur IHN. Weshalb sie von einem «Fanâ' fi t-Tawhid», sprechen («Entwerden im Einheitsbekenntnis,» übersetzt Hellmuth Ritter. Das Meer der Seele p. 601. Doch das Tawhid ist möglicherweise mehr als Bekenntnis zur Einheit, es kann auch Erkenntnis der Einheit sein.) Hellmuth Ritter zitiert den Weisheitsspruch des Ibn Ataallah, der mit der oben angeführten Koranstelle zusammenhängen dürfte: *«Gott war und kein Ding war mit ihm zugleich, und er ist jetzt ebenso, wie er war»*. Und dazu: *«Nicht, dass etwas mit Gott zugleich da wäre, sperrt dich von Ihm ab, sondern der Wahn, dass etwas mit ihm zugleich da sei, sperrt dich von Ihm ab.»* (p. 602).

Von der Fülle der Bilder der Mystiker, die um diese Vorstellungen kreisen, hier nur eines, ebenfalls von H. Ritter angeführtes:

«Wenn du ein Wegschreiter bist, so betrachte alles als ein Kleid des Königs. Wenn du weisst, dass der König tausend verschiedene Kleider trägt, so gerätst du nicht in die Schar der Ruhelosen. Irre dich nicht! Der König wechselt immerfort sein Kleid. Wenn die Welt voll Schwarz ist und voll Weiss, so wisse, dass das die wechselnde Kleidung des Königs ist. Beide Welten sind wie ein einziges Kleid – sieh die Einheit; denn Doppelsichtigkeit ist die Vielgötterei der Magier! Viele Kleider hat der König in seiner Kammer – sieh du nicht auf das Kleid, sieh du allein den König!» (Attar, Ilahi Nameh, in: H. Ritter, Das Meer der Seele, Leiden, 1978,p. 606).

Zusammenhang mit der «Einheit des Seins»

Das «Göttliche Eins-Sein», das Akbar verkündet, meint den Einen, der hinter den verschiedenen Formen, unter denen Gott in Erscheinung tritt, steht; den Zielpunkt der verschiedenen Wege, auf denen Er von den Menschen gesucht und geehrt werden kann; die essentielle «Einsheit des Seins», arabisch: *Wahdat al-Wujud,* die seit dem grossen Mystiker *Ibn Arabi* (1024–1140) einen der zentralen Komplexe der islamischen Mystik bildet.

Wie S. A. A. Rizvi (op. cit., p. 344 und andere, siehe Index) unterstreicht, besteht ein intensiver Kontakt zwischen den Ideen *Ibn Arabis* und Akbar, sowie natürlich auch Abu'l-Fadl. Wenn nun Akbar unter dem Namen eines *Tawhid-e Ilahi* (man kann in diesem Zusammenhang übersetzen: der «Göttlichen Einheitserkenntnis») Personen um sich zu sammeln versucht, gründet er eher eine Art mystisch-politischen Orden als eine Religion. Es geht ihm um dieses Eine, Einzige, welches das Innerste der Religionen ausmacht. Akbar sieht sich selbst als den Pir, den Gründer und Leiter seines Ordens, und Abu'l-Fadl dürfte ihn darin durchaus bestärkt haben.

Die «Muriden», «Schüler» oder «Jünger» des Königs

Der Pir oder Scheich eines mystischen Ordens hat Schüler, die man *Muriden* nennt (übersetzt: «die Wollenden, Suchenden»); sie sollen sich ganz seiner Führung ausliefern, «wie eine Leiche in der Hand des Leichenwäschers», sagt eine berühmte Anweisung.

Die vertrauten Beamten Akbars bezeichneten sich als Muriden. Dabei scheint es zwei Grade gegeben zu haben: als einfache Muriden wurden

Staatsdiener aufgenommen, die darum ersuchten und deren Loyalität als gesichert galt. Solche Muriden konnten auch in den Provinzen von den Vertretern Akbars, den Gouverneuren, geweiht werden. Dann gab es eine höhere Stufe, die wohl nur auf ganz wenige Personen beschränkt blieb, ihr persischer Name ist: *Ikhlas-e Chehargana,* «Vierfältige Loyalität». Das Wort wird von Bada'uni gleichgesetzt mit dem Begriff «Din ul-Ilahi» oder «göttliche Religion», die Akbar, wie Bada'uni ihm vorwirft, eingeführt haben soll. Doch dies hat man als eine propagandistisch gefärbte Behauptung Bada'unis zu verstehen.

Die «vierfache Loyalität» bestand daraus, dass ein Vertrauter und Gefolgsmann des Kaisers ihm gelobte, Loyalität zum Kaiser über sein Vermögen, sein Leben, seine Ehre und seine Religion zu stellen. Bada'uni gibt eine Formel, die, wie er behauptet, Kandidaten schriftlich eingereicht hätten; sie sagt: «Ich so und so, Sohn des so und so, befreie und trenne mich freiwillig und mit ehrlicher Freude vom traditionellen und imitativen Islam, den ich meine Väter habe praktizieren sehen und über den ich sie sprechen hörte; ich schliesse mich an der göttlichen Religion von Akbar Schah, indem ich die vier Grade der Hingebung annehme, welche sind: Aufopferung von Besitz, Leben, Ehre und Religion.»

(Bada'uni II, p. 304; die Übersetzung von Lowe II, 314, ist falsch an einer entscheidenden Stelle, weil sie statt von «traditionellem und imitativen Islam» setzt: «von der Religion des Islam». Die Fehlübersetzung dürfte viele Fehlbeurteilungen des angeblichen «din-e Ilahi» verursacht haben. Für all dies siehe: S. A. A. Rizvi, op. cit., p. 391)

Bada'unis Kritik an Akbar nahm mit den Jahren immer mehr zu (siehe: die ausführlichen und empörten Schmähreden auf die «neue Ordnung» in Bada'unis Chronik II, p. 310 bis 319 und 349 der Übersetzung von Lowe). Der Chronist war ohne Zweifel auch darüber verbittert (s. dort pp. 300–309), dass er selbst in seiner Hofkarriere nicht vorankam. Er identifizierte sich immer mehr mit den orthodoxen Kreisen, die Akbars Religionspolitik verurteilten, obwohl er in früheren Zeiten kein Freund der grossen orthodoxen Geistlichen im Stile von Abd un-Nabi und Makhdum ul-Mulk gewesen war, die Akbar ausgeschaltet hatte. Bada'uni lag nun daran, den Orden des Kaisers, der wahrscheinlich den Namen «Tawhid-e Ilahi» erhalten hatte (vorgeschlagene Übersetzung: «Einheitserkenntnis Gottes») als «Din-e Ilahi», «göttliche Religion», darzustellen, das heisst, ihn in die Nähe der Gründung einer «neuen Religion» zu rücken, was dann natürlich Akbar zum Erzhäretiker und Abtrünnigen vom Islam abstempeln musste.

In Bada'unis Augen gingen die Grossen des Reiches, sei es die Mehrzahl, die Muriden («Schüler» Akbars) wurden, seien es die Wenigen auf der oberen Stufe, welche die vier Loyalitätsgrade zu erfüllen versprachen, «in die Falle wie Fische». Er muss an eine Reuse gedacht haben. (Bada'uni II, 404; Lowe 418). Sie seien angelockt worden von der Aussicht auf Lehenspfründen.

Loyalitätsversprechen gegenüber Akbar

Für Abu'l-Fadl hingegen waren der Orden und die in ihn eingefügten religiösen Elemente ein Instrument, um Loyalität zwischen dem Kaiser und seinen Gefolgsleuten zu schaffen.

> «Weise und scharfsichtige Leute erkennen, dass jedesmal, wenn der Oberherr der Erde die richtigen Pläne fasst und sich daran macht, Ruhe unter den Menschen zu verbreiten, dass dann die Diener auf der Schwelle des Glücks (d. h. des Hofes) unter seiner glücklichen Führung sich in Getreue verwandeln und alle mit einem Herzen das Werk ihres Königs, Meisters und Wohltäters als eine göttliche Weisung erkennen, und sich deshalb ganz seinem Dienste hingeben. Dann wird der Gang der Welt geschmückt und ruhmvolle Taten werden offenbart. Der Herr der Welt wird auf einen Schlag erfolgreich, geistig und materiell, und die Getreuen, ohne Rücksicht auf eigenen Gewinn und Verlust, *erkennen im Dienste der Herrschaft die höchste Form von Gottesdienst* (Hervorhebung A. H.), weshalb sie Dienste verrichten, wie sie in Zeiten früherer Herrscher selten zustande gekommen sind.» (AN III, p. 23; Übers. III, p. 32, zitiert von A. S. S. Rizvi, op. cit., p. 399).

«Muriden» als staatstragende Elite islamischer Reiche

Das *Muridentum* («Schüler» des Kaisers) sollte über Akbar hinaus unter Jahangir und Shahjahan fortdauern. Es muss ein wichtiger Zement gewesen sein, der dazu diente, die Dynastie zu erhalten. Erst Aurangzeb, in Übereinstimmung mit seiner Rückkehr zur engen Orthodoxie, sollte gegen Ende seiner Herrschaft dieses Band auflösen.

«Muriden» waren auch die Gefolgsleute von Schah Ismail in Persien, des Begründers der Safawiden-Dynastie. Der Begriff *«Shah Sevan»* (die den Schah Liebenden) – ein schillernder Ausdruck zwischen einem mystischen Gottesbegriff und der politischen Loyalität zum schiitischen Schah der Safawiden (der seinerseits eine charismatische Führungsposition als schiitischer Imam für sich in Anspruch nahm) spielt eine wichtige Rolle unter den turkmenischen Kämpfern und Mystikern Ostanatoliens, die im 15. und 16. Jahrhundert den osmanischen Staat herausforderten und gelegentlich in Gefahr brachten.

Die Osmanen selbst hatten ihre «Sklaven der Pforte», die wegen ihrer absoluten Ergebenheit gegenüber dem Sultan die eigentlichen Träger des Osmanischen Grossreiches werden sollten, so dass der Gedanke einer staatstragenden Elite, die sich dem Herrscher «mit Leib und Seele» verschreibt, durchaus zu den Grundkonzepten der damaligen Grossreiche gezählt werden muss.

Der Unterschied im Falle Akbars und seines Reiches war, dass von den «vierfach Loyalen» gegenüber Akbar nicht erwartet wurde, sich einer spezifischen Staatsreligion anzuschliessen und hinzugeben, sondern vielmehr dem Tawhid-e Ilahi Akbars, das heisst Akbars Erkenntnis, dass in allen Religionen ein Stück Theophanie, Gotteserkenntnis stecke und dass daher keine ganz ausgeschlossen werden könne.

Diese pluralistische Form war notwendig und nützlich um des indischen Reiches willen. Der «Frieden für Alle» *(Solh-e Kull),* der Akbar schon als 16jährigem gegen 1558 von seinem ersten mystischen Lehrer, dem Perser Abdul Latif, nahegelegt worden war, konnte gerade in Indien, wo die Hindus die Mehrheit der Bevölkerung bildeten, nur auf dieser Basis verwirklicht werden, was nicht unbedingt heissen muss, dass Akbar nur aus Motiven der politischen Zweckmässigkeit handelte. Er dürfte in der Tat von der Richtigkeit seiner Einsichten überzeugt gewesen sein. Und Abu'l-Fadl tat ohne Zweifel sein bestes, um diese Überzeugungen zu stützen und auszubauen, wobei er seinerseits auf einer grossen Tradition von mystischem Gottesverständnis Fuss fassen konnte, die bis auf Ibn Arabi, ja in ihren Wurzeln bis auf den Koran selbst zurückreichte.

Der Abglanz Gottes über dem Shahinshah

Abu'l-Fadl brachte noch einen zweiten Traditionszweig in die «Einheitserkenntnis Gottes», die persische Kaisertradition von den Achämeniden bis zu den Sassaniden, welche ihrerseits seit der Abbasidenzeit in das muslimische Kalifat eingeflossen war und auch nach dessen Zerfall (1258) in der islamischen Herrschaftstradition fortwirkte. Die Perser kannten eine besondere Weihe, welche ihren Herrschern Glanz verlieh. Abu'l-Fadl stellt sie so dar:

«Königtum ist ein Abglanz vom unvergleichlichen Gerechtigkeitsspender und ein Strahl der Sonne, des Erleuchters der Welt, Register im Buch der Vollkommenheit und Gefäss aller Tugend. In der heutigen Sprache nennen wir es *farr-e izidi* (göttlicher Glanz); in der Zunge der alten Zeit hiess es *kiyan khura* (‹khvarena›, Göttliches Licht). Gott überträgt es auf das geheiligte Antlitz (des Königs) ohne irgendwelche Vermittlung, und die Menschen beugen in seiner Gegenwart die Stirn ihrer Lobpreisung auf die Erde der Unterwerfung. Viele herrliche Eigenschaften gehen auf den Besitz dieses Lichtes zurück.» (A'in I, p. 3; Übers. Blochmann p. 3, zitiert von A. S. S. Rizvi, op. cit., p. 354).

Rizvi erinnert auch daran, dass sogar ein so orthodoxer Gottesgelehrter wie *Muhammed Ghazali* (1058–1111), der freilich ein Perser war und gewisse seiner Schriften persisch schrieb, die Theorie vom göttlichen Segen, der auf den Königen ruht, anerkannt hat.

«Es muss zugegeben werden», schrieb er, «dass ihr Königtum und ihr göttlicher Glanz ihnen (den Königen) von Gott gewährt worden ist, und dass sie infolgedessen Gehorsam, Liebe und Anhänglichkeit verdienen. Mit Königen zu streiten, gebührt sich nicht, und sie zu hassen, ist falsch. Denn Gott, Er ist erhaben, hat geboten: ‹Gehorche Gott und gehorche dem Propheten und jenen von euch, die Befehlsgewalt inne haben›. (Koran 4, 62)». (Ghazalis Book of Counsel for Kings, transl. Bagley, p. 45–6)

Das grosse «Königsbuch» des Firdausi, das als das persische Nationalepos gilt, ist das Gefäss geworden, über das auch die nicht philosophisch und historisch gebildeten Perser und die anderen des Persischen mächtigen Muslime des Mittelalters von diesem göttlichen Segen erfuhren, der über dem Shahinshah oder Padeshah (Akbar gebrauchte den zweiten Titel, der türkische Sultan verwendete ihn ebenfalls) schwebte.

Der «Vollkommene Mensch» der Mystiker

Das Königtum, wie es in der persischen Tradition besteht und durch sie in die islamische einfliesst, wird seinerseits ergänzt durch die Figur des «Vollkommenen Menschen», die aus der philosophischen und mystischen Tradition stammt und von Abu'l-Fadl ebenfalls auf Akbar angewandt wird. Dieser «Vollkommene Mensch» ist nach Abu'l-Fadl «fähig, den Zusammenhang zwischen geistigen und weltlichen Dingen zu erkennen und diese beiden Grundgegebenheiten festzuhalten (AN III, 274). Für die Mystiker ist der

«Vollkommene Mensch», den sie aus der griechischen und arabischen Philosophie übernehmen, jener, der Gott am nächsten steht und in dem Gottes Licht sich am reinsten spiegelt. «Wie ein und dasselbe Licht verschiedene Farben annimmt, wenn es durch verschieden gefärbte Gläser fällt, so zeigt sich die gleiche Form des Absoluten unterschiedlich in verschiedenen Menschen mit verschiedenen Qualitäten.« (Ibn Arabi, zitiert nach Toshihiko Izutsu von A. S. S. Rizvi, op. cit., p. 238).

Für Ibn Arabi sind die wahren Vizeregenten Gottes auf der Erde Seine Heiligen. Doch in der späteren Zeit ist es nicht allein Abu'l-Fadl, sondern auch eine ganze Reihe von Mystikern, die daran glauben, dass der Gerechte König Gott nahesteht und sogar Wunder tut. Ein Glauben übrigens, der auch im europäischen Mittelalter und bis zur Aufklärung weit verbreitet war.

Abu'l-Fadl bemüht sogar die vorislamische mongolische Tradition, die unter den Timuriden lebendig geblieben war, nach welcher *Alan-go'a,* die Urmutter der *Nirun*-Mongolen, durch einen Lichtstrahl empfangen habe. Er erfindet dazu einen eigenen Mythos, nach dem Akbar schon damals in seiner Urform zur Welt gekommen sei, und viele Formen durchlief, bis seine Mutter, Ihre Majestät Maryam-e Makani («Anstelle von Maria», dies war der Titel, den Hamida Begum führte) ihn gebar. Er macht einen Vers dazu:

«Wenn du an die Geschichte der Maria glaubst,
Glaube auch an die von Alan-go'a.»
(AN, I, p. 64, vgl. Rizvi, p. 358).

Die Sonne als Lichtsymbol

Im Zuge der Heraushebung der Person Akbars hat Abu'l-Fadl auch die Sonnenverehrung des Kaisers ermutigt. Er betont immer wieder, dass die Sonne die Geschicke der Könige lenke. Ein Band zwischen Akbar und der Sonne wurde geschaffen. Der Kaiser selbst soll täglich am Morgen die Sonne begrüsst haben, indem er sie mit tausend und einem ihrer Namen anrief, welche er sich in Sanskrit habe sagen lassen. Darauf zeigte er sich der versammelten Bevölkerung aus einem Fenster oder von einem Balkon aus, was dem indischen Brauch von *Darshan* entspricht. Der Herrscher zeigt sich jeden Morgen seinen Untertanen, um deutlich zu machen, dass die Welt, Herrschaft, Dynastie, Epoche, deren Dauer auf ihn gegründet sind, fortdauert. Bada'uni sieht dies als «Sonnenanbetung». Für Abu'l-Fadl und für Akbar selbst dürfte es «eine symbolische Handlung» gewesen sein. Nach ihr begann

میگذشت که نزدیک رسیده باسب او پهلو زد اسب نیز چون عقل او از جای رفت و پر
محمد خان از اسب جدا شده در آب افتاد جمعی که باو نزدیک
طرح مسکینا عمل بریس ۱۰۶
2 - 1896 0.5
۲۰

Abbildung 14

Flussüberquerung in Gujarat

Im Jahr 1562, als der Kaiser seinen ersten Feldzug nach Gujarat durchführte, verfolgte er einen Rebellen, Ibrahim Hussain Mirza, mit einer kleinen Truppe. Als er den Mahi-Fluss erreichte, erfuhr er, dass der Mirza mit einer überlegenen Macht jenseits des Flusses bei dem Flecken Sarnal stehe. Er beschloss ihn sofort anzugreifen, obwohl er nur über 200 Mann verfügte. Er setzte stürmisch über den Fluss und erklomm sein steiles Ufer. Doch vor Sarnal kam es zu einem Gefecht mit dem Mirza und seinen Leuten, in dem Akbar selbst und der Rajpute Bhagwan Das ihre Angreifer erschlugen, jedoch Bhupat, der Bruder von Bhagwan Das, sein Leben verlor.

Die Miniatur stellt die Überschreitung des Mahi mit seiner tropischen Vegetation dar. Der Kaiser reitet voran, ohne auf seine Gefolgsleute, die noch im Fluss stecken, zu warten.

jedenfalls das Tagwerk des Kaisers, das in der Regel bis zur Mitternacht dauerte.
Bada'uni schreibt:

«Noch ein Befehl erging, nach dem die Sonne viermal am Tag angebetet werden müsse, morgens und abends, mittags und um Mitternacht. Seine Majestät hatte 1001 Sanskritnamen für die Sonne sammeln lassen und sprach sie täglich herunter, indem er sich fromm der Sonne zuwandte. Er pflegte dann beide Ohren anzufassen, sich rasch umzukehren und die unteren Enden der Ohren mit seinen Fäusten zu schlagen. Er nahm auch andere Gebräuche an, die mit Sonnenanbetung zusammenhingen. Er pflegte die Hindu-Markierung auf seiner Stirn zu tragen und befahl, das Orchester habe um Mitternacht und bei Tagesanbruch zu spielen. Moscheen und Gebetsräume wurden in Vorratsräume und Wachtlokale für die Hindus umgewandelt. Statt *Jama'at* (Gebetsversammlung), *machte er Jama' (Kopulation),* statt *Hay ala* ... (Komm zum ... Gebet) *yalala talala.* (Übers. Lowe p. 334) Die beiden Nachsätze sind eine polemisch gemeinte Beleidigung, die auf Wortspielen beruht: «unter ihm wurde Gebetsversammlung zum Geschlechtsverkehr entwürdigt; der Gebetsruf zum frivolen Spiel».
«Einige seiner Schüler, die sich etwas besonderes beigebracht hatten, nannte er Chelah, nach einem Fachausdruck der Jogis. Noch eine andere Gruppe, Wölfe unter den Schafen, Jäger unter dem Wild, die keinen Eingang zum Palast fanden, stellte sich jeden Morgen unter dem Fenster auf, an dem Seine Majestät zur Sonne zu beten pflegte, und sie erklärten, sie hätten Gelübde getan, ihren Mund nicht auszuwaschen, nicht zu essen und nicht zu trinken, bevor sie nicht das geheiligte Angesicht Seiner Majestät zu Augen bekommen hätten.
Jeden Abend gab es eine ganze Hofversammlung von bedürftigen Hindus und Muslimen, Männern und Frauen, Gesunden und Kranken, ein verrückter Auflauf und eine schreckliche Menschenmasse. Kaum hatte Seine Majestät die 1001 Namen der ‹Grösseren Leuchte› beendet, trat er auf den Balkon hinaus, und die ganze Gesellschaft warf sich zu Boden. Betrügerische und diebische Brahmanen sammelten weitere 1001 Namen ‹ihrer Majestät der Sonne› und erzählten dem Kaiser, er sei eine Inkarnation, so wie Ram, Krishna und andere heidnische Könige, und dass diese, obgleich Herren der Welt, seine Form angenommen hätten, um mit dem Volk unseres Planeten zu spielen.
Um ihm zu schmeicheln, brachten sie ihm auch Sanskrit-Verse, die sie von den Worten der alten Weisen genommen hätten, und die voraus-

sagten, ein grosser Eroberer werde in Indien erstehen, der die Brahmanen und die Kühe ehren und die Welt in Gerechtigkeit regieren werde. Diesen Unsinn schrieben sie auch auf Papier, das alt wirkte, und zeigten ihn dem Kaiser, der jedes Wort davon glaubte.»
«Jeder, den du willkommen hiessest, war genau dies».
(sc. willkommen). Gemeint ist: Jeder Beliebige wurde auf Geheiss Akbars bei Hof aufgenommen. (Bada'uni III, Übers. Lowe, p. 336).

Mitglieder des «Tawhid-e Ilahi»

Das Tawhid-e Ilahi wurde durch ein Minimum an Zeremonien institutionalisiert. Die Grossen, die eingeweiht werden wollten, mussten selbst ihre Kandidatur stellen, der Kaiser nahm sie an, wenn ihm das Loyalitätsversprechen, das abgegeben werden musste, glaubwürdig vorkam. Denn es war klar, dass stets die Gefahr bestand, dass opportunistische Beweggründe bei den Kandidaten mitspielten. Sogar Bada'uni räumt ein:

> «Wenn Seine Majestät nur ein wenig Geld ausgegeben hätte, als er seine Behauptungen aufstellte und seine Neuerungen begann, hätte er leicht fast all seine Hofleute und sogar noch mehr von dem gewöhnlichen Volk in sein teuflisches Netz ziehen können.» (Bada'uni II, 312 f.; Übers. Lowe, p. 323).

Bada'uni spielt auch darauf an, dass Akbar hätte Gewalt anwenden können, wie Schah Ismail das getan hatte, um die Bekehrung seiner Gefolgsleute durchzusetzen, doch dass er dies nicht tat:

> «Einige schamlose und übel beleumundete Kerle fragten Seine Majestät auch, warum er denn nicht einen ‹überzeugenden Beweis› vorlege, da ja nun 1000 Jahre seit der Hijra vergangen seien, so wie Schah Ismail es getan habe. Doch Seine Majestät liess sich schlussendlich überzeugen, dass Vertrauen auf ihn als Führer eine Frage der Zeit sei, des guten Rates und nicht des Schwertes bedürfe.». (Übers. Lowe, p. 323).

Wer aufgenommen wurde, verneigte sich in einer privaten Audienz vor dem Kaiser bis zum Boden. Dieser hob ihn auf und gab ihm einen *Shast,* was eine Medaille gewesen sein dürfte, um sie an seinem Turban zu tragen oder in ihm zu verstecken.

Abu'l-Fadl schildert die Zeremonie folgendermassen:

«Wenn ein Murid auf seiner Stirne das Zeichen der Ernsthaftigkeit trägt und mehrmals danach begehrt, nimmt Seine Majestät ihn auf und lässt ihn an einem Sonntag zu, wenn die welterhellende Sonne am höchsten strahlt ... In diesem Zeitpunkt von ewiger Verheissung legt der Schüler, der seinen Turban in der Hand trägt, sein Haupt auf die Füsse Seiner Majestät. Dies ist eine symbolische Handlung, die bedeutet, dass der Schüler, geführt durch sein Glück und seinen guten Stern, Einbildung und Selbstüberhebung, den Grund so vieler Übel, abgelegt hat, dass er sein Herz in Verehrung darbietet und nun gekommen ist, um nach den Mitteln zu forschen, die immerdauerndes Leben verheissen. Seine Majestät, der von Gott Auserwählte, reicht ihm die Hand der Gunst, hebt den Flehenden auf und legt ihm den Turban um den Kopf. Mit diesen symbolischen Handlungen will er sagen, dass er einen Mann reiner Absichten aufhebt, der aus der Scheinexistenz zum wirklichen Leben erweckt worden ist. Seine Majestät gibt dem Schüler einen ‹Shast›, auf dem eingegraben steht: Allahu Akbar, das ist der Erhabenste Namen und der symbolische Sinnspruch Seiner Majestät. Dies lehrt den Schüler die Wahrheit:
Der reine Shast und die reine Sicht gehen nie fehl.» (A'in I, p. 110, Übers. Blochmann I, p. 174)

Statt mit «as-salam alaikum» sollten die Mitglieder des Bundes einander grüssen mit «Allahu Akbar», «Gott ist am Grössten», aber auch «Allah ist Akbar», wobei offenbar mit der Doppelbedeutung gespielt wurde; und die Antwort darauf war ebenfalls doppelt zu deuten: «Jalla Jalaluhu», «herrlich sei seine Herrlichkeit». (Bada'uni, II, 356, Übers. Lowe, p. 367).

Den Ordensmitgliedern wurde auch empfohlen, möglichst kein Fleisch zu essen, und sich an bestimmten Tagen, besonders im Monat ihres Geburtstages, des Fleisches ganz zu enthalten. Des weiteren sollten sie sich des Beischlafs mit sehr jungen oder mit alten Frauen enthalten.

Die Aufnahme in den Orden hatte die praktische Folge, dass der Rang des Kandidaten sofort erhöht wurde, oder dass zumindest seine Chancen, zu avancieren, anwuchsen. Es scheint nur ganz wenige Muriden gegeben zu haben, die in den obersten Rang der die vierfache Loyalität versprechenden Gefährten des Kaisers aufstiegen. Es gab auch zahlreiche Inhaber grosser Lehen und hohen Ranges, die sich dem Orden nicht anschlossen. Die Liste von 18 Mitgliedern der vierfachen Loyalität, welche H. Blochmann, einer der Übersetzer des Akbar Nameh, aufgestellt hat, ist möglicherweise sogar zu lang, weil einige der dort Genannten blosse Muriden der unteren Stufe gewesen sein könnten. (Diskussion der einzelnen Namen S. A. A. Rizvi, op. cit., p. 394f.).

Bada'uni berichtet, Akbar habe im Dezember 1587 versucht, seinen Getreuen Man Singh dazu zu veranlassen, sich als sein «Murid» (wohl im oberen Grade) zu erklären. Damals sei Man Singh zum Statthalter von Bihar ernannt worden. Zuvor habe ihn Akbar in einer privaten Audienz empfangen und habe begonnen, vom «Schülertum» zu sprechen. Doch Man Singh habe sehr direkt geantwortet:

> «‹Wenn ‚Schülertum' Willigkeit bedeutet, das eigene Leben zu opfern, so habe ich schon oft mein eigenes Leben riskiert: Welche Notwendigkeit besteht für weitere Beweise? Wenn jedoch der Ausdruck eine andere Bedeutung hat und sich auf den Glauben bezieht, so bin ich gewiss ein Hindu. Wenn ich den Befehl erhalte, Muslim zu werden, will ich das tun. Ich kenne aber keinen anderen Pfad (der Religion) ausser diesen beiden›. An diesem Punkt endete das Gespräch, und der Kaiser befragte ihn nicht weiter.» (Bada'uni II, p. 364; Übers. Lowe, p. 375)

Die Anekdote macht klar, dass Akbar keineswegs darauf bestand, dass seine Grossen sich dem «Tawhid-e Islami» anschlossen. Von Aziz Koka, dem Milchbruder und einem der wichtigsten Gefolgsleute und Generäle des Kaisers, wird berichtet, dass er sich mit Akbar entzweite (s. S. A. A. Rizvi, op. cit., 198f.) und 1593 nach Mekka fuhr. Er schrieb vor seiner Abreise einen Brief an Akbar, in dem er sagte, er wolle in Mekka begraben werden, um zu vermeiden, dass sein Körper durch die Nähe zu einem solchen wie Abu'l-Fadl beschmutzt werde. Doch im folgenden Jahr kam er zurück und war bereit, ein «Murid» zu werden. Bada'uni schrieb:

> «Damals kehrte A'zam Khan (Aziz Koka) von Mekka zurück, wo er viel Leid durch die Hand des Scherifen erfahren hatte. (Der Scherif war der lokale Herrscher unter den Türken in Mekka). Er warf seine frühere Verachtung beiseite und schloss sich sofort nach seiner Rückkehr der (mystischen) Kette an, wurde Murid, vollführte den Fussfall (sijda) und befolgte die anderen Regeln des Schülertums und der (vierfachen) Loyalität. Er rasierte sich den Bart (wie Akbar es tat) und trat hervor in allen Gesprächen, indem er die Meinungen Akbars bestätigte. Ghazipur und Hajipur (beide im östlichen Indien) wurden ihm als Lehensgebiete zugeteilt, und er lernte die Grundlagen der neuen Religion vom verehrten Meister (Abu'l-Fadl).» (Bada'uni II, p. 398; Übers. Lowe, p. 412).

Kapitel 9
Akbars spätere Jahre

Feldzüge nach dem Dekkan

In seinen letzten Lebensjahren versuchte Akbar, die muslimischen Herrscher des Dekkans zu unterwerfen. Dort bestanden die unterschiedlich grossen und mächtigen Königreiche vom Khandesh, Ahmadnagar, Berar, Bidar, Bijapur und Golkonda.

All diese Reiche waren Überbleibsel der früheren muslimischen Grossreiche, die sich aus dem Norden bis in den Dekkan hinab ausgedehnt hatten, aber dann in sich zerfallen waren. Ein ehemaliger Lehensträger der Tughrluk-Dynastie (1320–1414) hatte sich im Süden selbständig gemacht und seinen Erben zuerst das grosse Bahmani-Reich hinterlassen, das sich später, im 14. und 15. Jahrhundert in fünf kleinere Herrschaften aufspaltete. Die Höfe dieser südlichen Herrscher waren stärker hinduisiert als jene des Nordens. Delhi und der Panjab standen in beständiger Verbindung mit den muslimischen Nachbarländern, Afghanistan im Norden, Sind und Iran im Westen, während die südlichen Sultanate Perioden durchmachten, in denen sie von den anderen Muslim-Staaten weitgehend abgeschnitten waren und nur eine prekäre Seeverbindung nach Arabien oder nach Persien hinüber aufrecht erhielten. Ihre Herrschaft stützte sich, durchaus nach dem indischen Vorbild, auf grosse Festungen und Festungsstädte, in denen der Staatsschatz aufbewahrt wurde und die, fast alle schon von indischen Vorgängern, in dermassen sicheren Lagen angelegt worden waren, meist auf Felsenplateaus, die nicht untergraben werden konnten, dass sie als uneinnehmbar galten – mindestens bis zur Zeit, in der es zur Verwendung von Schiesspulver und Kanonen kam.

Auch das kulturelle Leben an den südlichen Höfen war stark von der indischen Kultur beeinflusst. Dies kam vor allem in einer intensiven Pflege der indischen Musik und des Tanzes zum Ausdruck. Die persische Miniaturmalerei war über diese südlichen Staaten zum ersten Mal nach Indien gelangt, noch bevor Humayun seinerseits persische Maler aus seinem Exil nach Kabul und später nach Indien brachte. Dies erlaubte es Akbar neben seinen persischen Meistern auch indische Maler zu rekrutieren. Die aktivere politische Rolle, die Königinnen im Süden spielten, hatte gewiss auch mit dem indischen Einfluss zu tun.

Akbar hatte zweierlei Gründe, um ihnen seine Aufmerksamkeit zuzuwenden: Zum ersten hatten die früheren Herrscher von Gujarat, der Mirza-Klan, im Süden, sei es in Khandesh, sei es in den weiter südlich gelegenen Reichen Bijapur und Ahmadnagar, den mächtigsten Dekkan-Reichen nebst Golkonda, Zuflucht gefunden, und es war mehrmals geschehen, dass Mitglieder dieser Familie aus dem Süden nach Gujarat einmarschiert waren, um ihr altes Reich zurückzugewinnen, wenn der Kaiser und seine Heere gerade anderweitig beschäftigt waren. Die Mirzas von Gujarat, wie man sie alle zusammen nennt, waren entfernte Verwandte der Moghuln, nämlich sechsfach entfernte Vettern, da sie von einem der Söhne Timur Lenks abstammten, Umar Scheich, die Moghuln von einem anderen, Jalal ad-Din Miranshah. Zwischen den beiden Häusern hatte es mehrmals Heiratsverbindungen gegeben, und die Mirzas sahen sich offenbar als gleich vornehm an wie die Moghuln.

Dies dürfte zu ihrer Unbotmässigkeit beigetragen haben. Viele ihrer Lehenshalter zeigten eine Neigung, über ihre eigenen Lehen hinauszugreifen und sich womöglich von den Moghuln unabhängig zu machen. Mit ihnen kämpfte der alteingesessene, ebenfalls muslimische ehemalige Oberherr von Gujarat, Muzaffar Shah III., zäh um sein früheres Reich, indem er sich auf die Nachbarstaaten im Süden und Osten abstützte. Akbar hatte ihn 1573 besiegt, doch war er aus seiner Gefangenschaft geflohen.

Im Jahr 1583 hatte Muzaffar III. mit Hilfe der aufständischen Mirzas sogar seine alte Hauptstadt, Ahmadabad, wieder eingenommen und ein Moghul-Heer geschlagen. Akbar musste ein grosses Heer unter Abdur-Rahim, dem Sohn seines einstigen Vormundes Bayram Khan, nach Gujarat senden, das in der Tat im folgenden Jahr die Städte und Festungen der Provinz wieder erobern konnte. Doch Muzaffar Shah entkam erneut und begann, oft mit Unterstützung der Mirzas, einen permanenten Kleinkrieg gegen die Moghuln. Erst 1591 wurde er gefangen genommen und verübte kurz darauf (angeblich) Selbstmord in seinem Gefängnis.

Die ständigen Unruhen, welche die Mirzas in Gujarat, aber gelegentlich auch in den zentralen Provinzen des Moghul-Reiches auslösten, müssen Akbar von der Notwendigkeit überzeugt haben, ihre Zufluchtsstätten in den Dekkan-Königreichen unter seine Kontrolle zu bringen.

Der zweite Grund, sich dem Süden zuzuwenden, waren die Portugiesen mit ihren Häfen an der Westküste von Goa (Bijapur) bis Daman (Khandesh). Akbar hatte versucht, von Gujarat aus die von den Portugiesen besetzten Häfen zurückzugewinnen, indem er im Jahr 1580 einen seiner Milchbrüder, Kutbu'd-Din Khan, mit einem Heer von 15 000 Reitern entsandte, um das Hinterland von Daman zu verwüsten und zu versuchen, die Hafenstadt selbst zu erobern. Die kaiserlichen Truppen in Gujarat wurden angewiesen, ihm dabei zu helfen. Doch Kutbu'd-Din konnte den Hafen nicht einnehmen und wurde im April 1582 blutig von ihm zurückgeschlagen. Dies geschah, während sich die Jesuiten aus Goa am Hofe Akbars befanden. Sie protestierten gegen die doppelgesichtige Politik des Kaisers, der Portugal Freundschaft versprach, aber seine Häfen angreifen liess. Der Kaiser entgegnete, dass er für das Tun seines Feldherrn nicht wirklich verantwortlich sei, was die Jesuiten ihm keineswegs abnahmen, wie ihren Berichten nach Goa zu entnehmen ist.

Nach dem Misserfolg vor Daman scheint Akbar erkannt zu haben, dass er nur eine Chance hatte, die Portugiesen, die das Meer beherrschten, aus den indischen Häfen zu vertreiben: wenn er seinerseits das Hinterland voll beherrschte. Dies gab ihm einen zusätzlichen Ansporn, die südlichen Königreiche zu erobern.

In einem Brief vom 28. August 1586, den Akbar an seinen potentiellen Feind Abdullah Khan Usbek II, (auch Oesbek geschrieben, regierte 1561–1598) nach Zentralasien sandte, und den Abu'l-Fadl, der ihn wahrscheinlich selbst verfasste, in seinem Geschichtswerk zitiert (AN III, p. 757), schreibt er ausdrücklich, dass er gedenke, die Portugiesen zu vernichten. Sie seien sehr zahlreich geworden und behinderten den Handel und die Mekka-Pilger. Doch dieser Brief, in dem sich Akbar sehr orthodox gibt, um seinem Rivalen in Zentralasien keine Möglichkeit zu geben, Religionspropaganda gegen ihn zu verbreiten, muss als ein komplexes diplomatisches Schriftstück gesehen werden, das dazu diente, den gefährlichen Abdullah Khan auf die Notwendigkeit aufmerksam zu machen, ein Gleichgewicht unter den damals bestehenden muslimischen Grossstaaten zu bewahren, dem Osmanischen Reich, dem Safawidischen in Persien, seinem eigenen in Zentralasien und jenem Akbars (S. A. A. Rizvi, op. cit., p. 311). Solch ein Schreiben gibt nicht notwendigerweise ein unverschleiertes Bild der kaiserlichen politischen Absichten.

Akbar sandte zuerst diplomatische Missionen an die südlichen Herrscher von Khandesh und Ahmadnagar, um festzustellen, ob sie sich freiwillig unterwürfen. Als einen der Botschafter verwendete er seinen Hofdichter Faizi, den älteren Bruder Abu'l-Fadls, gewiss um das Prestige, das der Dichter unter allen gebildeten Muslimen Nordindiens besass, diplomatisch zu nützen. Doch als diese Schritte ihren Zweck nicht erreichten, liess er ein Heer ausrüsten, das sein mittlerer Sohn Murad, von dem wir schon gesprochen haben, anführen sollte, begleitet und beaufsichtigt von Abdur-Rahim, dem Sohn Bayram Khans, der nun selbst den Titel Khan-e Khanan trug. Auch von ihm war schon die Rede.

Zwischen den beiden kam es von Beginn an zu Unstimmigkeiten. Der Prinz wollte die Invasion von Gujarat aus unternehmen, der General plante, sie von Malwa aus zu führen. Schliesslich trafen sich die beiden Heereskommandanten mit ihren Armeen nicht weit von Ahmadnagar, der ersten grossen Stadt, die sie zu belagern hatten. Dort leitete *Chand Bibi* als Regentin für ihren jungen Sohn Bahadur Shah die Verteidigung. Sie war so erfolgreich dabei, dass die beiden Moghul-Generäle am Ende einer Übergabe der Stadt unter einschränkenden Bedingungen zustimmten. Das Kind Bahadur sollte König bleiben, aber die Oberherrschaft Akbars anerkennen, doch der Schatz und die Elefanten der belagerten Stadt mussten abgeliefert werden und die Provinz Berar, die seit 1571 zum Reich von Ahmadnagar gehört hatte, wurde direkt dem Kaiser unterstellt (1596).

Der Vertrag, der mit Chand Bibi geschlossen worden war, hatte keine Dauer. Andere Mitglieder der königlichen Familie versuchten, Berar zurückzuerobern, und ein neuer Krieg um Ahmadnagar brach aus. Der Khan-e Khanan schlug 1597 eine sehr verlustreiche Schlacht gegen die Truppen von Ahmadnagar. Er konnte zwar das Schlachtfeld behaupten, doch hatte er so viele Tote und Verwundete, dass er die feindliche Armee nicht verfolgen konnte. Auch ein königlicher Parteigänger der Moghuln fiel: Raja Ali Khan von Khandesh, der aus Khandesh geflohen war und bei den Moghuln um Schutz ersucht hatte.

Akbar entsandte Abu'l-Fadl nach den Dekkan-Provinzen, um dort dessen diplomatische und administrative Fähigkeiten zu nutzen. Abu'l-Fadl erwies sich nicht nur als ein gewiegter Verwalter und Diplomat, sondern auch als erfolgreicher und sehr tapferer Militärkommandant, dem es gelang, der Guerrilla, die sich seit 1600 nach dem Fall der grossen Städte und Festungen in Ahmadnagar, Berar und Khandesh entwickelte, weitgehend Herr zu werden.

Sorgen um die Nordwestgrenze des Reiches

1585 verliess Akbar Fathpur Sikri und ging nach Lahore. Im Jahr darauf verlegte er seinen Sitz ganz dorthin. Die Kapitale des Panjab blieb Hauptstadt des Reiches bis 1598. Der Ortswechsel stand für einen Wechsel des politischmilitärischen Schwerpunktes. War es 1585 noch ein Aufstand der kriegerischen Pashtunen im Gebiet zwischen Punjab und Afghanistan gewesen, der Akbar nach Lahore gerufen hatte, so war es sehr bald eine ungleich grössere Gefahr, die der Nordwestgrenze des Reiches drohte und Akbar für lange in Lahore festhielt. Von dort aus konnte er die Grenze, über die er als junger Mann selbst nach Indien eingefallen war, besser im Auge behalten und verteidigen als von Fathpur oder Agra aus.

Die Gefahr hiess Abdullah II. Wir haben schon von ihm gehört. Der Usbeken-Khan (reg. 1551–1598) hatte in Zentralasien ein bedeutendes Reich aufgebaut und richtete seine Augen auf Persien, Afghanistan und Indien. Badakshan hatte er schon eingenommen, von wo aus er Kabul bedrohte. Er hatte sich dann Herat zugewandt und vorübergehend sogar Meschhed, die Hauptstadt des östlichen Persiens, erobert. Akbar hatte allen Grund zu fürchten, er könnte nach Indien einfallen, und er liess deshalb seinerseits noch im Jahr 1586 Kaschmir erobern, um ihm dort zuvorzukommen. Als Abdallah II. im Jahr 1598 durch Schah Abbas von Persien (regierte 1588–1629) bei Merw besiegt worden war und im gleichen Jahre starb, fühlte Akbar sich frei, nach seinem alten Reichszentrum Agra zurückzukehren und von dort aus persönlich nach dem Dekkan zu ziehen, um sich des dort eher stagnierenden Krieges jetzt endlich selbst anzunehmen.

Akbar zieht gegen den Dekkan

Akbar zog mit einer grösseren Armee gen Süden, wo Prinz Murad, unterstützt von Abu'l-Fadl, nach wie vor den Krieg leitete, allerdings nicht, ohne sich dem Trunk etwas zu intensiv hinzugeben. Er sollte im Jahr 1599 an den Folgen seiner Trunksucht sterben.

Akbar konnte zu Beginn des Jahres 1600 die Stadt Burhanpur, die Hauptstadt von Khandesh, ohne Widerstand in Besitz nehmen. Doch der junge Herrscher dieses kleinen Staates, Bahadur Faruqi Shah, dessen Vater drei Jahre zuvor noch als Verbündeter der Moghuln gefallen war, verschanzte sich in der grossen Festung von Asirgah, die nicht weit von Burhanpur entfernt lag, und lehnte es ab, sich Akbar zu unterwerfen. Die Festung war eine der berühmtesten Indiens und galt als völlig uneinnehmbar. Sie lag auf einem natürlichen Felsenvorsprung, dessen Gipfel ein weites Plateau bildete. Sie besass reiche Vorräte an Munition, Wasser und Nahrung. Portugiesische Artilleristen bedienten ihre, wie die Chronisten behaupten, 1300 Kanonen, Mörser und anderen Geschütze. Akbar, der sich anschickte, sie zu belagern, musste bald feststellen, dass die Felsen, auf denen sie gebaut war, die Anlage von Laufgängen, wie er sie bei anderen Festungen, Chitor z. B., verwendet hatte, nicht zuliessen. Er musste sich damit begnügen, Asirgah abzuschnüren, doch die blosse Blockade versprach keine schnelle Eroberung.

Akbar hatte es jedoch eilig, weil Prinz Salim, im Sommer 1600 in Allahabad in offenen Aufstand trat. Nach Bada'uni hatte Akbar Salim schon im Jahr 1591, als er an einer Kolik litt, angeklagt ihn vergiftet zu haben (Bada'uni II, s. 390).

Der Kaiser konnte ganz offensichtlich nicht allzu lange weiter im fernen Süden verweilen, wenn er nicht Gefahr laufen wollte, von seinem Sohn abgesetzt zu werden. Anderseits war es für Akbar auch gefährlich, die Belagerung aufzuheben. Dies wäre ein Signal für alle potentiellen Rebellen im Lande gewesen, dass sie nun ohne Gefahr dem Kaiser die Stirne bieten könnten.

Die Belagerung Asirgahs hatte im April begonnen. Akbar besass nicht genug weittragende Artillerie, um die Festung wirksam beschiessen zu können, und er hat deshalb den Jesuiten Jerome Xavier, an den nahegelegenen portugiesischen Hafen Chaul zu schreiben, um sein Ersuchen zu unterstützen, dass die Portugiesen ihm Geschütze zur Hilfe sandten. Xavier, der wusste, dass ein Bündnis zwischen den Portugiesen und dem belagerten König bestand, erklärte dem Kaiser, seine Stellung als Geistlicher erlaube ihm nicht, derartige Aufträge zu übernehmen. Akbar wurde äusserst zornig, wie es ihm leicht geschehen konnte, und er forderte die Jesuiten auf, sein Heerlager sofort zu verlassen. Sie zogen in der Tat ab; doch ein ihnen wohlgesinnter Ratgeber warnte sie, sich nicht zu weit zu entfernen. Wenn sie sich auf die Reise machten, so soll er ihnen dargelegt haben, liefen sie Gefahr, unterwegs von Schergen, die Akbar aussenden könnte, ermordet zu werden; doch wenn sie in der Nähe blieben, würde der Zorn des Kaisers sich bald legen, und er würde sie wieder selbst zurückrufen, was dann offenbar auch geschah.

Akbar erhielt keine Unterstützung durch die Portugiesen. Die Belagerung zog sich hin. Im Mai sandte Bahadur Faruqi seine Mutter und seinen Sohn mit 64 Elefanten aus der Festung und schlug Verhandlungen vor, doch Akbar forderte nach wie vor die bedingungslose Übergabe. Im Juni versuchten die Belagerten einen Ausfall, der aber missriet und ihnen den Verlust einer vorgelagerten Aussenfestung einbrachte.

Im August forderte Akbar den König auf, für Verhandlungen selbst aus der Festung zu kommen. Nach der Darstellung Xaviers, der sich wieder bei Akbar befand, habe der Kaiser auf sein eigenes Haupt geschworen, er werde den König nach der Verhandlung in die Festung zurückkehren lassen. Dies

Wort habe er jedoch gebrochen und den König gefangen nehmen lassen. Abu'l-Fadl sagt nichts von einem Wortbruch, nichts von einem Versprechen Akbars, auch nichts von Verhandlungen. Nach seiner Darstellung sei es vor allem eine Krankheit gewesen, die sich unter den Belagerten ausgebreitet habe und die sie schliesslich zur Übergabe gezwungen habe.

Nach der Version der Jesuiten jedoch sei König Bahadur, als er vor Akbar stand, von einem Wächter am Haar gepackt und zu einem Fussfall vor dem Kaiser gezwungen worden. Akbar sei dann eingeschritten und habe protestiert, zum Schein. Er habe die Übergabe der Festung gefordert und den König, als er sie verweigerte, festnehmen lassen. Die Garnison sei reichlich mit Bestechungsgeldern versehen worden und habe schliesslich der Übergabe zugestimmt. König Bahadur wurde nach der Festung von Gwalior gesandt, wo Akbar viele seiner Gefangenen hielt, bekam aber gleichzeitig ein Jahresgehalt von 4000 Goldstücken zugesprochen.

Sieben Offiziere der portugiesischen Artilleristen, die den Islam angenommen hatten, wollte Akbar mit der Begründung zum Tode verurteilen, sie seien von ihrer eigenen Religion abgefallen. Doch Xavier bat, dass sie seiner Obhut übergeben würden, und er hatte sie bald zum Christentum zurückbekehrt. Dann durften sie in die portugiesischen Gebiete heimziehen.

Während Akbar Burhanpur besetzte und Asirgah belagerte, waren sein dritter Sohn Daniyal und Abdur Rahim Khan-e Khanan weiter nach Süden gesandt worden, um die Stadt Ahmadnagar, die Hauptstadt des gleichnamigen Königreiches, einzunehmen. Sie konnten die Stadt im August 1600 erstürmen, weil in ihr Bürgerkrieg ausgebrochen war, in dessen Verlauf die Königin Chand Bibi, welche noch 1596 ihre Hauptstadt erfolgreich gegen die Moghuln verteidigt hatte, einen gewaltsamen Tod fand. Daniyal und der Khan-e Khanan liessen die Garnison der gefallenen Stadt hinrichten. Ihr Herrscher wurde ebenfalls nach Gwalior in die Gefangenschaft gesandt; doch nicht das ganze Gebiet des Staates Ahmadnagar ging in den Besitz der Moghuln über. Eine lokale Guerilla unter mehreren, manchmal rivalisierenden, Oberhäuptern leistete den Moghul-Heeren weiteren, erfolgreichen Widerstand.

Daniyal erhielt von seinem Vater die vizekönigliche Herrschaft über die drei neueroberten südlichen Provinzen des Reiches. Khandesh, wo die Hauptstadt Burhanpur lag, wurde zusammen mit Berar und Ahmadnagar Daniyal zu Ehren offiziell Dandesch genannt, und der dritte Sohn Akbars richtete sich in Burhanpur einen eigenen Hof ein. Doch er starb im April 1604 an seiner Trunksucht unter Umständen, deren Schilderung durch seinen Halbbruder Salim, den späteren Kaiser Jahangir, wir oben zitiert haben.

Er wird als ein stattlicher Mann geschildert, der Pferde und Elefanten liebte und Gedichte in der lokalen nordindischen Sprache, dem Hindi, verfasste.

Abu'l-Fadl, der zuerst unter Khan-e Khanan gedient hatte, gelangt es im März 1602, ein unabhängiges Kommando direkt unter dem Kaiser zu erhalten, nachdem Akbar nach Agra zurückgekehrt war, ihn aber im Dekkan belassen hatte. Doch kurz darauf, im Juli des gleichen Jahres, sollte der Kaiser ihn nach Agra zurückrufen, weil er seinen Beistand in der nun alle anderen Fragen in den Schatten stellenden Krise, die durch die im Jahr 1600 begonnene Rebellion Salims entstanden war, brauchte. Sein Kommando in Ahmadnagar ging an seinen Sohn, Scheich Abdurrahman, über, der mit seinem Vater im Dekkan gedient hatte.

Die Auflehnung des Thronfolgers Salim

Als nach dem Tod des Usbeken-Khans Abdullahs II. Nachfolgekämpfe in seinem Reich ausbrachen, hatte Akbar versucht, seinen Sohn und Thronfolger Salim dafür zu gewinnen, einen Feldzug nach Zentralasien zu führen, um vielleicht Samarkand und Bukhara, das alte Erbe der Timuriden, doch noch zurückzugewinnen. Doch Salim zeigte keine Bereitschaft, sich so weit von der Hauptstadt zu entfernen und den dortigen Thron, den er nach dem Tod des Vaters erwartete, ungeschützt dem Ehrgeiz seiner Brüder und Rivalen anheimzustellen. Auch für die Leitung des Feldzuges nach dem Dekkan war er nicht zu gewinnen gewesen.

Akbar setzte deshalb Salim als seinen Stellvertreter im Panjab ein. Er sollte in Ajmer residieren und erhielt den Auftrag, den alten Krieg der Moghuln gegen die Rajputen von Mewar endlich erfolgreich abzuschliessen. Was er dann freilich auch nicht tat ...

Unter dem Vorwand, gegen eine neue Rebellion, die in Bengalen ausgebrochen war, einschreiten zu wollen, zog Salim schliesslich im Sommer des Jahres 1600 mit einem Heer von Ajmer nach Osten an Agra vorbei. Er hatte zunächst versucht, sich des dort lagernden Staatsschatzes zu bemächtigen, fand jedoch keinen Zugang zur Festung, die der Schatzmeister Akbars, Kulji Khan, hielt. Der Prinz zog daraufhin weiter nach der Stadt Allahabad, am Zusammenfluss des Jamuna mit dem Ganges, wo Akbar eine grosse Festung hatte anlegen lassen.

Salim besass Anhänger in Allahabad und richtete sich dort nun als unabhängiger König ein, indem er die staatlichen Einkünfte an sich nahm und auf eigene Faust Lehen an seine Vertrauensleute vergab.

Die letzten Jahre Akbars waren von den Aufstandsversuchen seines Sohnes und Erben Salim überschattet. Akbars ganzes Leben bis dahin war glücklich verlaufen, so sehr, dass es ein indisches Sprichwort bis heute gibt: «Glücklich wie Akbar». Doch es endete in einer dunklen Tragödie. Nachdem der Kaiser nach dem Fall Asirgahs aus dem Dekkan nach Agra zurückgekehrt war, erhielt er Nachricht, dass Salim mit einem Heer von 30 000 Mann von Allahabad her im Anmarsch sei und bereits gegen 100 km vor Agra stehe. Er sandte einen Brief an Salim, voller Vorwürfe, in dem er ihm befahl, sofort nach Allahabad zurückzukehren, und in einem zweiten Schreiben, das er folgen liess, ernannte er ihn zum Gouverneur von Bengalen und Orissa im äussersten Osten des Reiches, sehr viel weiter als Allahabad von der Hauptstadt entfernt. Salim zog sich wieder nach Allahabad zurück. Doch dort blieb er und ignorierte die Ernennung für die Ostprovinzen.

Nach einiger Zeit, entweder 1601 oder im folgenden Jahr, sandte der Prinz seinen Anhänger Dost Muhammed an den Hof des Kaisers, um Verhandlungen zu beginnen. Er überbrachte die Forderung, dass Salim Erlaubnis erhalte, mit seiner Armee von 70 000 Mann an den Hof zu ziehen, und dass kein Schritt, den er bisher zugunsten seiner Anhänger unternommen hatte, rückgängig gemacht werden dürfte. Keiner seiner Anhänger dürfe als Rebell eingestuft werden. Dies konnte Akbar nicht annehmen: Er wäre Gefahr gelaufen, der Gefangene seines eigenen Sohnes in Agra zu werden. Die Verhandlungen zogen sich sechs Monate lang dahin. In dieser Zeit soll Salim sogar eigene Münzen haben schlagen lassen, ein wichtiges Symbol der Souveränität, und Exemplare davon an seinen Vater nach Agra gesandt haben.

Akbar verfasste eine ausführliche Übersicht über alle Akte des Ungehorsams und der Auflehnung, die Salim begangen hatte, und sandte diesen Bericht an Abu'l-Fadl, der noch im Dekkan weilte. Abu'l-Fadl versprach Akbar in seiner Antwort, er werde den Prinzen «gebunden» nach Agra bringen. Salim, der erfahren hatte, dass Abu'l-Fadl aus dem Dekkan nach Agra unterwegs war, um mit dem Kaiser über die Rebellion des Prinzen zu konferieren, wusste, dass der Ratgeber stets ein leidenschaftlicher Verteidiger der Loyalität gegenüber dem Kaiser war, den er als eine von Gott gesalbte Person ansah. Salim konnte gewiss sein, dass der Ratgeber des Vaters die rebellische Haltung des Sohnes streng verurteilen werde.

Einige der Getreuen Akbars, darunter Man Singh und Mirza Aziz Koka, der Milchbruder des Herrschers, hatten den Plan gefasst, *Khosraw,* den Sohn Salims, an Stelle seines Vaters nach Akbar auf den Thron zu erheben. Khosraw war der Sohn von Man Ba'i, einer Schwester Man Shinghs; er war 1587 geboren, damals also gegen 15 Jahre alt. Er war auch bereits mit einer Tochter des Aziz Koka verheiratet worden.

Salim musste fürchten, dass das grosse Gewicht Abu'l-Fadls, wenn er in Agra anlangte, ebenfalls zugunsten seines Sohnes und gegen ihn selbst zur Geltung gelangen würde. Er beschloss daher, Abu'l-Fadl zu beseitigen. Er forderte einen gegen den Kaiser rebellierenden Rajputen, Bir Singh Dew Bundela, auf, Abu'l-Fadl aufzuspüren und zu ermorden und versprach ihm dafür reiche Belohnung.

Bir Singh ging darauf ein. Als Abu'l-Fadl auf seiner Rückreise die zentralen Provinzen des Reiches erreichte, entliess er seine Begleittruppen, die er aus dem Dekkan mitgebracht hatte, um eine lokale Rebellion unterwegs zu unterdrücken. Sein Gefolgsmann Asad Beg bat ihn um Erlaubnis, ihn bis nach Gwalior zu geleiten, der Festung, die etwa 100 Meilen südlich von Agra liegt. Doch Abu'l-Fadl weigerte sich, die Bedrohung durch «diesen Strassenräuber», die ihm gemeldet worden war, ernst zu nehmen. Weitere Warnungen trafen ein, doch Abu'l-Fadl ignorierte sie. Als schliesslich am 9. August 1602 Bir Singh mit etwa 500 Reitern aus dem Hinterhalt brach, etwa 20 km südwestlich von Gwalior, zwischen den Orten Saraiye Baki und Antari, legte ein getreuer Gefolgsmann, Gada'i Afghan Khan, dem Minister nahe, zu fliehen, während er selbst mit der Eskorte versuchen wolle, die Wegelagerer aufzuhalten. Doch Abu'l-Fadl weigerte sich, das zu tun, er sagte, nichts sei schändlicher, als vor dem Feind zu fliehen, um das eigene Leben zu retten.

Nach der Darstellung des oben erwähnten Asad Beg, der später den Vorgang genau untersuchte, habe er dann hinzugefügt:

> «Mein gnädiger Herrscher hat mich vom Rang eines Theologiestudenten zu der hohen Stellung eines Befehlshabers erhoben, eines Ministers und Generals. Wenn ich heute nicht den Erwartungen Seiner Majestät gemäss handle, wie werden die Menschen über mich urteilen, und wie soll ich mich gegenüber meinen Rivalen rechtfertigen?»

Die Bewaffneten Bir Singhs fielen über die kleine Truppe her. Einer der Rajputen-Reiter verwundete Abu'l-Fadl schwer. Er versuchte noch, mit seinem Pferd über einen Fluss zu setzen, doch stürzte er. Einer seiner Diener, Jabbar Khasa Khail, erschlug den Rajputen, zog den Verwundeten unter seinem Ross hervor und versuchte, ihn von der Strasse wegzuschleppen. Doch Abu'l-Fadl brach zusammen. In diesem Augenblick erreichte Bir Singh sein Opfer. Der Diener griff ihn an, um den Sterbenden zu schützen, doch vergeblich. Das Haupt Abu'l-Fadls wurde abgeschnitten; sein Körper wurde später in Antari begraben, doch der Kopf wurde an Salim gesandt.

Keshava Das, ein berühmter Hindi-Dichter von Bundela, hat die Ereignisse folgendermassen zusammengefasst:

«Du sagst, fliehe und rette dich.
Der Feind donnert von allen Seiten heran.
Wenn sie mich umbringen auf der Flucht,
Was wird das Urteil der Leute sein?
Auf Flucht oder Kampf ist der Tod gewiss;
Ich will fliehen, wenn ich kann;
Doch ich schleppe die Fessel der Ehre an meinem Fuss
Und die Liebe des Kaisers lastet auf meinem Haupt.»

(Nach S. A. A. Rizvi, op. cit p. 488; das Akbar Nameh ist nach Abu'l-Fadl durch eine Fortsetzung, von Inayatullah «Takmila» (Vollendung) genannt, bis zum Tod Akbars weiter geführt worden. Übersetzung von H. Beveridge, Calcutta 1897–21. Asad Beg Qazwini hat «Halat-e Asad Beg» verfasst. Übersetzte Auszüge in Elliot and Dowson, vol. 6, ein Ms. existiert in Aligarh Univ. Das Gedicht in «Calcutta Review», May 1924, p. 247).

Salim ohne Reue

Akbar soll das Bewusstsein verloren haben, als ihm der Tod seines getreuesten Dieners und Beraters mitgeteilt wurde. Er gab dreien seiner Gefolgsleute den Befehl, dem Täter nachzuspüren und seinen Kopf an den Hof zu schicken. Doch Bir Singh entkam seinen Verfolgern um Haaresbreite in die Hügel und Wälder von Bundelkhand. Später, nach der Thronbesteigung von Salim, forderte der Rajpute seinen Lohn von dem, der nun Kaiser Jahangir hiess, und er erhielt ihn. Jahangir selbst erzählt in seinen Memoiren ohne irgendwelche Zeichen der Reue:

«Ich beförderte Raja Bir Singh Dew, einen Rajputen von Bundela, der sich meine Gunst erworben hatte und der seine Genossen und Verwandten in Mut, persönlichem Einsatz und direkter Tatkraft übertrifft, zum Rang von 3000. Der Grund für seinen Aufstieg und für die Gunst, die er erlangte, lag darin, dass zur Zeit, als das Ende meines verehrten Herrn Vaters herannahte, der Scheich Abu'l-Fadl, der alle Scheichsöhne von Hindustan in Weisheit und Gelehrsamkeit übertraf, sich nach aussen hin mit dem Juwel der Aufrichtigkeit schmückte und dieses meinem Vater zu einem teuren Preis verkaufte. Er war vom Dekkan her zu Hof gerufen worden, und er sprach öffentlich und privat gegen mich, weil seine Gefühle mir gegenüber nicht aufrichtig waren. In jener Zeit, als die erhabenen Gefühle meines königlichen Vaters durch Streit erzeugende Schliche gänzlich gegen mich aufgebracht waren, war es gewiss, dass er, wenn er die Ehre erhielt, von ihm empfangen zu werden, noch mehr Verwirrung stiften würde und mir die Möglichkeit nähme, mich wieder mit dem Kaiser zu versöhnen.»
(Tuzuk Jahangiri, p. 10; Übersetzung p. 24f., Rizvi, p. 487)

Der Rajpute blieb ein Günstling Jahangirs und er starb in seinem Bett im selben Jahr wie der Kaiser, 1627.

Ein anderer Bericht über die Botschaft der Mordtat, die Akbar erreichte, zitiert einen Vers, den Akbar gesprochen habe, der aber wohl nur aus stilistischen Gründen erfunden wurde, um die Erzählung zu beschliessen:

«Unser Scheich in seinem Eifer eilte zu Uns;
Er wollte die Füsse Uns küssen,
doch er kam ohne Kopf und Fuss.»

Psychologisch glaubwürdiger ist der Ausspruch Akbars, der auch zitiert wird: «Wenn Salim den Thron usurpieren wollte, hätte er mich töten sollen und den Scheich leben lassen.»

Die Auseinandersetzung mit Salim ging weiter. Wie leicht zu verstehen ist, hielt die jüngere Generation der Lehensträger und hohen Beamten eher zu Salim als dem künftigen Kaiser, während die älteren Würdenträger des Reiches bei Akbar standen und einige von ihnen, wie schon erwähnt, Pläne schmiedeten, um Salims jungen Sohn, Khosraw, statt seines Vaters auf den Thron zu heben.

Die Erste Gemahlin Akbars, Salima Begum aus dem Haus der Timuriden, die Akbar als Witwe Bayram Khans geehelicht hatte, reiste persönlich

۱۳۳
طرح لعل عمل سانوله
2-1896 (I.S.) 54/117

Abbildung 15

Stürmische Heimkehr über den Ravi nach Lahore

Im Jahr 1576 führte Akbar von Lahore aus eine grosse Treibjagd durch. Mehrere tausend Bauern wurden aufgeboten, um als Treiber zu dienen. Auf dem Heimweg nach Lahore gelangte er an den Fluss Ravi, «an dessen Ufer Lahore liegt und der mit ozeanischer Majestät strömt. Der Schahinschah nahm die Zügel des Gottvertrauens in seine Hand und lenkte sein Ross in den Strom. Die Gefolgsleute, die notwendigerweise in der Nähe zu bleiben hatten, trieben ihre Pferde auch in den Strom. Alle überquerten ihn und gelangten ans Ufer in Sicherheit, ausser Khush Khabr Khan Yesawal und Nur Muhammad, der Sohn des Sher Muhammad, die ertranken.» (AN II, S. 419 der Übersetzung).

nach Allahabad, um Salim mit seinem Vater auszusöhnen. Sie konnte ihren Stiefsohn dazu überreden, sich erneut an den Hof zu begeben, und kehrte in seiner Begleitung gegen April 1603 nach Agra zurück. Salima Begum bat Akbars Mutter, Hamida Begum, «Mariyam-e Makani», («Maria unseres Ortes»), die damals gegen 76 Jahre alt gewesen sein muss, Salim unter ihren Schutz zu nehmen, und die alte Königin willigte ein, traf ihn persönlich vor der Stadt und brachte ihn in ihrem eigenen Palast unter.

Der Kronprinz brachte seinem Vater ein Geschenk von 12000 Goldmünzen und 770 Elefanten mit. Von den Elefanten nahm Akbar 354 für seine Ställe an, den Rest gab er seinem Sohn zurück. Das Treffen der beiden verlief nach aussen hin harmonisch. Der Kaiser kam seinem Sohn einige Schritte weit entgegen und umarmte ihn, dann nahm er seinen Turban ab, um ihn Salim aufzusetzen, was einem Versprechen gleichkam, dass er sein Nachfolger sein solle. Der Sohn bat Akbar um den besten seiner Elefanten und erhielt ihn als Geschenk.

Akbar forderte erneut, dass Salim nun endlich gegen den Herrscher von Mewar zu Felde ziehe, gegen Amar Singh, den immer noch unbezwungenen Sohn von Pratap Singh, der seinerseits Akbar seit der Zeit der Belagerung von Chitor (1567) zuerst mit seinem Vater Udai Singh und später alleine Widerstand geleistet hatte. Salim sagte zu, verlangte aber dann so viel an Truppen und Kriegsmaterial, um die ihm gestellte Aufgabe zu lösen, dass der Kaiser seine Forderungen zurückwies. Salim bat um Erlaubnis, nach Allahabad zurückzukehren. Dort feierte er die Versöhnung mit seinem Vater mit einem grossen Fest, betrug sich aber weiterhin als unabhängiger Fürst.

Der Opiumgenuss scheint ihn zu Grausamkeiten angeregt zu haben, Opium gehörte seit Babur zu den Genussmitteln, von denen die Moghuln alle Gebrauch machten. Doch Salims gnadenlose Bestrafungen entfremdeten ihm einen Teil seiner Anhänger. Dies gab neuen Bestrebungen Nahrung, seinen Sohn Khosraw als Nachfolger Akbars einzusetzen.

Im Sommer 1604 entschloss Akbar sich, ein Heer zu rüsten und es selbst gegen Salim zu führen; der rüstete sich seinerseits, und ein Krieg zwischen Vater und Sohn schien unvermeidlich. Akbar hatte sein Heer bereits über den Jamuna gesandt und wollte selbst am 6. August über den Fluss setzen, um an seine Spitze zu treten. Doch sein Boot blieb auf einer Sandbank mitten im Fluss stecken, und gleichzeitig brachen solch heftige Regenstürme über das Heerlager herein, dass sie alle Zelte zu Boden schlugen; nur das königliche blieb aufrecht stehen. Die Astronomen sahen all dies als schlechte Vorzeichen an, und der Aufbruch des Heers wurde verschoben.

Akbars Mutter Hamida Begum hatte all ihren Einfluss aufgeboten, um den Feldzug gegen Salim zu verhindern. Sie liebte ihren Enkel und fürchtete für ihn, wenn es zu einem Zusammenstoss mit seinem viel kriegserfahreneren Vater kommen sollte. Als sie sah, dass der Krieg unvermeidlich geworden schien, wurde sie schwer krank. Dies veranlasste Akbar, nach Agra zurückzukehren, um sie zu besuchen, doch als er an ihr Krankenlager trat, war sie schon bewusstlos. Sie starb Ende August 1604. Sie hatte ihren Gemahl, Humayun, um 48 Jahre überlebt. Mit ihm zusammen ist sie in Delhi begraben.

Nach dem Tod seiner Mutter verzichtete Akbar auf den geplanten Feldzug. Neue Verhandlungen wurden aufgenommen. Akbars Abgesandter war Mir Sadr Jahan, ein betagter Mystiker, der bei Salim hohes Ansehen genoss und von dem Prinzen als sein geistlicher Mentor betrachtet wurde. Mit welchen Gründen er ihn überzeugte, an den Hof zurückzukehren und sich Akbar zu unterwerfen, weiss man nicht. Doch Argumente können ihm nicht gefehlt haben; die Gefahr, dass Akbar Khosraw zu seinem Nachfolger bestimmen könnte, war vielleicht das wichtigste. Von Agra oder von Delhi aus konnte der Thronfolger eher auf die Schachzüge jener Grossen des Reiches achten, die dieses Ziel verfolgten.

Im Oktober kehrte Salim nach Agra zurück, offiziell, um seinem Vater zum Tod der Hamida Begum zu kondolieren. Er liess seine Soldaten ein Stück weit vor Agra zurück und kam am 9. November 1604, nur von seinem zweiten Sohn, dem 14jährigen Parvis, und von seinen wichtigsten Anhängern begleitet, an den Hof. Er brachte dem Kaiser diesmal ein Geschenk von 200 Goldstücken und 400 Elefanten. In der Öffentlichkeit empfing Akbar ihn gnädig, doch soll er ihn dann in ein privates Gemach geführt und seinem Zorn dort freien Lauf gelassen haben.

Es hiess, er habe Salim in einen Baderaum einschliessen lassen, mit einem Arzt und einem Barbier als einziger Gesellschaft, und er habe verboten, dass er seine tägliche Portion Opium erhalte. Die grossen Gefolgsleute des Thronfolgers wurden gefangen gesetzt und in Fesseln geschlagen. Wenn diese Informationen zutreffen (nach dem Tod Abu'l-Fadls und dem Ende der Chronik Bada'unis besitzen wir keine gleichrangigen Quellen mehr), wollte Akbar damit den Fall seines Sohnes als eine medizinische Sache behandeln. Doch später, nach den einen Quellen bereits am nächsten Tag, nach den anderen erst nach zwei Wochen, habe Akbar selbst dem Thronfolger sein Opium gebracht. Der Umstand, dass Salim seit dem Tod von Danyal vom 4. April 1604 nun der einzige überlebende Sohn Akbars war, muss zu seinen Gunsten gewirkt haben. Ohne Zweifel traten auch die Hofdamen wiederum für Salim ein. Akbar erlaubte ihm nun, dass er sich in seinen eigenen Palast am Jamuna zurückziehe, und forderte nur, dass er einmal jeden Tag dem Kaiser persönlich seine Aufwartung mache. Er durfte sich jedoch bei dieser Gelegenheit von nicht mehr als vieren seiner Anhänger begleiten lassen.

Trotz des kräftezehrenden Vater-Sohn-Konflikts schmiedete Akbar in seinem vorletzten Lebensjahr erneut Pläne für einen Feldzug nach Zentralasien, wo unter den Grossen des Usbeken-Klans, den alten Erbfeinden der Moghuln, Uneinigkeit herrschte. Doch seine hauptsächlichen Lehensträger waren nicht für diese Pläne zu gewinnen; die immer noch schwebende Nachfolgefrage und der Gesundheitszustand des Kaisers selbst sprachen dagegen.

Die letzten Tage des Kaisers

Am 21. März 1605 wurde der Beginn des 50. Jahres der Regierung Akbars festlich begangen, die ganze Stadt Agra wurde geschmückt. Am Abend des Feiertages setzte Akbar über den Jamuna und besuchte Salim im Garten seines Schlosses auf dem jenseitigen Ufer. Die beiden blieben lange Zeit in privatem Gespräch. Nach seiner Rückkehr gab Akbar Befehl, dass künftig alle Lehensdiplome und anderen Staatsdokumente nicht nur sein eigenes, sondern auch das Siegel des Thronfolgers tragen müssten, und dass alle Staatsdiener nicht nur ihm selbst, sondern auch Salim Gehorsam schuldeten. Der Thronfolger stieg dadurch in den Rang eines Mitregenten auf.

Doch die Intrigen zwischen den Anhängern Salims und jenen seines ihm seit geraumer Zeit entfremdeten Sohnes Khosraw dauerten immer noch an. Man Singh war zum Atabeg, das heisst politischen und militärischen Vormund seines Neffen Khosraw ernannt worden. Die Rivalitäten wirkten sich sogar auf Unterhaltungen der Höflinge wie die von Akbar geliebten Elefantenzweikämpfe aus. Am 20. September 1605 wurde ein Kampf zwischen einem Elefanten, der Salim gehörte, und einem Khosraws durchgeführt. Die beiden Prinzen waren zugegen und Akbar wohnte dem Schauspiel bei. Als der Elefant Khosraws zu unterliegen schien, gab Akbar ein Zeichen, dass ein weiterer Elefant ihm zur Unterstützung herbeigebracht werde, wie es den Regeln dieser Spiele entsprach. Doch der Hilfselefant wurde von den Anhängern Salims mit Steinen beworfen und sein Mahut wurde verletzt. So kam es dazu, dass die beiden Elefantenbesitzer, Vater und Sohn, einander mit beleidigenden Worten angriffen.

Akbar gebot den Spielen Einhalt. Er fühlte sich unwohl und musste sich zurückziehen. Dies war der Beginn seiner tödlichen Krankheit, offenbar einer Darmentzündung, die sich bis zum 25. Oktober 1605 hinziehen sollte.

Während dieser Krankheit versuchten die Anhänger Khosraws, an ihrer Spitze Man Singh und Aziz Koka, der Grossvater (mütterlicherseits) und der Schwiegervater des Enkels Akbars, noch einmal, ihren Nachfolgekandidaten durchzusetzen. Sie wollten Salim festnehmen lassen, wenn er seinen Vater besuchen kam. Doch Salim wurde gewarnt und blieb jenseits des Jamuna.

Daraufhin beriefen die Anhänger Khosraws eine Versammlung der Grossen des Hofes ein und erklärten, dass Salim ein wenig geeigneter Herrscher sei, sie behaupteten auch, dass Akbar seinen Enkel seinem Sohn bevorzuge. Doch eine starke Gegenfraktion meldete sich zu Wort; für sie sprachen die Sayyids von Barha, entfernte Verwandte des Kaisers. Sie betonten, dass die Übergehung eines noch lebenden Königssohns zugunsten eines Enkels der Yasa der Nachfahren Dschingis Khans widerspräche. Diese Yasa ist das geheiligte mongolische Gewohnheitsrecht, nach dem Dschingis Khan und seine Nachfahren regierten. Die Timuriden waren bekanntlich stolz auf ihre Abstammung von Dschingis Khan über Timur Lenk.

Auch einer der grossen Rajputen am Hof, Raja Ram Das Kachhwaha, hielt zu Salim und sorgte dafür, dass der Staatsschatz zugunsten Salims von seinen Anhängern bewacht wurde.

Nach dem für Salim günstigen Ausgang dieser Zusammenkunft der grossen Lehensträger setzten die verschiedenen Adligen jeder für sich über den Jamuna, um Salim in seinem Palast ihrer Loyalität zu versichern. Auch Aziz Koka und Man Singh stellten sich ein und sie veranlassten Salim dazu, zu schwören, dass weder sie selbst noch Khosraw wegen ihrer bisherigen Parteinahme benachteiligt werden sollten. Gleichzeitig schwor Salim auch, er werde den Islam beschützen.

Den Schwur auf den Islam dürften die Grossen des Reiches dem Thronfolger abgenommen haben, weil er sich in seinen Rebellen- und Wartejahren den Jesuiten besonders geneigt erwiesen hatte. Diese hofften immer wieder, er könnte sich zum Christentum bekehren lassen, weil er Dinge tat, wie sich ein Bild der Maria und des Christus-Kindes ins Schlafzimmer hängen zu lassen. In Wirklichkeit dürfte es sich um politisches Kalkül gehandelt haben. Der Thronfolger versuchte, die Jesuiten und mit ihnen die Portugiesen als mögliche Stützen für den Fall einer kriegerischen Auseinandersetzung mit Akbar zu gewinnen; vielleicht dachte er sogar daran, sie im Notfall um Asyl anzugehen. Der Schwur auf den Islam soll bewirkt haben, dass Salim den Jesuiten, als sie sich ans Krankenbett des Kaisers begeben wollten, den Zugang zum Palast verbieten liess.

Salim selbst kam erst zu seinem sterbenden Vater, als dieser der Sprache nicht mehr mächtig war. Er wies mit Gesten auf seinen Turban und auf das Schwert Humayuns, das am Bettende hing, und die Grossen des Reiches legten Schwert und Turban dem Sohne an, der damit versehen ans Fester trat und von den geringeren Staatsdienern draussen als der neue Kaiser erkannt und ausgerufen wurde.

Salim, nun Jahangir, hielt sich an seinen Schwur zugunsten Khosraws und seiner Anhänger. Er hat aber gleichzeitig die Religionspolitik Akbars beibehalten. Er war eher ein Freund der Mystiker als der orthodoxen Theologen, doch ist er kein Sucher nach Wahrheit gewesen wie Akbar. Geistliche, die ihm für den Staat gefährlich erschienen, hat er rücksichtslos umbringen oder einkerkern lassen. Prinz Khosraw hat sich 1606 gegen ihn erhoben, aber sein Aufstand wurde niedergeschlagen. Der Prinz wurde in Ketten vor den Kaiser in Lahore geschleppt und teilweise geblendet. 1622 starb er «unter verdächtigen Umständen»: Man fand ihn erdrosselt. Im Jahr darauf hatte Jahangir einen dreijährigen Krieg gegen einen anderen Sohn, *Khurram,* zu bestehen. Der Kaiser starb 1627, kurz nachdem Khurram sich ihm wieder unterworfen hatte. Es kam zu Thronwirren, aus denen Khurram schliesslich als Kaiser Shahjahan hervorgehen sollte.

Ein Geheimnis Salims

In Lahore gibt es ein Grabmal unter einer Kuppel, das die Aufschrift trägt «Madjnun Salim-e Akbar» (Majnun Salim der Sohn Akbars; Majnun ist der grosse Liebende der arabisch-persischen Tradition, der auf dem Grabstein seiner Geliebten, Laila, an seiner Liebe stirbt). Das Grabmal soll auch die Jahreszahlen der Hijrah aufweisen, die 1599 und 1624 entsprechen. Eine Legende ist damit verbunden, nach welcher Anarkali, ein Mädchen am Hof von Lahore und eine Geliebte Salims, von Akbar lebendigen Leibes eingemauert worden sei. Das Grabmal gilt als das ihre. Die erste Jahreszahl sei die ihres Todes und die zweite jene der Errichtung des Grabmals. Keiner der Chronisten und der anderen Zeitzeugen hat irgendeine Andeutung über eine Liebesaffäre zwischen Salim und einer mythischen Anarkali hinterlassen. Doch wenn etwas an der Geschichte zutreffen sollte, würde sie die endgültige Auflehnung Salims in Allahabad, die 1560 begann, und auch die zögernde Langmut erklären, mit der Akbar seinen ältesten Sohn behandelt hat sowie vielleicht auch die Sympathie, welche die hohen Frauen des Hofes Salim entgegenbrachten. (ECI[2] unter Djahangir, Artikel von A. S. Bazmee Ansari).

Die Frauen fuhren fort, eine grosse Rolle im Leben des neuen Kaisers Jahangir zu spielen. *Nur Jahan,* die er 1611 heiratete, wurde die eigentliche Herrin des Reiches, und es war ihre Politik zugunsten ihres Schwiegersohns, des Prinzen Shahriyar, die den Aufstand Khurrams, des künftigen Shahjahan, gegen seinen Vater auslösen sollte.

Die Leistung Akbars

Moderne Bewunderer Akbars preisen den Kaiser oft, weil er als Erster einen indischen Staat, Vorläufer des heutigen Indien, gegründet habe. Dies trifft in der Tat zu, doch Akbar selbst dürfte eher empfunden haben, dass der Staat, den er beherrschte und ausbaute, das Moghul-Reich war. Man könnte fast sagen: Akbar habe Indien erfunden, ohne sich dessen bewusst zu sein. Er selbst muss sich als einen König über ein weites Reich, das seine Zeitgenossen mit der Welt oder doch ihren wichtigsten Teilen gleich setzten, angesehen haben. Obwohl er der Herrscher war, sah er sich als diesem Königreich verpflichtet an. Er war sich bewusst, dass er ihm zu dienen hatte. Die Idee der Grossreiche lag in der Zeit; wir haben schon auf die Bedeutung der Kanonen und des Pulvers in diesem Sinne hingewiesen. Die indische Halbinsel hat auch wenig natürliche Grenzen; eine Eroberung zog die andere nach sich, bis die Expansion im Dekkan, wo es natürliche Barrieren gegen den Norden gibt, langsam stecken blieb. Unter den späteren Moghul-Kaisern sind die Eroberungen noch weiter in den Süden hinab vorgetragen worden, doch stets unter den grössten Schwierigkeiten und Opfern. Den ganzen Subkontinent konnten erst die Engländer völlig unter ihrer Herrschaft vereinigen, weil sie die Meere rund um ihn herum beherrschten.

Was Akbar dennoch zu einem eminent indischen Kaiser gemacht hat und seine Dynastie zur ersten gesamt-indischen seit vielen Jahrhunderten, war sein Bestreben, sein Reich nicht als Herrschaftsgebiet eines einzigen «Staatsvolkes» aufzuziehen sondern im Gegenteil möglichst viele der indischen Gemeinschaften an ihm zu beteiligen. Die Gemeinschaften waren in erster Linie Religionsgemeinschaften. Die religiösen Bande hielten die verschiedenen Gruppen zusammen und trennten die einen entscheidend von den anderen ab. Die wichtigste Leistung Akbars liegt darin, dass er darauf ausging, möglichst viele der bisher in herrschende und unterlegene Gruppen geteilten Religionsgemeinschaften in die Regierung seines Reichs einzubeziehen. Es war eine eminent aristokratische Herrschaft, die Akbar führte, und es waren deshalb in erster Linie die Oberhäupter der nicht-muslimischen

Gruppen, die der Grossmoghul in seinen Dienst zog. Doch über sie waren auch ihre Untergebenen am Reich mitbeteiligt.

Die Politik Akbars, die darauf ausging, allen Indern, die bereit waren, mitzuarbeiten, Beteiligung zu gewähren, ist schwerlich auf Grund von theoretischen Überlegungen konzipiert und ausgearbeitet worden. Der historische Ablauf zeigt, dass sie sich schrittweise herausbildete, durch Entwicklungen und Erfahrungen, die den Herrscher allmählich immer klarer erkennen liessen, dass sein Reich nur durch die Mitarbeit der indischen Mehrheitsgemeinschaft der Hindus und der vielen Minderheitsgruppen, die es im Lande gab, Ausdehnung, Prosperität und Dauer gewinnen könne. Ein Schritt in dieser Richtung folgte dem anderen, bis ein «indisches» Reich an Stelle der vorausgegangenen «islamischen» Herrschaft zustande kam.

Trotz diesem deutlich erkennbaren graduellen und empirischen Aufbau der politischen Grundlinie, die während der Frühzeit Akbars zustande kam, kann man fragen, was denn den Anstoss zu ihr gegeben habe. Was nachträglich als geradezu natürlich, ja beinahe unvermeidlich erscheint, eben dass ein «indisches», nicht ein «muslimisches» Reich aufgebaut wurde, war in Wirklichkeit eine bis zur Zeit Akbars kaum denkbare Neuerung. Während guten 500 Jahren hatten die muslimischen Herrscher ihre indischen Eroberungen als Muslime (jedenfalls so, wie es ihrem als muslimisch verstandenen Selbstbild entsprach) beherrscht. Akbar musste über seinen eigenen Schatten und über den einer langen Linie von illustren Vorläufern springen, zu denen auch sein verehrter Ahnherr Timur Lenk gehörte, um sein neues Reichskonzept zu entwickeln. Nachdem er die ersten Schritte getan hatte, mögen ihn hier und dort pragmatische Gründe dazu angeregt haben, den begonnenen Weg, der sich immer mehr als der einzig mögliche und alleine richtige herausstellte, konsequent weiter zu gehen; doch was hat ihn dazu gebracht, ihn anfänglich einzuschlagen? – Die historische Entwicklung, wie wir sie zu verfolgen versuchten, lässt nur eine Antwort auf diese Frage zu: es war sein Interesse an Religionen, das über jenes an seiner eigenen Religion hinausging. Dessen Entstehung wiederum lässt sich beobachten von der Zeit an, als der Mystiker Abdul-Latif der Mentor des Knaben Akbar wurde, von seinem freiwilligen Dienen in der Moschee des schiitischen Sadr us-Sudur, den Bayram Khan ernannt hatte, über den auf eine Zufallsbegegnung hin durchgeführten ersten von vielen Besuchen bei den Chishti Mystikern von Ajmer, zur frühen Heirat mit einer Rajput-Prinzessin, den ersten Verordnungen zu Gunsten der Hindus, die darauf folgten, über einsame Gebete und plötzliche Visionen, hin zu der Begegnung mit den religiös und philosophisch weit offenen Mitgliedern der Familie Scheich Mubaraks, die den Kaiser ermutigten, angesichts der Streitereien der Geistlichkeit selbst religiöse Entscheide zu treffen, und weiter zu den Religionsdiskussionen innerhalb des Islams und später unter allen Religionsvertretern und zu dem Einfluss den Abu'l-Fadl darauf als systematischer Verteidiger einer die einzelnen Religionen übersteigenden «göttlichen Einheitserkenntnis» erlangte. Diese religiöse und religionspolitische Entwicklung Akbars muss als die Quelle seines politischen Wirkens gesehen werden, aus dem heraus seine spezifische und für das indische Reich höchst fruchtbare Herrschaftsform und mit ihr der über weitere Generationen hinweg andauernde besondere Geist des Moghul-Reiches entstanden ist.

Dass Akbar zugleich ein ausserordentlich begabter, ja ein begnadeter Herrscher gewesen ist, untersteht keinem Zweifel. Seine physische Kraft und Aktivität als junger Mann, die sich in der Liebe zur Jagd und seiner direkten Beteiligung an aller Art Kämpfen und Kampfspielen äusserte und auch immer wieder in Waghalsigkeit überschlug, das lebhafte, hellwache Interesse, das er seiner gesamten Umwelt entgegenbrachte, Grundlage seiner grossen organisatorischen Fähigkeiten wie auch im künstlerischen Bereich seiner Liebe zur Malerei und der Entwicklung eines eigenen «moghul» Stils der Wandmalerei und der Miniaturen, sein hochgepriesenes Gedächtnis, seine offenbar eindrucksvolle Präsenz und persönliche Autorität, die auf seine gesamte Umwelt wirkten, seine Fähigkeit, mit sehr wenig Schlaf auszukommen und daher gewaltige Arbeitspensen zu bewältigen und gleichzeitig Zeremonien über sich ergehen zu lassen, Feste zu begehen, seinen geistigen Interessen nachzugehen und sich auf der Jagd und auf Feldzügen weit über das gewaltige Land hin eher zu entspannen als anzustrengen, all dies waren Herrschergaben, die ihm seine schweren Pflichten erleichterten. Am wichtigsten von allen dürfte seine Fähigkeit gewesen sein, Menschen zu beurteilen und sie darüber hinaus im Sinne der Aufgaben, die er ihnen stellte, zu inspirieren.

Eine Gabe freilich, die ihn seinen Söhnen gegenüber verliess. Das gespannte Verhältnis zwischen den Herrschern und ihren Söhnen war in der ganzen Moghul-Dynastie und auch in den anderen Grossreichen der islamischen Welt stets gegeben, sobald die Söhne, die sich als Kinder ihrem Vater gehorsam fügten, ihr Mannesalter erreichten. Dies hatte ohne Zweifel mit der stets schwebenden Nachfolgefrage zu tun. Akbar selbst blieb ein Streit mit Humayun erspart, weil sein Vater früh starb, doch alle späteren Moghul-Herrscher haben Kriege gegen ihre Väter geführt von Salim an, der Akbar gegenüber nur mit Krieg drohte, jedoch als Kaiser seinen Sohn Khosraw nach dessen Aufstandsversuchen, blenden liess und seinem anderen Sohn, den späteren Shahjahan, während Jahren durch ganz Indien hindurch als Rebellen verfolgte, bis dieser zur Herrschaft gelangt, seinen Bruder und Konkurrenten Shahriyar und dessen zwei Söhne hinrichten liess, und weiter zu Aurangzeb, der seinen Vater Shahjahan gefangen setzte, seinen Bruder Murad ins Gefängnis warf und seinen anderen, Dara, der ihm in der Schlacht unterlegen war, hinrichten liess, um selbst das Regiment zu führen. Es war stets die Dynamik eines erbarmungslosen Kampfes um die Herrschaft unter den Söhnen und Nachfolgern, die zu solchen Familienkrisen führte. Das Ringen konnte immer nur mit «Thron oder Sarg» enden. «Takht ya Takhta», wie ein Moghul-Sprichwort es ausdrückt. Die Auflehnungen der Söhne gegen die Väter fanden stets statt, weil der rebellische Sohn der Machtergreifung eines Bruders zuvorkommen oder sich gegen sie absichern wollte.

In diesem Zusammenhang ist an die Regel zu erinnern, die unter den frühen Osmanen galt: der Prinz, der nach dem Tod seines Vaters zuerst die Hauptstadt erreichte und sich der dortigen zentralen Verwaltung bemächtigen konnte, wurde der neue Herrscher, und er musste sofort anordnen, dass seine Brüder erdrosselt würden. In ihrer späteren Zeit haben die Osmanen dieses harte Gesetz gelindert, und der Sultan liess seine Brüder nur in «den Käfig» einsperren, wie man die abgegitterten Gemächer im Sultanspalast von Istanbul nannte, aus denen ein Bruder sein Leben lang nie mehr hinausgelangte, es sei denn, der Herrscher starb vor ihm und sein Bruder wurde aus «dem Käfig» geholt, um selbst Herrscher zu werden. Diese zweite, humanere Lösung war dynastisch gesehen die schlechtere, weil die einstigen Insassen «des Käfigs», die Sultane wurden, sich in der Welt, die sie regieren sollten, überhaupt nicht auskannten.

Im Gegensatz zu den Osmanen mit ihrem Gesetz des Brudermordes kannten die Abkömmlinge Timurs ein anderes Grundgesetz, an welches sie sich nach Möglichkeit hielten und das als ein Gebot galt, das Timur selbst gestützt auf seinen Ahnen, Dschingis Khan, seinen Nachfahren erteilt habe. Es lautete, die Erben Timurs sollten einander nicht töten, und jener, der die Oberherrschaft erlange, solle seine Brüder und Vettern an ihr beteiligen, indem er ihnen Provinzen zu regieren überlasse. Dies aber hat in der politischen Praxis immer wieder zu Kriegen unter den Brüdern geführt und sogar zu Präventivkriegen der möglichen Nachfolger gegen ihren eigenen Vater, sobald sich dieser dem Ende seines Lebens zu nähern schien. Akbars letzte Jahre sind von diesen Auseinandersetzungen gezeichnet, Abu'l-Fadl wurde ihr Opfer, wie auch Jahangir und Shahjahan unter ihnen zu leiden hatten.

Zum timuridischen Erbe Akbars dürfte auch sein Jähzorn gehört haben, der bei vielen Gelegenheiten hervorbrach, aber nicht lange zu dauern pflegte. Grausame Strafen, die er besonders in seiner Jugend manchmal verhängte, sind wohl nicht so sehr durch diesen rasch aufflammenden Jähzorn zu erklären als dass sie zum allgemeinen Ton der Zeit gehören. Sie sollten abschreckend wirken in Zeiten, die sich zur Aufrechterhaltung von Ruhe und Ordnung in erster Linie auf Abschreckung verliessen. Viele Verbrecher und Angeklagte konnten in Gottes freie Natur entkommen, die wenigen, die gefasst wurden, mussten für alle büssen. Akte wie das Massaker von Chitor hat Akbar seinen eigenen Aussagen nach (Akbar-Nameh III S. 255; Übers. Beveridge III S. 269) später selbst bereut. Sie waren in Indien unter der Herrschaft der Muslime nicht selten. Akbar dürfte sich damals noch nicht völlig von der Mentalität seiner Vorfahren und Vorläufer gelöst haben, denen Hindus ihrer Vielgötterei halber als «Heiden» galten, die das Schwert schon deshalb verdienten. Sein Zorn über die Hartnäckigkeit des Widerstandes mag ein übriges getan haben. Wie auch die ebenfalls auf die Mongolen zurückgehende Terrortaktik, die in der Tat bewirkte, dass die nächsten belagerten Festungen sich leicht ergaben. Doch den grausamen Zügen im Charakter Akbars steht ein beständiges Bemühen gegenüber, es Gott recht zu machen. Dass Gerechtigkeit in seinem Reiche herrsche, war für ihn ebensosehr eine religiöse Forderung wie eine politische Leitlinie. Sein Bemühen um Gottes Wohlgefallen hat den Kaiser auch dazu gebracht, auf die Ideen der Hindus und der Parsi einzugehen, und das Jagen sowie das Schlachten von Tieren, wenn er es gleich er nicht ganz aufheben konnte, wenigstens einzuschränken.

Ist Akbar vom Islam abgefallen, wie es strenggläubige Kritiker vom Schlag Bada'unis behaupten? – Die Antwort auf diese Frage hängt davon ab, wie man «den Islam» auffasst und definiert. Akbar ist ohne Frage von einem eng verstandenen Shari'a-Islam abgewichen; man kann sagen, er hat einen alternativen Islam zu entwickeln versucht, in dem Raum sein sollte für die anderen Offenbarungen Gottes. Er konnte dabei mit der Hilfe Abu'l-Fadls auf durchaus islamische Traditionen und Lehren zurückgreifen, die allerdings nicht jene der Schari'a-Gelehrten gewesen sind. Gerade in Indien hatte es schon seit vielen hundert Jahren vor Akbar mystische, theosophische, philosophische und volkstümliche Strömungen gegeben, die alle zu der Erkenntnis hinführten, dass Gott in vielen Gewändern verehrt werden konnte und dass diese Verehrung sehr verschiedene äussere Formen annahm. Seit einem guten Jahrhundert vor Akbar war auch der Islam über die Mystik in den Bannkreis solcher Ideen getreten. Diesen «alternativen Islam» hat Akbar zur Religion seines Staates erhoben, und er ist in der Tat die Grundlage geworden, auf der das Moghul-Reich letztlich beruhte.

Kapitel 10
Miniaturen und Handschriften

Persische Maler für Humayun

Akbar hat sich persönlich für Malerei interessiert. Schon sein Vater Humayun war ein Liebhaber der Buchmalerei, was er im übrigen mit vielen der Fürsten seiner Epoche gemein hatte. Als Humayun während seiner Verbannung Persien besuchte, gelang es ihm, zwei bedeutende Miniaturenmaler, die bisher dem persischen Schah Tahmasp gedient hatten, für sich zu gewinnen; dies waren *Mir Sayyid Ali* und *Abdu's-Samad*. Von beiden wissen wir, dass sie an dem grossen Werk mitgearbeitet hatten, das Ismail Schah (1501–1524) für seinen Sohn Tahmasp (herrschte ab 1524 nominell; wirklich 1534–1576), von 1522 an hatte schreiben und malen lassen, das illustrierte Shahnameh des Firdausi, das sich heute im Besitz des Metropoliten Museums of Art in New York befindet. (Beschreibung und Reproduktionen von 28 ausgewählten der gegen 300 Bilder des Gesamtwerkes: Stuart Cary Welch, «A King's Book of Kings», New York 1972 und 1976; deutsch bei Prestel, München 1976).

Der Schah und sein Kronprinz waren persönlich an Malerei interessiert. Der Kronprinz hatte sich als Kleinkind und Kind, seit seinem zweiten Lebensjahr, in Herat aufgehalten und war dort vom Stil des grossen Künstlers *Bihzad* beeindruckt worden. Der Geschmack des Vaters hatte mitgeholfen, eine ganz andere Malschule, die von Täbris, zu entwickeln, deren grösster Meister *Sultan Muhammed* gewesen ist.

Bihzad kam in den letzten 13 Jahren seines Lebens persönlich nach Täbris und ist dort 1535/6 gestorben. Sein lyrischer Stil zeichnet sich durch Klarheit und klassisches Gleichgewicht bei der Verteilung seiner isoliert im Raume stehenden Einzelfiguren sowie durch eine überaus feinsinnige Farbgebung aus. Doch der grosse Meister selbst, dessen Augenlicht abnahm, scheint nicht direkt an dem Schahnameh von Tahmasp mitgewirkt zu haben. Seine Schüler und Bewunderer jedoch liefern sich in dem grossen Königsbuch «eine Schlacht» (Welch) mit den Vertretern der mehr phantastischen und dramatischen Kunst zentralasiatischer Inspiration, die in Täbris zuhause war. Schliesslich geht eine Synthese aus beiden Malschulen hervor, die sich in den hervorragendsten Bildern des gleichen grossen Schahnameh niederschlägt. Sie bestimmt den reifen Stil des höchst bedeutenden Malers Sultan Muhammed, dem der Fachmann Stuart Cary Welch nicht zögert, den Rang eines der grossen Meister der Malkunst überhaupt zuzusprechen.

Tahmasp hat selbst gemalt, einige seiner Werke sind erhalten, und er war ein grosser Kenner der Malerei. Doch gegen das Jahr 1544 wandte er sich von ihr ab, was vielleicht mit der strenger werdenden Orthodoxie des offiziellen Schiismus zusammenhing, der schrittweise zur offiziellen Staatsreligion der Safawiden werden sollte, und wohl gleichzeitig auch der inneren Entwicklung der Schahs entsprach, der immer mehr zur abgeschlossenen Einsamkeit innerhalb seines Palastes in Qazwin neigte.

Humayun traf gerade in den Jahren in Qazwin ein, in denen sich bei Schah Tahmasp diese Wende vollzog. Dies dürfte der Grund dafür gewesen sein, dass es ihm trotz seiner damaligen Armut möglich war, Künstler aus dem königlichen Atelier der Safawiden für sich zu gewinnen und sie nach Kabul einzuladen, sobald er dort Fuss gefasst hatte.

Illustrierte Geschichten für den jungen Akbar

Der junge Akbar zeigte Interesse am Malen, was seine Erzieher umsomehr erleichtert haben muss, als sie ihn nicht zum Schreiben und Lesen bringen konnten. Es gibt sogar eine Miniatur, heute im Gulistan-Museum von Teheran, die den knabenhaften Akbar zeigt, wie er seinem Vater Humayun auf einer in einen Baum gebauten Holzterrasse eine Miniatur vorlegt. Auf dem von Akbar vorgezeigten Blatt lässt sich eine winzige Abbildung der gleichen Miniatur erkennen. Der Ort der Handlung könnte ein Jagdpavillon in der Umgebung von Kabul gewesen sein, und Abdu's-Samad wird als der verantwortliche Künstler bezeichnet. Der Stil der Miniatur, die auf 1555 datiert wird, ist noch durchaus persisch im Sinne der oben erwähnten frühen safawidischen Synthese des Erbes von Bihzad und der Schule von Täbris. (Abbildung in: Emmy Wellesz, Akbar's religious thought reflected in Moghul Painting, London 1952, plate 2).

Kurz nach seiner Thronbesteigung, wenn nicht sogar schon früher als Kronprinz, hat Akbar ein gewaltiges malerisches Projekt begonnen, indem er den Auftrag gab, den Volksroman von Amir Hamza mit über 1000 grossformatigen Bildern zu illustrieren. Die Bilder, auf feine Leinwand gemalt und viel grösser als gewöhnliche Miniaturen, nämlich 52 auf 60 cm, können schwerlich in ein Buch gepasst haben. Möglicherweise waren sie dazu bestimmt, hochgehalten zu werden, wenn die entsprechenden Passagen der abenteuerlichen Geschichte des Amir Hamza vorgelesen wurden. Heute sind noch 136 dieser Bilder vorhanden, jedoch in verschiedenen Bibliotheken und Museen verstreut. Der umfangreiche Volksroman hat einen fiktiven Onkel des Propheten zum Helden, der die wundersamsten Abenteuer mit Riesen, Drachen und Feinden besteht. Das Projekt, das nach Abu'l-Fadl 1400 Bilder umfasste, muss viele Jahre bis zu seiner Vollendung gedauert haben, sogar wenn der Kaiser zahlreiche Maler einstellte und ihnen alle benötigten Materialien grosszügig zur Verfügung stellte.

Ein zeitgenössischer Historiker sagt, Mir Sayyid Ali habe «nun schon» sieben Jahre lang zusammen mit 50 ihm unterstellten Künstlern in der Bibliothek Akbars gewirkt (Srivastava vol.3, p. 356). Das ganze Vorhaben scheint von 1558 bis 1573 gedauert zu haben. Das Grossunternehmen wurde zur eigentlichen Schule, in der sich allmählich der spezifische Stil der Moghul-Malerei entwickelte.

Abdu's-Samad ist einer der wenigen Maler dieser Schule, von dem wir etwas mehr wissen als seinen Namen und die gröbsten Lebensdaten. Dies, weil er zu den Vertrauten des Kaisers gehörte und neben seiner künstlerischen auch eine politische Karriere machen sollte. Akbar hat ihn später (1577) zum Oberaufseher seiner Münzstätten in ganz Indien und zum Leiter der Hauptmünze in Fathpur Sikri ernannt. Als solcher hatte er den Rang von 400 «Reitern» inne. Später hat Akbar ihn zum «Diwan», d.h. Finanzverwalter, in der Provinz Multan erhoben. Er trug den Titel «Shirin Qalam» (süsse Feder), was anzeigt, dass er auch ein Kalligraph gewesen sein muss. In der Tat wird berichtet, er habe ein so scharfes Auge und eine so sichere Hand gehabt, dass er die Sura 112, eine der kürzesten, auf ein Mohnkorn zu schreiben vermochte. Sein Sohn Sharif wurde unter Jahangir «Amir al-Umara'», erster unter den Befehlshabern, und erhielt den prinzlichen Rang von 5000.

Mir Sayyid Ali, der andere Maler, der mit ihm aus Persien gekommen war, war wahrscheinlich älter als Abdu's-Samad, da er schon in Täbris als namhafter Künstler an dem grossen Schahnameh Tahmasps und an anderen berühmten Manuskripten gearbeitet hatte.

Indische stossen zu den persischen Malern

Abu'l-Fadl gibt eine Liste von 18 berühmten Malern, die am Hofe Akbars wirkten. Darunter sind nur fünf persische Namen, die anderen 13 sind indische. Aus den Anmerkungen, welche die Sekretäre am Rande der Bilder anzubringen pflegten, kennen wir die Namen von sehr viel mehr Malern als die 18, die Abu'l-Fadl nennt. In der Tat hat es in Indien immer Malschulen gegeben, obgleich nur sehr wenige ihrer Werke aus der Zeit nach den Ajanti-Höhlen auf uns gekommen sind. In der islamischen Zeit gab es schon vor Akbar Kontakte zwischen der persischen Miniaturmalerei und jener der Höfe der indischen Muslimherrscher. Solche Verbindungen bestanden zwischen Schiras, einem traditionellen Zentrum persischer Buchmalerei, und den südlichen muslimischen Höfen im Dekkan und in Golkonda. Die Rajput-Höfe besassen ihren eigenen Malstil. Das grosse Projekt des Hamza Nameh, an dem, nach Abu'l-Fadl über 100 Maler beteiligt waren, muss indische Maler angezogen haben, und das Entstehen eines besonderen und unverkennbaren Moghul-Stiles in der Malerei wird auf die Mischung der persischen und der indischen Traditionen zurückgeführt.,

Der neu entstehende Moghul-Stil lässt sich als ein sehr realistischer Stil definieren. Er rückt ab von der lyrisch und feinfühlig ausgewogenen, geometrisch geordneten pastellfarbigen Traumwelt der persischen Miniatur in der Linie Behzads und von der magisch und dynamisch bewegten Naturwelt der Turkmenen, die versucht, die bunte Vielfalt des Spektakels dieser geheimnisvollen und auch erschreckenden Welt in all ihrer Dynamik einzufangen, so dass das Auge sie nachzuempfinden vermag. Die Kunst der Moghuln will Realität nachzeichnen und abbilden.

Es gibt eine Aussage von Akbar, die erkennen lässt, dass die Bemühung am Realismus, die dem neuen Malstil zu Grunde liegt, durchaus ein Anliegen des Kaisers war. Er wird von Abu'l-Fadl zitiert mit den Worten:

> «Es gibt viele Leute, die das Malen hassen. Aber ich mag solche Leute nicht. Mir scheint, dass die Maler ganz besondere Mittel besitzen, um Gott zu erkennen. Ein Maler, der etwas Lebendiges zeichnet und dessen Glieder eins nach dem anderen nachbildet, muss notwendigerweise erkennen, dass er seinem Werk keine lebendige Individualität geben kann, und dies zwingt ihn, an Gott, den Geber des Lebens, zu denken; so nimmt sein Wissen zu.» (A'in I, p. 108)

In dieser Äusserung tut Akbar etwas sehr typisches für seine Art zu denken. Er nimmt den berühmten Hadith (Überlieferung vom Propheten), der sich gegen das Malen und Abbilden richtet und als einer der drei wichtigsten Texte für ein «Bilderverbot» im Islam gilt. Es gibt kein derartiges Verbot im Koran, aber natürlich viele Stellen, die aussagen, dass Gott der «einzige Schöpfer» sei. Der Hadith besagt: «Am Tag des jüngsten Gerichtes», so habe der Prophet erklärt, «wird Gott die Maler auffordern, die Schöpfung ihrer Kunst zu beleben. Und wenn der Maler zugibt, dass er dazu unfähig ist, wird der Unglückliche in die Hölle gestürzt werden». Akbar kehrt den Bericht um. Er weiss, dass der Maler keine lebendigen Geschöpfe hervorbringen kann, und der Maler weiss es auch. Gerade dieser Umstand wird ihn veranlassen, die Göttlichkeit der Schöpfung zu erkennen und Gott dadurch näher zu rücken. – Dieser Grundgedanke liegt übrigens aller islamischen Kunst zugrunde und er ist es, der sie in ihrer Welt legitimiert. Der islamischen Kunst geht es immer darum, das Göttliche im Universum widerzuspiegeln und sichtbar zu machen. Man kann vermuten, dass es dem durch Zuhören – nicht durch Lesen – aufnehmenden Kaiser leichter fiel, den Hadith auf seine Art zu verstehen, die der normalen Bedeutung entgegensteht, gerade weil er nicht am Wort und an den Buchstaben klebte, sondern den Sinn der Sache aufnahm und ihn in seinem eigenen Geist weiter verarbeitete. Der tiefere Sinn, auch des Hadith, ist natürlich, dass Gott alleine der Schöpfer ist, und menschliche Schöpfer bei Seiner Schöpfung nicht mithalten können. Akbar fügt hinzu: menschliche Schöpfungs- oder Gestaltungsversuche weisen jedoch den Künstler und den Beschauer auf die Schöpferkraft des Schöpfers hin und dienen deshalb dazu, auf Ihn hinzuführen.

Im Programm, das aus einem derartigen Kunstverständnis hervorgeht, ist «Realismus» vorgegeben, weil es darum geht, die real vorhandene Schöpfung zu analysieren, darzustellen, sichtbar zu machen. Wiederum lässt sich der Geist des nicht lesenden Kaisers erkennen. Er strebt danach, ins Bild zu bringen, was er hört, wenn die Vorleser zu ihm sprechen. Nicht nur das Ohr, auch das Auge will aufnehmen.

Wir wissen, dass Akbar seine Maler persönlich beaufsichtigte und für gelungene Arbeiten belohnte. Abu'l-Fadl verfasste ein ganzes Kapitel über die Kunst des Schreibens und Malens an Akbars Hof (A'in 34). Er sagt: «Die Arbeiten aller Maler werden wöchentlich Seiner Majestät von den Aufsehern und den Sekretären vorgelegt. Er legt dann Belohnungen fest je nach der Vorzüglichkeit der Arbeiten, oder er steigert die monatlichen Gehälter.»

Die Entstehung eines Stils

Der Stil der Moghuln ist so verschieden von den – in sich auch wieder unterschiedlichen – persischen Ausdrucksweisen, dass er unmittelbar als spezifisch dem Moghul-Reich angehörig erkenntlich ist. Seine Herausbildung vollzog sich in der erstaunlich kurzen Zeit der ersten zehn oder fünfzehn

Jahre der Herrschaft Akbars. Die Geburt dieses neuen Stils ist umso bemerkenswerter, als sie unter der Leitung von Personen zustande kam, die ursprünglich im persisch-turkmenischen Malstil ausgebildet waren und dann erst die Aufsicht der Ateliers Akbars übernahmen, in denen der neue Stil zum Durchbruch gelangte.

Gewiss, Mir Sayyid Ali und Abdu's-Samad erhielten neue, in vielen Fällen indische, Mitarbeiter. Doch die eigentlich «indischen» Züge in der Moghul-Malerei, die im übrigen schwer nachzuweisen sind, weil indisches Vergleichsmaterial weitgehend fehlt, werden beispielshalber darin sichtbar, dass in den Landschaften der Moghuln indische Bäume wachsen oder dass in den Miniaturen, die aus dem Sanskrit übersetzte indische Bücher illustrieren, indische Gottheiten an einem indischen Himmel schweben, Gottheiten, die durch ihre traditionellen Attribute und ihre indischen Gesten, Kleider, Schmuckstücke und Kronen gekennzeichnet sind.

Von einem der beiden als besonders begabt geltenden indischen Miniaturmalern Akbars, Dasawanth, dem Sohn eines Töpfers, ist deutlich, dass es sich um eine Naturbegabung handelte. Der Knabe Dasawanth malte Bilder auf alle Mauern. Akbar wurde auf ihn aufmerksam und sorgte dafür, dass er Unterricht von Abdu's-Samad erhielt. Dasawanth hat die Miniaturen der übersetzten indischen Werke, wie des Razm Nameh, gemalt, was der Namen der persischen Fassung des Mahabharata ist. Er hat sich im Jahr 984 vielleicht in einem Anfall von Geistesgestörtheit, mit einem Dolch sein eigenes Leben genommen. (AN III, 659 und A'in I, 108).

Vom sozialen Ursprung seines begabtesten indischen Kollegen, Basawan, wissen wir nichts, doch aus seinen Arbeiten geht hervor, dass er ausserordentlich offen für Neuigkeiten gewesen sein muss. Er hat bei Gelegenheit die Frontalperspektive eines nach vorne geneigten Körpers, offenbar angelehnt an Mantegna und ähnliche Künstler der Renaissance, aus den europäischen Arbeiten, die er zu Gesicht bekam, übernommen. (Vgl. E. Wellesz, Akbar's religious thought reflected in Moghul Painting, wie oben, plate 9, aus dem «Darab Name», Brit. Museum Or. 4615).

Solche begabten, aber nicht in einer eigenen Schultradition eingebundenen Meister müssen in der Hand Akbars, der genau wusste, was er von ihnen begehrte, nämlich «Wiedergabe der Schöpfung zum Lob ihres Schöpfers» flexible künstlerische Instrumente gewesen sein, die der Herausbildung des neuen Stils – der ja stets auch ein neues Sehen voraussetzt – dienen konnten.

Wir kennen zahlreiche Namen von Malern Akbars, weil die Sekretäre die Gewohnheit hatten, ihre Arbeiten mit Unterschriften zu versehen, wahr-

Abbildung 16

Akbar Dankgebet am Ganges vor den Mauern von Patna

Im August 1574, während der Regenzeit, hatte Akbar auf seiner Flussexpedition, die sich gegen den gefährlichen Aufständischen Daud Kararani, den Afghanen, richtete, Patna am Ganges erreicht. Er nahm die Festung von Hajipur ein, die auf dem anderen Stromufer lag, und liess die Köpfe der gefallenen Afghanen über den Strom transportieren, um den Verteidigern von Patna Angst einzujagen. Dies gelang so gut, dass Daud mit seinem Heer aus Patna floh; der Fürst selbst zu Wasser, während sein Hauptheerführer mit seinen Truppen und Elefanten die Stadt zu Land verliess. Daud entkam, doch die Sieger erlangten grosse Beute.

Die Miniatur zeigt den Herrscher vor den Stadtmauern, wie er Gott für seinen Sieg dankt. Die Flussflotte liegt davor auf dem Ganges.

scheinlich in erster Linie der Begutachtung durch den Kaiser und der daraus erfolgenden Entlöhnungen wegen.

Oft findet man unter den Bildern angemerkt, dass ein Künstler die Linienzeichnung angelegte, ein zweiter die farbige Ausmalung besorgte und möglicherweise ein Dritter für die Feinzeichnung und Charakterisierung der Gesichtszüge verantwortlich war. Es handelt sich in vielen Fällen um Hindu-Namen, in anderen um solche indischer Muslime und nur in wenigen um solche, die als persische Künstler erkennbar sind. Doch mehr als die Namen kennen wir nicht.

Der «Realismus» der Europäer

Wenn die indischen Einwirkungen bei der Entstehung des Moghul-Malstiles eher angenommen werden müssen, als dass sie direkt sichtbar werden, weil eben indisches Vergleichsmaterial weitgehend fehlt, sind die europäischen Einflüsse in den Miniaturen selbst deutlich erkennbar. Sie wachsen an mit den Jahren, was nicht erstaunlich ist, weil die ersten europäischen Bilder, oft in der Form von Kupferstichen, gelegentlich auch von Altarbildern, die die Jesuiten mitbrachten, erst seit dem ersten Besuch der Jesuiten, ab 1579 an den Hof von Akbar gelangten. Diese europäischen Bilder haben Akbar selbst und gewiss auch seine Maler ihrer «Natürlichkeit» wegen sehr beeindruckt – wie die Quellen immer wieder klar machen. Sie sahen so aus, wie die abgemalten Dinge und Menschen «in Wirklichkeit» sind.

Akbar hat mehrmals seinen Künstlern befohlen, Bilder der Jesuiten, besonders solche der Madonna mit dem Kind, zu kopieren, und diese dürften auch von sich aus Bilder nachgezeichnet haben, die sie beeindruckten. Derartige Kopien und Malversuche im Stil der Europäer sind uns ziemlich viele erhalten.

Die Techniken der europäischen Maler, in erster Linie Perspektive und Modellierung der Körperformen durch Schattierung, die so viel zu ihrem Realismus beitrugen, sind von den Malern Akbars erkannt und mehr oder weniger vorsichtig in ihre Miniaturen übernommen worden. Ihr Stilgefühl war allerdings stark genug, um zu verhindern, dass sie ihre eigene Art, zu sehen und zu malen, aufgaben. Doch es liess zu, dass die Neuerungen in ihre eigene Malweise einflossen und zur Ausformung des gesamten Moghul-Stils beitrugen. Wie schon erwähnt, war der Inder Basawan einer der waghalsigsten und erfolgreichsten Neuerer, der aus den europäischen Techniken Nutzen zog, ohne das Gesamtbild seiner Werke zu sprengen.

Akbar liess auch, wie Abu'l-Fadl schreibt, umfangreiche Alben anlegen, in denen die Portraits von allen Grossen seines Hofes figurierten. «Seine Majestät selbst liess sich abbilden und schrieb vor, dass Portraits von allen Grossen des Reiches gemalt würden. Ein riesiges Album kam so zustande. Jene, die verstorben sind, erhielten so neues Leben; und denen, die noch leben, ist Unsterblichkeit verheissen.»

Leider haben keine Portraits aus der Zeit Akbars überdauert. Wir besitzen jedoch solche aus der Zeit seiner Nachfolger, Jahangir, Shahjahan und Aurangzeb.

Es gab auch Wandmalerei in den Palästen der Moghuln. Einige Spuren davon haben in den Ruinen von Fathpur Sikri überdauert. Doch in den anderen Palästen, die beständig bewohnt wurden, war es Aurangzeb, der sie alle weiss übertünchen liess. Auf mindestens einer Miniatur ist ein Fresco-Maler bei seiner Arbeit an einer Innenwand abgebildet. (Sie befindet sich im Victoria and Albert Museum und ist reproduziert in: B. Lewis, Hrsg., «Die Welt des Islam», Köln 1976, p. 319, – engl. Original-Ausgabe, London 1975).

Abbildungen von Miniaturmalern an der Arbeit sind häufig, oft im Kolophon am Ende der Manuskripte. Meistens ist sowohl der Kalligraph wie der Miniaturenmaler abgebildet. Beide arbeiten auf den Fersen kauernd und benützen Knie oder Oberschenkel als Unterlage; das Blatt, das der Maler in Arbeit hat, ist auf einem Brett befestigt. Er hat verschiedene Schälchen mit seinen Farben vor sich am Boden liegen. (Beispiele, Barbara Brend: The emperor Akbar's *Khamasa* of Nizami, London 1995, p. 64, Colophon; sowie auch das bemerkenswerte Bild: «Mani malt einen Hund», p. 48f. und p. 37, fig. 25, «Eine Prinzessin malt ihr Selbstportrait»).

Die königliche Bibliothek

Die Zahl der Handschriften, die Akbar anfertigen und in vielen Fällen illustrieren liess, ist gewaltig. Die Bücher sind heute über Museen und den Privatbesitz von einzelnen Sammlern weltweit verstreut. Ein Schwerpunkt liegt in London mit Miniaturen im British Museum, im Victoria and Albert Museum und im ehemaligen India Office; doch Indien besitzt ebenfalls wichtige Codices, sowohl im Indian Museum wie auch in der Khuda Bakhs Public Library von Patna. Die USA mit Boston und Washington, Wien, Paris und Oxford beherbergen weitere Handschriften oder Teile davon.

Zur Zeit Abu'l-Fadls bestand die königliche Bibliothek aus verschiedenen Abteilungen, in denen die Bücher in Sanskrit, Persisch, Griechisch, Kaschmiri und Arabisch separat aufgestellt waren. «Erfahrene Leute bringen täglich einige davon und lesen sie vor dem Kaiser. Seine Majestät hört jedes Buch an vom Beginn bis zum Ende. Die Seite, an der die Leser jeden Tag anhalten, markiert er jeweilen mit seiner eigenen Feder, und der Vorleser wird mit Geldgeschenken belohnt entsprechend der Zahl der vorgelesenen Seiten. Unter den berühmten Büchern gibt es nur wenige, die nicht in der Versammlungshalle des Kaisers gelesen werden. Er wird nicht müde, ein Buch wieder lesen zu hören, sondern hört der erneuerten Lesung mit noch grösserem Interesse zu.»

Von den Geschichten zur Geschichte

Akbar hatte als junger Mann eine Vorliebe für Geschichten, die er sich auch illustrieren liess. Neben dem grossen Hamza Nameh-Projekt, liess er auch das Fabelwerk von Anwar as-Suhaili ausmalen. Dies ist eine in eher überladener persischer Sprache von Husain Wa'ezi (gest. 1505/6) geschriebene Fassung des altindischen Pantschatantra, das als «Kalila wa Dimna» schon früh ins Persische und ins Arabische übertragen worden war und später in die meisten Literatursprachen der Welt übernommen wurde. Akbar hat dieses Buch zweimal illustrieren lassen, 1570 als junger Mann in einem Stil, der noch nicht dem voll ausgebildeten Moghul-Stil entspricht (Ms. in London, School of Oriental and African Studies), und erneut 1596 von seinen berühmtesten Malern, die auf dem Höhepunkt ihres Könnens angelangt waren (Varanasi, Khala, Bawan). Akbar hat auch Abu'l-Fadl beauftragt, die überaus barocke Sprache des Anwar-e Suhaili in ein einfaches Persisch zurückzuübertragen. Abu'l-Fadl ist diesem Befehl nachgekommen und hat seine neue, vereinfachte Fassung «'Iyar-e Danesh» (Prüfstein der Weisheit) genannt. Diese Fassung wurde ebenfalls illustriert. Sie ist in der Tat in einfacheren Sätzen geschrieben, als der Historiker sie in seiner eigenen offiziellen Geschichtsschreibung verwendet.

Als drittes (uns bekanntes) Werk liess der junge Herrscher, wohl kurz nach der Vollendung des Hamza Nameh, das «Tuti Nameh» mit Miniaturen versehen. Dies ist das Papageienbuch, das ebenfalls ursprünglich aus Indien stammt, von dem es jedoch seit 1330 eine berühmte persische Fassung von Nakhshabi gab. Es ist auch ein Buch mit vielen Geschichten, deren meiste sich um Liebe drehen, eingefügt in eine Rahmenerzählung, in welcher ein kluger Papagei eine von ihrem reisenden Kaufmannsgemahl verlassene Gattin während 70 Nächten mit Geschichten hinhält und sie so daran hindert, Ehebruch zu begehen. Die Sanskritfassung heisst Shukasaptati. Im deutschen Sprachraum ist die türkische Fassung des gleichen Buches am bekanntesten.

«Gulistan», die berühmte Anekdotensammlung des persischen Klassikers Saadi, wurde 1581 illustriert. Es folgte ein weiterer Volksroman, das «Darab Nameh», dessen Held eine Menge von Abenteuern zu überstehen hat. Dieses Buch, das das Datum 1581 trägt, weist bereits viele Züge der voll ausgebildeten Moghul-Malerei auf.

Der Kaiser wandte sich sodann historischen Büchern zu und liess auch sie illustrieren, zuerst ausgewählte Auszüge, die sich alle mit der Geschichte der Timuriden befassen. Die Auswahl erhielt den Namen «Tarikh-e Khandan-e Timuriya» (Geschichte der timuridischen Dynastie) und besitzt 112 grosse Miniaturen. Ihre Maler waren: Basawan, Daswanth, Madho, Kalam, Keshav, Anant, Sahu, Surjit Gujarati, Devji Gujarati, Premjiv Gujarati, Naman, Mina, «Bihzad» (was nicht der grosse persische Meister sein kann) und andere mehr.

Zu den historischen Werken gehören auch die ins Persische übersetzte Autobiographie Baburs, das «Babur Nameh» mit prachtvollen Bildern. Übersetzer war Abdu'r-Rahim Khan-e Khanan, der General und Sohn des einstigen Vormundes Akbars, offenbar weil er von Haus aus noch mit dem Chagatai, der Sprache der zentralasiatischen Türken, vertraut war. Die «Tausend Jahre-Geschichte» folgte, der Versuch einer «Universalgeschichte», die Akbar auf Grund früherer historischer Werke für den tausendsten Jahrestag der Hijra vorbereiten liess. Dazu kamen die bekannte Universalgeschichte des Rashid ud-Din Fadlallah (hingerichtet 1318), «Jami' ut-Twarikh», und natürlich auch die schon so oft erwähnte und zitierte vielbändige Geschichte von Akbars eigener Regierung, die Abu'l-Fadl verfasste.

Werke der grossen Klassiker der persischen Dichtung, Hafiz, Jami, Nizami, und des grössten der indischen Dichter in persischer Sprache, Amir Khosraw, wurden in illustrierten Handschriften vorgelegt. Akbar liess sich Firdausi in Prosa übersetzen, um ihn besser verstehen zu können. Arabische Klassiker, darunter das vielbändige «Mu'jamul-Buldan» (Wörterbuch der Länder) des Yaqut ar-Rumi (1179–1229), wurden auch übersetzt. Der Bericht Bada'unis darüber zeigt, wie es zu einem derartigen Übersetzungsauftrag durch Akbar kam.

In dieser Zeit (1590/1) lobte Hakim Human das Werk ‹Mu'jam ul-Buldan›, das aus guten 200 Faszikeln besteht und schlug dem Kaiser vor, es solle aus dem Arabischen ins Persische übersetzt werden, denn es enthalte eine Menge von seltsamen Geschichten und Quellen wundersamen Gewinns.» (Hakim Human war mit seinem Bruder Hakim Abu'l-Fath 1575 in den Dienst Akbars getreten. Ihr Vater, Scheich Abdur-Razzaq Gilani, war neun Jahre zuvor von Schah Tahmasp zu Tode gefoltert worden, wohl weil er des Sunnismus verdächtig war. Die beiden Brüder wurden Vertraute und Mitarbeiter von Faizi und Abu'l-Fadl). «Daraufhin brachte er zehn oder zwölf Personen zusammen, Perser und Inder, und sie teilten das Werk unter sich auf. Zehn Faszikel fielen mir zu. Ich übersetzte sie im Verlauf eines Monats und legte sie früher als die Anderen vor. Ich ergriff die Gelegenheit, um Urlaub zu verlangen, nach Bada'un zu reisen, und dies wurde gewährt». (Text p. 375, Übers. Lowe, p. 388)

Übersetzungen aus dem Sanskrit

Besondere Beachtung verdient die Produktion der grossen indischen Klassiker, ebenfalls in persischer Übersetzung und in illustrierten «Ausgaben», die Akbar anregte. Er hat angeordnet, dass das Mahabharata und das Ramayana übersetzt wurden. An dem Riesenwerk des Mahabharata, das Persisch «Razm Nameh» genannt wurde, arbeiteten drei Spezialisten für persische Prosa, nämlich Naqib Khan, Bada'uni und Schaich Sultan Thaneswari. Es war gegen 1589 vollendet und erhielt seine 160 Illustrationen in den Jahren kurz nachher. Die persischen «Übersetzer», besser Redaktoren des grossen Werkes konnten kein Sanskrit oder nur wenig. Sie liessen sich von Sanskrit-Gelehrten, die des Persischen als Umgangssprache mächtig waren, bei ihrer Arbeit helfen. Die Illustrationen wirken «indischer» als die Miniaturen der anderen, persischen, Werke, obgleich sie von den gleichen Malerequipen stammen, welche die persischen Bücher illustrierten. Als Erklärung darf man gewiss annehmen, dass die indischen Maler, wenn es sich um Themen der indischen Mythologie handelte, eine bestimmte Ikonographie im Kopf mit sich trugen. Eine Ausgabe des Razm Nameh, wohl die aus der kaiserlichen Bibliothek selbst, befindet sich heute im Besitz des Maharajas von Jaipur.

Am Ramayana arbeitete Bada'uni alleine, ebenfalls mit der Hilfe von Sanskrit-Gelehrten. Es erhielt 130 Bilder.

Abu'l-Fadl hat ein sehr interessantes und ausführliches Vorwort zum «Razm Nameh» geschrieben, in dem er die Gründe aufführt, die Akbar zum Auftrag der Übersetzung veranlasst hatten und einen Überblick über das grosse Epos gibt. A. S. S. Rizvi analysiert dieses Vorwort. Die Gründe für die Übersetzung waren demzufolge: Akbar wollte Reformen unter allen Teilen der indischen Bevölkerung einführen und keine Unterschiede zwischen Freund und Feind machen. Da es heftige Polemiken und grosses Misstrauen zwischen den Hindus und den Muslimen gab, beschloss er, verlässliche Texte der religiösen Grundwerke hervorzubringen, damit beide Seiten auf einer gesicherten gemeinsamen Grundlage nach der Wahrheit forschen und so ihre Feindschaft vielleicht einebnen könnten.

Akbar habe ausserdem festgestellt, dass es viele religiöse Würdenträger gab, die ihre eigenen Religionen falsch auslegten und die Grundwerke ihrer eigenen Religion der Bevölkerung nicht nahe brachten. Es schien ihm wichtig, dass die Grundwerke der verschiedenen Religionen in einfache Sprache übersetzt würden, so dass die Bevölkerung selbst die Wahrheit erfahren könne und nicht den verderblichen Absichten derartiger engstirniger Wächter der Religion ausgesetzt sei. Dies werde dem Monopol jener ein Ende setzen, die ihren Gefolgsleuten nicht den wahren Geist ihrer Religion darlegten (Rizvi, p. 209).

Abu'l-Fadl war weiter der Meinung, dass viele Hindu-Gelehrte phantastische Meinungen über ihre eigene Religion entwickelt hätten. Aus Unwissenheit und fehlender kritischer Wahrnehmung betrachteten sie sogar die unglaublichsten Einzelheiten ihrer Lehre als unantastbar und folgten blindlings ihrem Glauben. Sie hätten die Köpfe der Menschen mit oberflächlichen Dingen angefüllt und hielten sie so vom Pfad der religiösen Forschung ab. Die Gefolgsleute des Islams, die nichts von Hinduismus wüssten, stützten ihre negative Beurteilung dieser Religion auf derartige Fehlauslegungen. Sie hätten keinerlei direkte Information über die Grundwerke der anderen Religionen wie jene der Inder oder der Chinesen; sie hätten nicht einmal die Werke der grossen Vertreter ihrer eigenen Religion studiert, wie etwa jene von Ja'far as-Sadiq (des 6. Imams der Schiiten und Begründers ihrer eigenen Überlieferungsketten, die auf Muhammed und Ali zurückgehen; 699–765) oder des grossen Mystikers Ibn Arabi (starb 1140). Sie glaubten sogar, dass das Menschengeschlecht erst seit guten siebentausend Jahren bestehe und dass seine geistige Vergangenheit auf diese kurze Periode beschränkt sei (Rizvi, p. 209).

Über die Übersetzung selbst sagt das Vorwort:

«Eine Gruppe von seinen Sprachgelehrten, die auf Grund ihrer Weisheit und Aufrichtigkeit frei von Frömmelei und Fanatikertum waren und Ausgeglichenheit und Gerechtigkeit in ihrer Geisteshaltung zu Tage legten, wurde zusammengebracht, um das Werk mit tiefblickender Einsicht in klare und verständliche Sprache zu bringen. Nachdem es verfasst worden war, hat eine grosse Zahl von Leuten Kopien davon erhalten und hat sie als Geschenke in die verschiedenen Teile der Welt gebracht.» (Rizvi, p. 209, nach dem in Lucknow, ohne Jahr, erschienen Text des Vorwortes und des «Razm Nameh», p. 24.)

In den Kolophonen der Handschriften stehen die Namen verschiedener indischer Gelehrter, die als die eigentlichen Übersetzer gewirkt haben: Debi Misra, Satuwani, Madhusudhan Misra, Chaturbhuj Misra und Shaikh Bhawan. Ihre Moghul-Kollegen waren vor allem damit betraut, den übersetzten Text in ein literarisches Persisch zu bringen. Auch der Dichter Faizi hat daran mitgearbeitet und die ersten zwei Teile (Parvanas) des Mahabharata in eine elegante Reimprosa gebracht, doch weiter kam er nicht. Seine oben erwähnten Kollegen Naqib Khan Thaneshwari und auch Mulla Sheri, der auch als persischer Dichter berühmt war, haben die Hauptteile des gewaltigen Werkes geglättet.

Das Ramayana wurde vollständig von Bada'uni in literarisches Persisch gebracht. Dieser folgte dabei dem Gebot des Kaisers, doch tat er es ungern. In seinem Geschichtswerk äussert er sich des öfteren darüber, wie sehr es ihm zuwider sei, derartigen «heidnischen Unsinn» zu übersetzen. Er sieht nichts weniger als eine Sünde darin und fürchtet Bestrafung in der anderen Welt.

«Die meisten Gelehrten, die als Übersetzer und Ausleger dieses Werkes (des Mahabharata) arbeiteten, werden nun über ihre Werke im jenseitigen Leben befragt, da sie sich nun bei den Kurus und Pandus befinden. Jenen, die noch am Leben sind, möge Gott Vergebung gewähren sowie die Gnade der Reue und möge Er die Entschuldigung annehmen, dass ‹jener, der an Gott glaubte und ihn verleugnete, wenn er dazu gezwungen wurde, dessen Herz jedoch standhaft blieb …, (ohne Schuld sei)›. Wahrlich, Er ist der Gnädige, Barmherzige.» (Bada'uni, Text, vol. 2, p. 321)
Über seine Beschäftigung mit dem Ramayana sagt er: «Im Jumada 997 (März 1589) beendete ich die Übersetzung des Ramayana, die mich vier Jahre gekostet hatte. Ich schrieb sie ganz in Zweizeilern und brachte sie dem Kaiser. Am Ende schrieb ich den Zweizeiler:
‹Wir haben eine Geschichte verfasst; wer bringt sie dem Kaiser?
Wir haben unsere Seele verbrannt; wer bringt sie dem Geliebten?›
Das Werk wurde sehr bewundert. Der Kaiser fragte mich: ‹Wieviele Faszikel umfasst es?› Ich antwortete: ‹Als es in Kurzfassung geschrieben war,

machte es 70 aus; in der zweiten längeren Fassung wurden es 120‹. Er befahl mir, ein Vorwort dafür zu schreiben, wie die Verfasser es tun. Doch weil es kein so bedeutender Schritt zurück von meiner vorausgegangenen Ungade war, und weil das Vorwort ohne Preis Gottes und des Propheten hätte geschrieben werden müssen (vermutlich weil es sich um ein Buch der Ungläubigen handelte), drückte ich mich.
Vor diesem schwarzen Buch, das nicht das Buch meines Lebens ist, nehme ich zu Gott meine Zuflucht. Die Übersetzung von Unglauben ist nicht Unglauben. Ich sage dies ausdrücklich, um mich von der Sünde des Unglaubens zu befreien. Denn ich fürchte, dass dieses Buch, das ich gegen meinen Willen in Gehorsam gegen den kaiserlichen Befehl übersetzte, einen Fluch über mich bringt.» Dann fügt er noch ein Gebet hinzu. (Text vol. 2, p. 366).

Auch Bada'uni fragt sich, was wohl Akbar dazu motiviert habe, die indischen Epen übersetzen zu lassen. Er erklärt sich dies so:

«Er hatte sich das Schahname und die Geschichte von Amir Hamzah in 17 Bänden während 15 Jahren abschreiben lassen und viel Gold für seine Miniaturen ausgegeben, und er hatte sich den Roman von Abu Muslim und die ‹Sammlung der Geschichten› angehört und wiederholen lassen, da wurde ihm plötzlich klar, dass diese Bücher nicht mehr waren als erdichtete Erfindung, dass sie aber sehr bekannt geworden sind, weil sie zum ersten Mal in einer glücklichen Stunde und zu einem Zeitpunkt, in dem ihre Sterne sich in Aszendenz befanden, erzählt wurden. So sagte er zu sich selbst: Warum sollte ich nun nicht die Sanskrit-Werke in meinem Namen übersetzen lassen, denn sie wurden zu ihrer Zeit von Asketen und Weisen geschrieben und enthalten alle überzeugenden Beweise (für die Hindu-Religion), ja, sie sind der wahre Pol, um den herum ihre Religion, ihr Glauben und ihr Gottesdienst kreisen. Sie sind keineswegs etwas Gewöhnliches und sehr eigenartig. Sie werden alle Art Frucht der Glückseligkeit, irdisch und geistlich, hervorbringen, und sie werden die Ursache für Wohlstand und Macht, Kinder und Reichtum werden, wie es in den Vorworten dieser Bücher geschrieben steht.» (Bada'uni 2, p. 320).

Faizi hat seinerseits aus dem Mahabharata die Episode von Nala, dem König von Nishada (= Malwa) und seiner Geliebten, der Damayanti, Königstochter von Vidarba, übernommen, und daraus ein langes, ornamentreiches persisches Versepos gedichtet, das er *«Nala u Daman»* betitelte.

Faizi ist mit anderen Übersetzungen aus dem Sanskrit hervorgetreten. Sein erfolgreichstes Werk in dieser Hinsicht war die Übersetzung des *«Lilavati»* von Bhaskara, einer Abhandlung über Geometrie und Arithmetik, in der Blumen, Bienen und Jungfrauen als Träger der mathematischen Fragestellungen dienen. Die persische Fassung wurde 1587 vollendet. Übersetzungen anderer Sanskrit Werke, besonders jene der *«Bhagavadgita»*, galten ebenfalls als Werke Faizis, doch hat möglicherweise sein berühmter Namen bewirkt, dass ihm auch fremde Werke zugeschrieben wurden.

Die Übersetzungen aus dem Sanskrit wurden unter den späteren Herrschern der Dynastie weitergeführt, und persische Werke entstanden, die sich mit den indischen Wissenschaften und philosophischen Schulen auseinandersetzten.

Das Vorbild Abu'l-Fadls dürfte dabei entscheidend nachgewirkt haben; im dritten Band des «A'in-e Akbari» gibt der Chronist Akbars einen ausführlichen Überblick über die Geographie, Geschichte und Philosophie der Inder, wobei er, nach der Analyse von A. S. S. Rizvi, primär darauf ausging, die verzerrten Bilder der indischen Kultur, die sich in den früheren persischen Geschichtsschreibern finden, zu korrigieren und den Moghul-Eliten ein wahres Bild der Hindu-Kultur zu vermitteln (Rizvi, p. 274ff).

Anhang

Bibliographische Hinweise

Quellen:

Bada'uni, Abdul Qadir: Muntakhabu-t-Tawarikh («Ausgewählte Chroniken») 3 Bde, (Calcutta 1864–69), engl. Übersetzung, Bd. 1: G. S. A. Ranking (Calcutta 1895–99); Bd 2: W. H. Lowe (Calcutta 1884–89); Bd. 3: T. W. Haig (Calcutta 1899–1925). Für Akbar relevant sind die Bände 2 und 3.

Abu'l-Fadl (oder Abu'l-Fazl), Allami: Akbar Nameh, 3 Bde, Calcutta 1873–87; engl. Übersetzung: H. Beveridge (Calcutta 1897–1921 und spätere Neudrucke) dazu, die Ergänzung von *Inayatullah:* Takmilaye Akbar Nameh, (Calcutta 1883–7), engl. Übers. H. Beveridge (Calcutta 1897–1921).

Abu'l-Fadl, Allami: A'in-e Akbari, 3 Bde (Lucknow 1892), engl. Übersetzung, vol. 1: H. Blochmann, revidiert von D. C. Phillott (Calcutta 1939); vol 2 u. 3: H. S. Jarett, Revision von J. N. Sarkar (Calcutta 1948).

Abu'l-Fadl: Munkatabat-e Allami (offizielle Briefe und Sendschreiben) (Delhi 1846)

ergänzend dazu:

Gulbadan Begum: Humayun Nameh, engl. Übersetzung von A. S. Beveridge (London 1902)

Arif Qandahari, Muhammed: Tarikh-e Akbar (Raumpur 1962)

Jahangir: Tuzuk-e Jahangiri (Ghazipur and Aligarh 1863–64), engl. Übersetzung A. Rogers and H. Beveridge, 2 Bde, (London 1909–14 und Nachdruck Delhi 1968). Erinnerungen Jahangirs.

Babur, Muhammad Zahir'ud-Din: Babur Nameh (Tuzuk-e Baburi) Text: Leyden und London 1905; engl. Übersetzung: A. S. Beveridge (London 1921 und Meudruck New Delhi 1972). Neue Textausgabe und französische Übersetzung von Jean-Louis Bacqué-Grammont, Paris 1980, Neudruck 1986; davon die deutsche Übersetzung von Wolfgang Stammler, Manesse, Zürich 1988.

Biographien Akbars:

Smith: Vincent A.: Akbar the Great Moghul, 1542–1605, (Oxford 1917; Neudrucke, Delhi 1962 und später). Grundlegende Pionierarbeit, jedoch in der Auslegung überholt.

Frédéric, Louis: Akbar le Grand Moghol, Denoel, Paris 1986 mit guter Bibliographie und einem biographischen Register der wichtigsten Orte und Personen.

Noer, August, Graf v.: Kaiser Akbar, 2 Bde Leiden 1880–85

Grundlegend für das Verständnis Akbars und seiner Zeit sind die Arbeiten von Saiyid Athar Abbas *Rizvi;* besonders: Religious and Intellectual History of the Muslime in Akbar's Reign, with special reference to Abu'l Fazl, Munshiram Manoharlal Publishers Pvt. Ltd. New Delhi 1975. Dort findet sich auch eine ausführliche Bibliographie zum gesamten Thema.

Zur Malerei der Moghuln, besonders unter Akbar:

Schimmel, Annemarie: Anwari's Diwan, a pocket book for Akbar, New York 1983, Veröffentlichung der Miniaturen eines der illustrierten Bücher Akbars mit einer Einführung über «Akbar and his Times» und einer Bibliographie über veröffentlichte Miniaturen und Arbeiten darüber.

Wellesz, Emmy: Akbar's Religious Thought Reflected in Mogul Painting, London 1952. 40 schwarz-weiss Abbildungen, kurze Bibliographie.

1526	Ibrahim Lodi in Panipat besiegt; Babur Herrscher in Delhi
1530	Babur stirbt in Delhi; Humayun folgt ihm nach
1539	Humayun bei Chausa von Sher Shah besiegt
1540	Sieg Sher Shahs über Humayun bei Kanauj
1541	Humayun auf der Flucht heiratet Hamida Banu
1542	(23.11.) Akbar in Umarkot (Sind) geboren
1543/45	Akbar bei seinen Onkeln in Kandahar und Kabul
1545	Sher Shah stirbt, Islam Shah Sur folgt ihm nach
1545	Humayun in Kabul, wo er Akbar vorfindet
1546	(Jahresende) Humayun vor Kabul belagert die Stadt
1547	Kamran flieht aus Kabul
1548	Versöhnung Humayuns mit Kamran
1549	Rückschlag Humayuns vor Balkh, Kamran besetzt Kabul
1550	Endgültige Einnahme Kabuls durch Humayun
1551	od. Anfang 1552 Akbar offiziell Gouverneur von Ghazni
1553	Kamran gefangen und geblendet
1554	Humayun bricht zur Wiedereroberung Indiens auf
1555	Humayun Herrscher in Delhi, Akbar Gouverneur des Panjab
1556	Humayun stirbt durch Sturz auf der Treppe, Akbar in Kalanaur, Punjab, gekrönt
1556	(5. Nov.) Hemu von Akbar und Baqram Khan geschlagen
1559	Gwalior Festung ergibt sich, Jaunpur erobert
1560	Sturz des Baqram Khan
1561	Ermordung Baqram Khans
1561	Adham Khan in Malwa; Akbar reist ihm nach
1562	Erste Pilgerfahrt Akbars nach Ajmer, Heirat mit der Tochter von Raja Bihar Mal von Amber, Verbot der Versklavung im Krieg
1562	(16.5.) Bestrafung und Tod Adham Khans, Tansen, der Musiker, kommt an den Hof
1563	Pilgersteuern für Hindus aufgehoben
1564	Akbar in Delhi, irreguläre Heiraten, Mordanschlag gegen ihn, Rückkehr nach Agra; Abschaffung der «Jizyia», Steuer für Andersgläubige
1565	Agra Festung neu gebaut
1566	Akbar in Benares
1566/7	Aufstand der Mirzas
1567	(30.8.) Faizi als Dichter dem Hof vorgestellt
1567	(Okt. bis Februar 68) Belagerung von Chitor

1569	Ranthambor wird belagert und kapituliert
1569	(30.8.) Prinz Salim, später Jahangir, geboren
1570	(7.6.) Prinz Murad geboren; Heirat Akbars mit Rajput Prinzessinnen von Bikaner und Jaisalmer
1571	Bauarbeiten für Fathpur Sikri
1572	Anfang der Feldzüge nach Gujarat; 9.9. Geburt von Prinz Daniyal. Nov. 1572, Muzaffar Shah von Gujarat gefangen.
1573	Eroberung von Surat; neue Erhebung in Gujarat, Blitzfeldzug dorthin, Schlacht bei Ahmadabad, Rückkehr nach Fathpur Sikri
1573/74	Todal Mal organisiert das Steuerwesen in Gujarat, Beschneidung der drei Prinzen
1574	Bada'uni und Abu'l-Fadl bei Hof vorgestellt
1575	«Haus des Gottesdienstes» in Fathpur Sikri erbaut
1578	Kumbalmer Festung genommen, Flucht von Muzaffar Shah nach Gujarat; Religionsdiskussionen im Rahmen des Islams
1579	«Mahzar»: Akbar entscheidet bei Widersprüchen unter den Gottesgelehrten
1580	1. Gesandtschaft der Jesuiten in Fathpur Sikri; Steuern auf Grundlage des 10 Jahres Durchschnittes, Provinzeinteilung in 12 Subas. Abdu-n-Nabi und Makhdum al-Mulk nach Mekka entfernt
1580/81	Rebellion im Osten und Westen
1581	Rebellen bei Ayodhia besiegt, Akbar marschiert nach Lahore, Akbar in Kabul (Aug. 81) Hakim Mirza besiegt, Rückkehr nach Fathpur Sikri
1582	«Tawhid-e Illahi» (Göttliche Einheitserkenntnis) gegründet, Angriff gegen Daman (port.). Ende der 1. Jesuiten Mission
1584	Akbars Tochter, Aram Banu Begum, geboren
1585	Verlegung des Hofes nach Lahore, Vorbereitungen für die Eroberung von Kaschmir
86	Tod des Gesellschafters Raja Birbal im Feldzug gegen die Yussufzai Afghanen, Eroberung von Kaschmir
1589	Akbar besucht Kaschmir und Kabul, Tod von Todar Mal und Bhagwan Das (Schwiegervater, Raja von Amber)
1590/91	Eroberung von Sind
1591/2	2. Gesandtschaft der Jesuiten, Gesandtschaft nach dem Dekkan
1591/92	(9.10.–27.9.) das Jahr 1000 der Hijra
1593	Tod von Scheich Mubarak (Vater von Faizi u. Abu'l-Fadl)
1595	Kandahar ergibt sich

1598 Abdullah Khan Uzbeg von Transoxanien stirbt, Akbar kehrt nach Agra zurück

1599 Prinz Murad stirbt

1600 (16.2.) Beginn der Belagerung von Asirgah, Auflehung des Kronprinzen Salim (Juli 1600). Fall von Asirgah (Jan. 1601)

1601 Abu'l-Fadl Feldkommandant im Süden, Daniyal Vizekönig im Süden (Ahmadnagar), Salim usurpiert den Königstitel

1602 Ermordung von Abu'l-Fadl durch Vertrauensmann Salims

1603 Versöhnung zwischen Akbar und Salim durch Salima und Hamida Begum; Salim in Agra, kehrt zurück nach Allahabad

1604 Tod von Prinz Daniyal; Tod von Hamida Begum; Salim in Agra festgenommen

1605 (21.9.) Letzte Krankheit Akbars, (17.10.) Tod Akbars

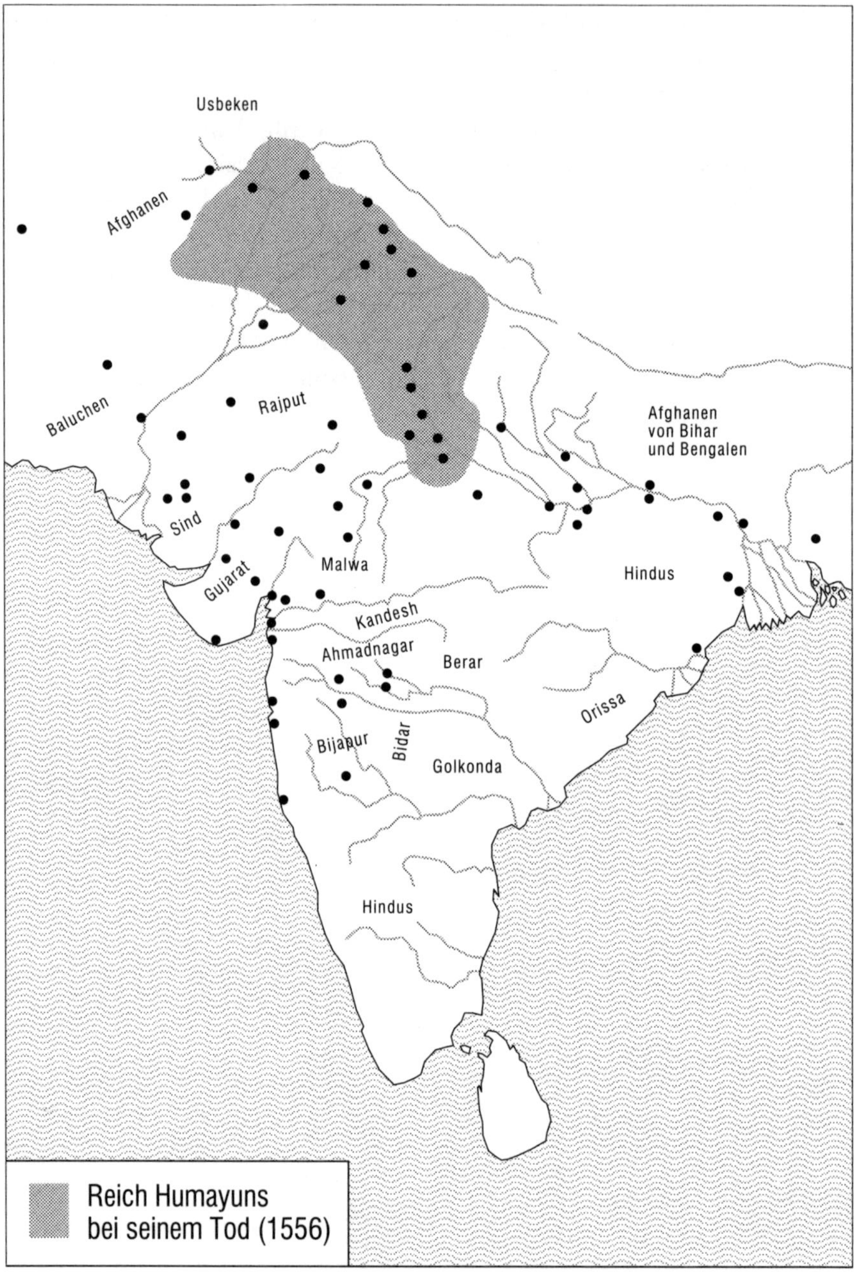
Usbeken
Afghanen
Baluchen
Rajput
Sind
Gujarat
Malwa
Kandesh
Ahmadnagar
Berar
Bijapur
Bidar
Golkonda
Orissa
Hindus
Afghanen
von Bihar
und Bengalen
Hindus
Reich Humayuns
bei seinem Tod (1556)

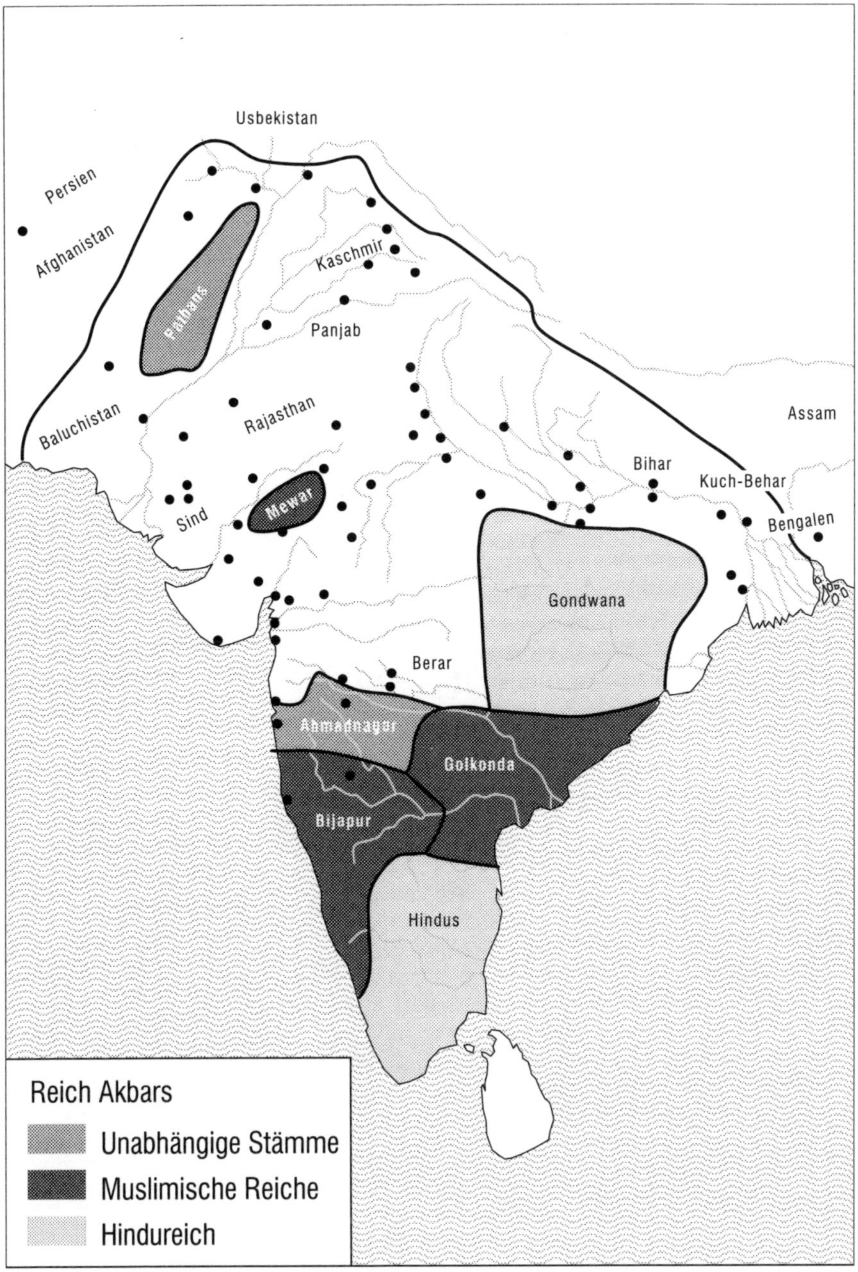
Usbekistan
Persien
Afghanistan
Kaschmir
Pathans
Panjab
Baluchistan
Rajasthan
Assam
Bihar
Kuch-Behar
Sind
Mewar
Bengalen
Gondwana
Berar
Ahmadnagar
Golkonda
Bijapur
Hindus
Reich Akbars
Unabhängige Stämme
Muslimische Reiche
Hindureich

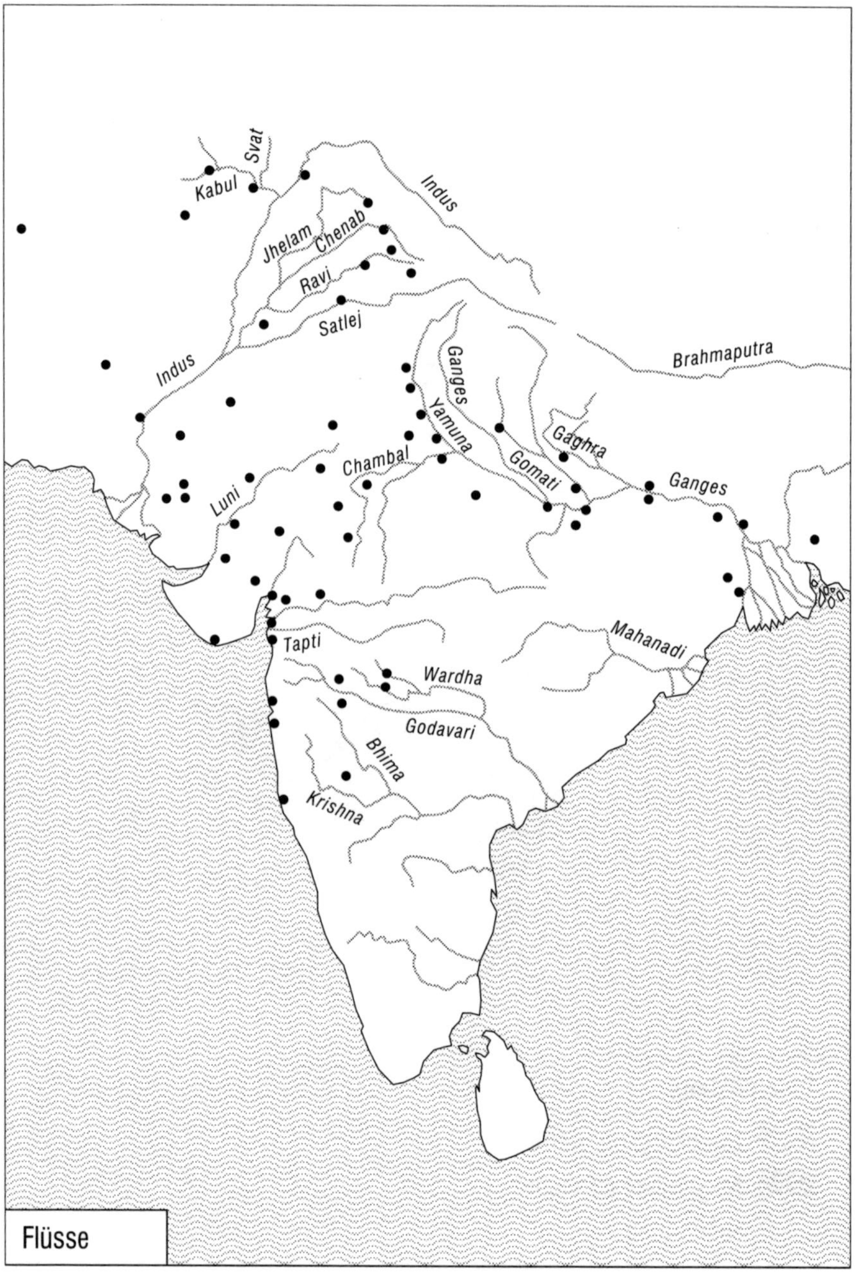
Svat
Kabul
Indus
Jhelam
Chenab
Ravi
Satlej
Indus
Brahmaputra
Ganges
Yamuna
Gaghra
Gomati
Chambal
Ganges
Luni
Mahanadi
Tapti
Wardha
Godavari
Bhima
Krishna
Flüsse

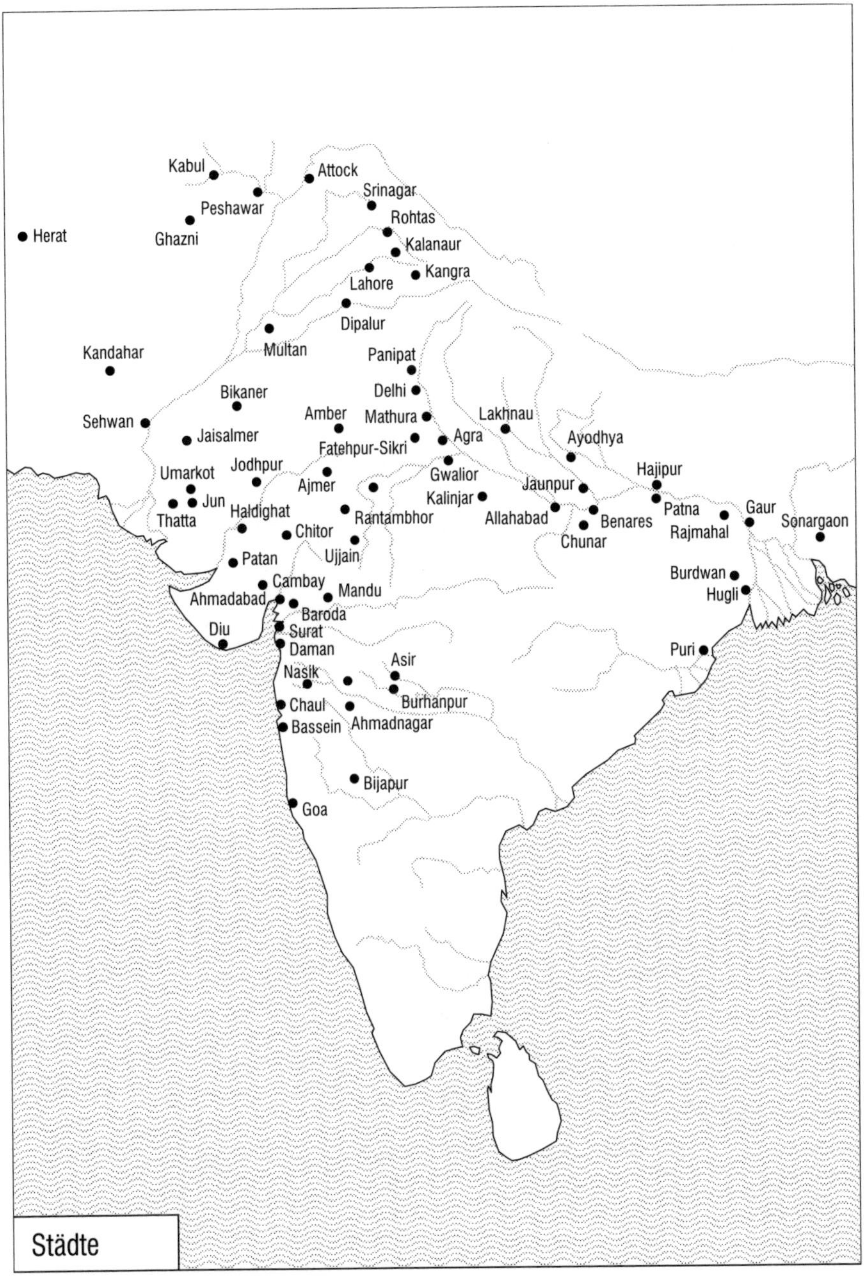
Kabul
Attock
Srinagar
Peshawar
Herat
Ghazni
Rohtas
Kalanaur
Kangra
Lahore
Dipalur
Kandahar
Multan
Panipat
Delhi
Bikaner
Sehwan
Amber
Mathura
Lakhnau
Jaisalmer
Fatehpur-Sikri
Agra
Ayodhya
Umarkot
Jodhpur
Gwalior
Hajipur
Ajmer
Jaunpur
Kalinjar
Jun
Thatta
Haldighat
Rantambhor
Allahabad
Benares
Patna
Gaur
Sonargaon
Chitor
Chunar
Rajmahal
Ujjain
Patan
Burdwan
Cambay
Hugli
Ahmadabad
Mandu
Baroda
Diu
Surat
Daman
Puri
Asir
Nasik
Burhanpur
Chaul
Ahmadnagar
Bassein
Bijapur
Goa
Städte

Personenregister